備後・寺町廃寺

広島県三次市向江田町大字寺町所在の寺町廃寺は，『日本霊異記』所載の備後国三谷寺と推定されている。1979年から始まった四次にわたる発掘調査で，法起寺式の伽藍配置や瓦窯跡群が明らかになっている。軒丸瓦は下端に突起をもったいわゆる「水切り瓦」で，唐三彩の出土とともに注目される。なお広島県立歴史博物館で伽藍の復元模型を作成した。

構　成／松下正司
写真提供／広島県草戸千軒町遺跡調査研究所

塔跡北面階段検出状況　基壇は地覆に塼を立て並べ，その上に瓦積している。心礎の上に礎石や石塔が積まれている。

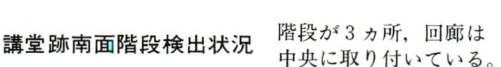

講堂跡南面階段検出状況　階段が３ヵ所，回廊は中央に取り付いている。

出土唐三彩片　瓶の断片と思われる。左は脚部片。

伽藍復元模型　縮尺100分の１で作成。

河内・野中寺の塔

塔跡（北西から）

大阪府羽曳野市の野中寺における1986年度の発掘調査で，基壇版築の状況や凝灰岩による外装施設，礎石の配置や心礎の規模などが明らかになった。また，金堂と対峙する東辺のみに階段が付設されていたことは伽藍配置を考える上で重要である。出土した平瓦の中に「康戌年正月」（ママ）（650年）のヘラ書きが記されていたことから創建年代を推定することができる。

構　成／笠井敏光
写真提供／羽曳野市教育委員会

塔跡（西から）

出土瓦（中央は記年銘瓦）

心　礎

大和・頭塔

構　成／巽淳一郎
写真提供／奈良国立文化財研究所

頭塔全景（北上空から。
アジア航測株式会社撮影）

全　景（西北から）

僧玄昉の首塚と伝承されてきた頭塔は，今では墓ではなく，奈良時代末に東大寺の僧実忠が創建した塔と考えられている。その構造解明が課題であったが，近年の調査によって，中心に心柱を持ち，土で七段の方形壇を築き，奇数段に石仏を規則的に配し，全面に石を張り，各段に屋根を架け瓦を葺く類まれな七重塔であることが判明した。

北面基壇上面の化粧
（東から）

北面の石積（北から）

下総・結城廃寺の塼仏

東日本では塼仏の出土した例は少なく，茨城県結城市結城廃寺が3例目である。出土した塼仏は阿弥陀如来坐像，薬師如来立像など30個体以上である。そのうち，これまでに押出仏の同原型資料が知られているのは2例であり，うち1例の如来倚像の原型は，法隆寺蔵の銅板如来三尊像と同じである。なお塑像は右脚部が出土している。

構　成／斉藤伸明
写真提供／結城市教育委員会

如来倚像

薬師如来立像

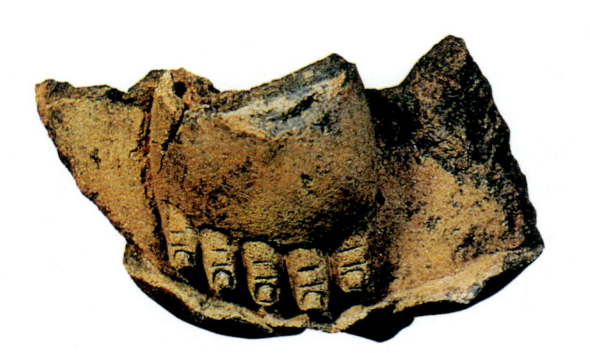

塑像（右側部）

火頭形如来三尊像

阿弥陀如来三尊像

季刊 考古学 第34号

特集 古代仏教の考古学

● コ絵（カラー） 備後・寺町廃寺
　　　　　　　　河内・野中寺の塔
　　　　　　　　大和・頭塔
　　　　　　　　下総・結城廃寺の塼仏
　（モノクロ）　豊前・天台寺跡
　　　　　　　　上総国分尼寺跡
　　　　　　　　陸奥・慧日寺跡
　　　　　　　　平城宮と寺院の瓦

対談・古代の伽藍を語る————森　郁夫・坂詰秀一　(14)

寺院の造営

仏教の受容と伽藍の創建————————鬼頭清明　(22)

造寺のひろがり————————————須田　勉　(26)

国分寺の造営—————————————前澤和之　(31)

奈良時代の山岳寺院—————————梶川敏夫　(36)

発掘寺院の建築———————————山岸常人　(40)

寺造りのまじない——————————兼康保明　(44)

土で造られた塔婆

頭塔の構造とその源流————————巽淳一郎　(48)

瓦製塔の性格————————————上村和直　(52)

発掘された仏像
塑像と塼仏————————————亀田修一・亀田菜穂子 *(56)*
出土の小金銅仏————————————————加島　勝 *(60)*

墓域の形成
古代都市と墓————————————————前園実知雄 *(66)*

瓦の重要性
寺の瓦と役所の瓦————————————————中井　公 *(71)*
瓦の見方————————————————————森　郁夫 *(77)*

法隆寺昭和資財帳の成果————————————高田良信 *(81)*

最近の発掘から
相対する旧石器遺跡
　　——鹿児島県榎崎B遺跡・西丸尾遺跡——鹿児島県教育委員会 *(83)*
南多摩窯跡群の調査—東京造形大学宇津貫校地内遺跡—遠藤政孝 *(89)*

連載講座 縄紋時代史
8．縄紋土器の型式(3)————————————林　謙作 *(91)*

書評————————————————————————*(100)*
論文展望————————————————————*(103)*
報告書・会誌新刊一覧————————————*(105)*
考古学界ニュース————————————————*(108)*

表紙デザイン・カット／サンクリエイト

豊前・天台寺跡 福岡県田川市

大宰府から豊前国府へ至る古代官道沿いに建立された7世紀後半代の寺院。戦前までは金堂，塔，講堂の基壇が残っていたが，戦時中に軍需用地となったため基壇はすべて削平され壊滅した。調査の結果では金堂，講堂が南北にならび，塔は金堂の東方に位置する。回廊は掘立柱で，東西182尺，南北221尺である。

構　成／石松好雄　　　写真提供／田川市石炭資料館

金 堂 跡

戦前に鏡山猛が作成した遺構配置図によると，金堂は5間×4間の四面庇で，柱間寸法は梁行，桁行とも6.8尺となっている。調査では27個の礎石が穴に落し込まれた状態で検出され，そのことを裏付けている。また礎石群の周囲からは作業用の足場のものとみられる柱掘形が検出され，これから基壇は東西50尺，南北45尺程度と推定される。

塔 　跡

鏡山猛の遺構配置図では金堂の東方101尺を隔てた位置が塔跡になっている。調査ではほぼこれに近い位置から心礎が検出されているが，原位置は不明である。心礎は径73cm，深さ7cmの一段入枘形式で，輪環溝と排水溝を設けている。塔は回廊遺構との関係から創建当初は存在せず，回廊廃絶後に建立された可能性が強い。

上総国分尼寺跡
千葉県市原市

寺域12.3万m²の諸国最大の国分尼寺跡。1973～84年，区画整理事業に伴って軒廊・尼坊跡と伽藍地周辺が広く発掘調査され，寺院の活動を支えていた付属諸院の配置・構造・変遷が初めて明らかになった。さらに1988・89年，環境整備事業に伴う伽藍地の調査で，南大門を除く主要伽藍の基壇と建物平面のすべてが確認され，中央官寺の形式を忠実に伝える代表的な国分尼寺であることがわかった。

写真提供／市原市教育委員会

伽藍地全景 1989年，東北上空より撮影。中央上方が市役所，右上の森が僧寺跡。

中門跡と南面回廊跡 東より撮影。中門は八脚門，回廊は梁行12.5尺の単廊で，3回建て替えられている。

金堂院地区全景 1988年，東上空より撮影。右側の木立が金堂跡。

螺　髪 平安時代に建て替えられた鐘楼跡Bの東南隅柱抜取穴より出土。木製で炭化している。直径3cmあり，丈六級の如来仏のもの。

金堂跡南面中央階段付近 南より撮影。上方の瓦敷きは礎石据付計画位置に基壇築成途中であらかじめ敷かれたもので，実際の礎石は中間に据えられていた。階段の幅も桁行中央柱間と同じ12尺であったことがわかる。

陸奥・慧日寺跡

福島県磐梯町

慧日寺跡は平安時代初期，最澄と南都仏教を代表して論争を行なった徳一開基の旧地である。現在，史跡整備中で，10数棟の礎石を有する建物跡が確認されている。山岳寺院跡であるが，創建時と考えられる主要堂宇は南北一直線上に配置されており，南都寺院の影響がうかがわれる。遺構の保存状況は良好で，平安初期の山岳寺院を探る上で貴重な遺跡である。

構　成／生江芳徳
写真提供／磐梯町教育委員会

塔礎石

戒壇跡（中央の木立ち。小字名が戒壇）

桁行5間・梁間5間礎石（平安初期）

伝徳一石造五重塔（平安初期）

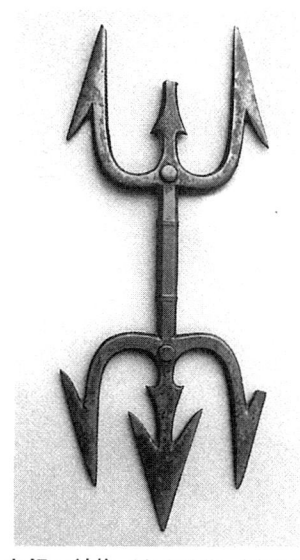

白銅三鈷杵（奈良時代・国重文）

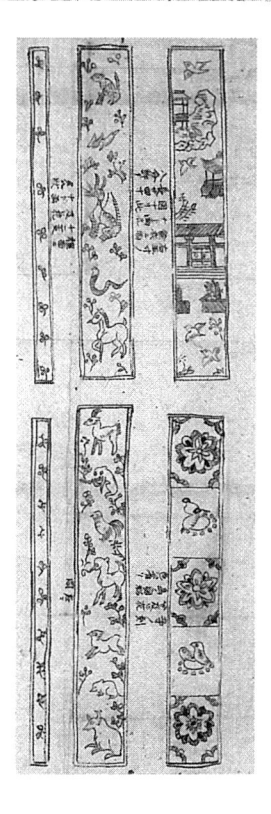

撥鏤尺（奈良時代・明治初期紛失）

平城宮と寺院の瓦

平城京の造営時には，平城宮内の宮殿・官衙と京内官寺とで，主たる所用瓦に文様の極めて似通ったものが採用された場合がある。写真で紹介するのはその典型的な代表例であるが，最近の発掘調査では，こうした所用瓦の関係が，京内ばかりでなく，京外近郊に造営された氏寺にもみられることが明らかになってきた。

構　成／中井　公
写真提供／奈良国立文化財研究所・奈良市教育委員会

6304 A （平城宮所用）

6304 B （平城宮所用）

6304 C （平城宮所用）

6304 D （大安寺所用）

6304 E （薬師寺所用）

6304 G （古市廃寺所用）

6668 A （平城宮所用）

6668 B （古市廃寺所用）

季刊 考古学

特集

古代仏教の考古学

夏見廃寺出土大形五尊塼仏復元図
（縦54.9cm, 原図：名張市教育委員会）

対談

古代の伽藍を語る

森　郁夫・坂詰秀一
京都国立博物館考古室長　　立正大学教授

1　仏教の伝来と寺院

坂詰　「古代仏教の考古学」の特集に当たりまして，日本の古代仏教を考古学のほうからどう考えていくか，そしてその研究の現状などを森さんにうかがいながら，対談をすすめていきたいと思いますので，よろしくお願いします。

古代仏教を考古学の立場より考えてみますと，伽藍，塔婆に関係するものがあり，その他，墳墓であるとか，仏像・仏具という問題もありますが，何といっても伽藍が大きなウエイトを占めているのではないかと思います。

伽藍は，僧伽藍摩の略としての「伽藍」，また寺院の配置という意味で「伽藍配置」とも使われています。それから「寺」。韓国のチュナールからきているといわれている「てら」とも称呼され，伽藍・寺院・「てら」という三つの言葉が使われているのが日本の現状であると思います[1]。

東アジアの一角に仏教文化の花が開いたわけですが，古くより文献の方々は仏教がわが国に伝来してきた年代をとくに正史のほうから仏教公伝というようにおさえる意見があります。

ところが公伝というのは，私伝がまずあって，公伝の先兵の役割を果たしている。だから公伝した仏教がその土地に根を生やすことが容易であった，ということがいわれています。考古学の立場で公伝か私伝かの決め手はないと思いますが，森さんの専門の立場から瓦を問題にしますと，飛鳥時代の瓦はどこどこの系統，という議論が出ます。

ところがそれより前の段階の「草堂」的なものがあったのではないか。もっとも草堂のほうは瓦

坂詰秀一氏　　　　　　森　郁夫氏

がありませんから，わからないわけですが……。瓦からみて一番古い寺院の問題について，森さんはどのようにお考えでしょうか。

森　仏教がわが国に伝わってきた，その伝わり方は公伝と，当然それに対する私伝があるわけです。例えば，考古学では証明のしようがないのですが，司馬達等が坂田原に草堂を造ったとの伝えがあります。司馬達等については文献によって異なりますが，中国南朝の人という記録もあります。このような渡来人が仏教を持ち込んだということは当然あったんだろうと思います。

それに対して公伝は，（国家という概念は難しいのですが）公に仏教を受け入れるようになってきた。むしろそうせざるを得なくなってきたという背景があると思います。それが先ほど坂詰さんがおっしゃったように，東アジア世界の中でどうであったのかという面も当然背景にあると思うんです。ですから年表的に見ていきますと，日本に仏教が伝えられたのは，『日本書紀』によると欽明天皇13年ですね。552年という説もあるわけですが，教科書的に言えば，西暦538年に入ってきた。その10年前の528年に新羅に仏教がもたらさ

れた。それより古く百済に入り，さらに古く高句麗に入ってきたという背景があるわけです。

わが国に仏教がもたらされた頃は中国では南朝の梁の時代です。その後陳に代わって着々と力を蓄えてきた隋が589年に強大な国を作ったという背景があります。その前の年に飛鳥寺の造営が始まっています。確かに東アジア世界は大きく動いていた。朝鮮半島三国は相争っている時代ですから，そうした時に日本に仏教が入ってきたということを考えますと，受け取るほうであるわが国には受け取らざるを得ないような状況があったんだろうと思います。しかし公には受け入れにくい面があった。それで蘇我氏に一応仏教を預けたという形になるわけです。

そういう形で仏教が日本に入ってきても，半世紀も寺造りが行なわれなかった。その辺も考えてみなければいけないと思うんです。新しい文化を取り入れてもそれを具体化するまでには当然時間がかかるわけですから，いろいろあったのでしょうが，何はともあれ588年にようやく飛鳥寺という寺造りが行なわれた。

飛鳥寺は蘇我氏の寺ですが，百済から朝廷に技術者群が送り込まれてきたという形だったと思います。それ以外に私的な面で寺造りが始められた可能性もあります。九州の神ノ前窯で，西暦588年を遡るであろうと考えられる瓦が出土しておりまして，飛鳥寺を遡る時期に某寺院に供給されていたと考えられています。ただ，その瓦はきちんとした瓦造りによるものではないような感じです。粘土紐巻き上げで土器作りと同じ技術で造っ

た感じです。技術は違ってもそうした試みが飛鳥寺以前にあった可能性は認められます。

日本の寺というものの成り立ち，移り変わりをみていくと，いろいろな問題点がでてきます。寺が本来どういうものであったのかを少し坂詰さんにうかがってみたいと思います。坂詰さんは古代インドの伽藍について書いておられますが，それについてちょっとご説明いただければありがたいと思いますが……。

坂詰 一つは石窟寺院，もう一つは平地寺院の存在です。平地寺院についてはほとんど研究がやられていません。アジャンタ，エローラなどに代表されるような石窟寺院の研究に目が向いていました。

ところが1950年代になると平地寺院も掘られています。有名なものではラジギール（王舎城）にジーバカ園の遺跡というのがあります。楕円形の建物が二つないし三つ対になりまして，全形は方形のものです。それはおそらく初期の講堂ではないかと考えられます[2]。長楕円形の建物が石窟寺院の中にもあらわれています。しかし，それは初期のものにしかないのです。時代が下がりますと楕円形の建物がなくなり，平面が方形に変化します。最初は講堂的なもの，すなわち民衆が集まって釈迦の在世中，経説を聞く施設にあたります。

釈迦が亡くなりますと，礼拝し供養する必要から仏塔があらわれます。釈迦の生存時代は塔が必要ないわけですから，民衆が集まり説法を聞く講堂でした。最初に講堂があり，それに塔が加わり，次の段階になると，大乗仏教に伴って釈迦以外の信仰の対象，化仏としてのいろいろな仏様があらわれる。仏像が出現すると同時に金堂—仏堂的なものが出現してくる。そこで初めて，塔と金堂と講堂という基本的な伽藍構成が形成されてくるのではないかと思われるのです。

インドの初期の伽藍は講堂を中心とした時期，塔を中心とした時期，塔プラス金堂的な施設が建てられた時期が仏教伽藍の基本パターンではないかと思います。もちろんそれらには僧房が伴っています。

中国では隋，唐の寺院はほとんど掘られていないですね。ですから平地の

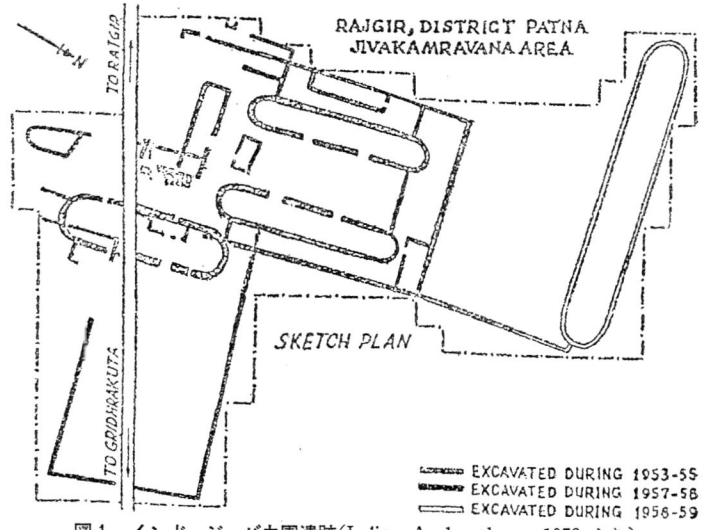

図1　インド・ジーバカ園遺跡（Indian Archaeology, 1958 より）

RAJGIR, DISTRICT PATNA
JIVAKAMRAVANA AREA

TO RAJGIR

TO GRIDHRAKUTA

SKETCH PLAN

EXCAVATED DURING 1953-55
EXCAVATED DURING 1957-58
EXCAVATED DURING 1958-59

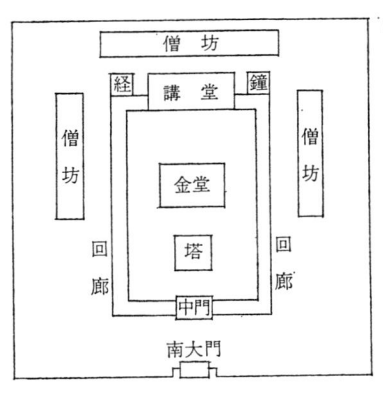
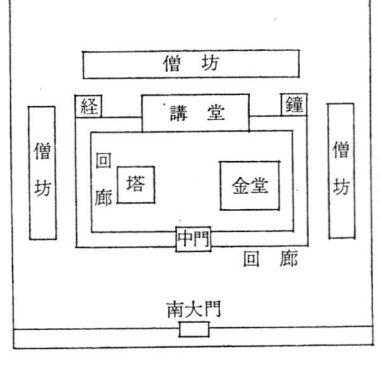
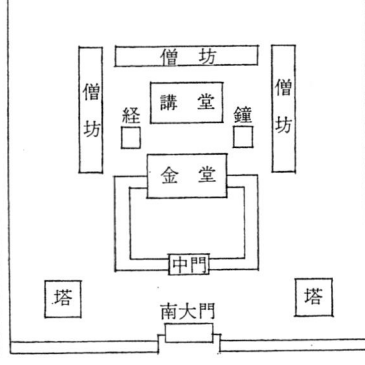

四天王寺式　　　　　　　　　法隆寺式　　　　　　　　　東大寺式

図2　伽藍配置概念図

ほうはよくわかりませんが，石窟を見ると，インドと中国はあり方が違います。初期のものはともかく，盛期の石窟に僧房的施設のとりこみが少ないのです。インドと異なる構造の一面ですね。

石窟寺院は朝鮮半島・日本にはありません。半島の石窟庵がそうだという人もいますが，私は違うと思います。そうしますと，石窟寺院は中国で止まります。それに対して，平地寺院は朝鮮半島・日本に渡ってきています。

飛鳥寺のような伽藍の形が完成するのは中国の隋・唐の時代です。具体的には隋であろうと思います。それは律令体制の基に形成された古代の都市計画のなかに寺がはめこまれている。それは平地に造られていますので，私は「平地方形区画伽藍」と呼んでいます[3]。飛鳥寺などはその最たるものであろうと思いますが，それ以前に「平地任意伽藍」という形があったように思います。

そういう点で先ほどお話いただいた南朝的な色彩の強い坂田寺，飛鳥寺のように完成された伽藍とは別に何かそういうものがあるんでしょうか。

2　塔と金堂

森　そうだろうと思います。完成された伽藍配置でわが国に寺が入ってきたというのは大変興味があるんですが，いずれにしても寺というのは塔と金堂で成り立つという形で入ってきます。

釈迦入滅後の寺というものは本来釈迦の舎利を祀るということで，ストゥーパが中心になっているんですね。日本ではどういうわけか金堂から造られているんです。若草伽藍の発掘調査では明らかに金堂を先に造っていることがわかりましたし，四天王寺もそうです。『日本書紀』あるいは

『元興寺縁起』でいえば飛鳥寺も金堂が先です。『上宮聖徳法王帝説』の「裏書」では山田寺もそうです。本来釈迦の舎利を祀るべき寺が何故金堂から……という疑問があると思うんです。

これは確実にそうであるかどうかわかりませんが，わが国に仏教が公伝としてもたらされた記事を見ますと，欽明天皇が「隣国の神の姿を見て喜び踊躍る」という表現があります。『元興寺縁起』では具体的に太子像と灌仏の器ということが出ています。初めて金銅仏を見て，こんなに尊いものなのかという驚きがあって，まず金堂から造った。

蘇我氏にまず仏像を祀らせますが，その時蘇我氏が「向原の家を浄め捨いて寺とす」とあり，これはまさに仏像を祀るために寺をつくったということですね。そういうことがあってまず金堂から造ったのではないかと思うんです。金堂と塔とがセットになって，僧侶が論議を重ねる講堂があるという七堂伽藍を兼ね備えた寺が次々と建てられていくという形だと思います。

もちろん一方にそういう七堂伽藍を兼ね備えない，坂詰さんは任意的とおっしゃいましたがそういう寺があったと思いますが，きちんとした七堂伽藍の配置を見ていきますと確かに飛鳥寺の伽藍配置は特殊ですね。

一般的な流れとしてはいわゆる四天王寺式から法隆寺式，薬師寺式，大安寺式というようになっております。伽藍配置が変化していく理由についてはいろいろな考え方がありますが，寺の機能として回廊を重視される方もいらっしゃいます[4]。

資財帳などを見ますと，中門や南門については仏門，その他の門は僧門と記しています。僧侶と

言えども世俗の人間なので仏門から出入りできない。回廊で囲まれた中は釈尊しか住まいできないという考え方ですね。

回廊がどこで閉じるかということが伽藍配置の変遷で大事だという観点からすると，四天王寺式という言葉はなかなか使えないんですが，7世紀の半ばくらいまでは「いわゆる」四天王寺式が多いですね。

飛鳥寺式の一塔三金堂というのは他にないのかということにつきましては，最近藤沢 一夫 先生が，河内の新堂廃寺は「多少違うが，どうも飛鳥寺式だ」とおっしゃっています。新堂廃寺の発掘調査では西方建物というのが，金堂と塔の西側に出ていますね。それを反転させると当然東のほうに出てくるというお考えです[5]。

あるいは今後百済地域でも飛鳥寺的な伽藍配置や新堂廃寺のようなものが出てくるかもしれないと思われます。軍守里廃寺は塔の東西に建物があって[6]，その前面に回廊的な石敷きがあるのでよくわからないのですが，一塔三金堂的な伽藍配置を示すように思われますので，ひょっとしたら飛鳥寺のような伽藍配置のものも，百済地域から発見される可能性も考えられるのではないかと思います。

話がそれましたが，本来塔が中心となるはずであったものが，完成された伽藍の形で日本に入ってきたため，金堂から先に造るようになってしまったのではないかと考えられます。

坂詰 日本の場合は塔よりも金堂のほうが先に建立に着手しているというお話をしていただいたわけですが，私は飛鳥寺の問題を金堂中心ということと絡めまして一つの憶測をもっているんです。と申しますのは飛鳥寺の中金堂の仏像，例の飛鳥大仏の問題です。

金堂のメインにあのような大仏を据えたということは，鮮卑族が北魏を建国した時に雲崗石窟を造りますが，その初期の石窟に伴う仏様は大仏です。それと似ています。初期の段階で大きい仏像を造って拝むということは，仏教鎮護国家の一つの特徴です。それと日本の初期の飛鳥寺の場合が非常によく似ている。これは何か意味があるのではないかと感じています。

また，新羅の皇竜寺の中金堂の台座ですが，あれはまさに大仏の台座だと思うのです。仏教を組織的に受け入れた段階，中央集権的な公けの機関

が造った寺は象徴化された大仏をメインに置いている，と捉えることができると思います。

そういう点で，金堂が先に造られたということはそれなりに意味がある。塔よりも金堂を優位に置いているわけです。これは大乗仏教的な色彩です。鎮護国家形態の象徴としての寺ですから，飛鳥寺は大仏でなければならなかったのではないかと思うのです。そういうことから考えますと，塔を中心とする遺跡が初期の段階でみられないのは当然だと思います。

飛鳥寺の建立の背景という点を大仏像と金堂をセットにし，次に塔との関係というように考えたらどうかと思うのです。考古学の場合ですと，とかく伽藍配置にのみ目が向いていますが，安置している仏像はどういうものか，堂内荘厳具はどうなっているのか，といった古代の寺院を考古学の立場からアプローチする方法があるのではないかと思っています。

そういうことから考えますと，伽藍における回廊が非常に大事だと思います。太田博太郎先生は回廊のあり方で伽藍式を定めています[7]。あの考え方は面白いと思います。

先ほど森さんが山田寺の問題をご指摘になった時，いわゆる四天王寺という意味深長な言葉をお使いになったわけですが，太田先生は回廊重視の立場からモデルケースをお作りになったと思うのです。具体的に山田寺がどう，四天王寺がどうという積み重ねの中で伽藍配置の問題は完成してくるだろうと思います。

そういう意味で一塔三金堂形式が高句麗の清岩里廃寺などと比較されたわけですが，百済の軍守里廃寺は，金堂跡の東は川で取られてしまってだめですが，西方を掘れば建物が出る可能性があります。すると，一塔三金堂になります。

新羅の皇竜寺も三金堂でしょう。初期の寺は三金堂なんですね。かつて飛鳥寺が出てきて高句麗との関係について一時騒がれましたね。しかし，高句麗のほか百済も同じく一塔三金堂がある[8]。さらに新羅にもあると思うのです。

森 結局，飛鳥寺の発掘で，このような伽藍配置があったのかと驚いたのは，それまで四天王寺式，法隆寺式という流れで理解していましたからですね。確かに百済の寺は塔，金堂が南北に並ぶ配置ですね。ですから当然それがわが国に入ってきた。百済から工人グループがやってきたという

ことが前提にありましたから，決して誤りではないと思います。ところがどこに倣ってそういうものが造られたのかということになると類例がない。唯一の例が清岩里廃寺であったということですから，それはそれでいいと思うんです。

　先ほど問題になった回廊ですが，確かに中は聖域だろうと思います。回廊がどこにとりつくのかという，そこだけを取り上げていくと，伽藍配置の中の大きな流れといいますか，塔とどういう配置になるのかということがむしろおろそかになるような気がするのですが……。

　基本的に塔と金堂が南北に並んでいた。それが東西並置に変わった。これは大きな問題だと思います。先ほどの坂詰さんのお話のように，大仏を拝むということがわが国に入ってきたということであれば，塔の後ろに金堂があっては具合が悪いのではないでしょうか。

　坂詰　塔というのはあくまで礼拝するための象徴だと思うのです。ですから入口に高層にそびえたつのではないか。北側では意味がない。ですから釈迦を礼拝する場合ストレートに拝むのではなく，釈迦を二重写しにして礼拝するというので，四天王寺式ができてきたのではないかと思います。東西に並ぶ法隆寺式は金堂と塔と並んでいます。

　法隆寺式について，建築の方が太子様伽藍という用語で論議されたことがありましたが，私は聖徳太子の存在は非常に意味があると思います。聖徳太子は釈迦に帰れという主張だったと思うのです。釈迦こそ仏教の心というような考えがあったと思うのです。塔を通して金堂にもっていくというよりも，金堂と塔＝釈迦を同時に拝まなければならないという意味で東西に配置したのではないかと思います。

　森　確かに私もそれに近い考えをもっています。要するに仏教観の変化があるんだと思います。代表名として法隆寺式と言いますが，決して法隆寺から始まったものではなく，それ以前に塔，金堂東西並置の例がいくつかあります。

　斑鳩の法輪寺（ほうりん）は650年よりも下らない。ですから遅くとも7世紀の半ばにはあのような伽藍配置をもつ寺が造られたということですね。それから最近問題になっている近江の穴太廃寺（あのう）ですが，創建期の建物は金堂が南北棟ではありますが，塔と金堂を，かなり振れてはおりますが東西に並べて

いるという形です[9]。そこから出土した古い瓦の紀年銘は庚寅と壬辰があります。西暦に当てはめると630年と632年です。とすると，7世紀前半代に塔，金堂を東西に置いたものが出てきたということになります。ただ金堂が南北棟だということが気になるんですね。

3　伽藍の完成

　森　以前穴太廃寺についてのシンポジウムに加わった時に「東西並置ではなく，あの建物はむしろ四天王寺式の配置であって……」と言ったことがあるんです。穴太廃寺の軸線をまっすぐ伸ばして直角に振ると，琵琶湖の沿岸に一致するわけです。それが後に天智朝に大津京の地割に合わせて変えてしまったというふうに考えたんです。しかしその後の発掘で，どうしてもそれは四天王寺式にはならないということを林博通氏にうかがいました。ともかく7世紀前半にそういうのが出てくるということになりますと，ではいつから東西並置に変わるのかということになります。これを仏教観の変化ということから，いつどういう経典が使われていたのかという点に注目しますと，ごく一般的な幸せを得るような経典から，次第に鎮護国家的な様相を帯びた経典が使われるようになる。しかも内裏で読経が行なわれていたのが，寺寺で天皇が大勢の僧侶を集めて行なうというように変わってきます。

　とすると，朝廷そのものへの仏教の入り方を考えたらどうだろうか。もちろん聖徳太子は皇太子で朝廷の重要な一員です。『三経義疏』（さんぎょうぎしょ）を著わしたりしていますから，すでに朝廷にというより，宮廷に仏教が入り込んでいたということになるわけです。しかし推古天皇が三宝興隆の詔を出しますが，あの時にはワンクッションおいて皇太子と大臣に言うわけですね。

　その時点ではまだまだ神道のほうが仏教より比重が高かったのだろうと思います。舒明天皇11年（639）に「今年大宮及び大寺を造らん」という詔を出します。ここで初めて朝廷そのもの，天皇が寺を造る。その翌年に内裏で経典が読まれている。具体的な形で宮廷内に仏教が入ったのは，この639年という年なのではなかったろうか。その頃に伽藍配置の変化という兆しが見えるのではないかと考えているんです。

　坂詰　大変面白いご指摘です。先輩の研究を見

ていますと，伽藍配置の変遷に興味があった
と思います。感性豊かな先生方が多いからそ
れぞれの感性で解釈したと思うのです。

　先ほど回廊のところで仏法地，僧地があっ
たとしましたが，私は仏法僧地が伽藍の区画
に反映されていると思います。伽藍を維持経
営するためには大勢の人びとが必要ですか
ら，その人たちは俗地に住んでいたと思いま
す。仏法僧地以外に俗地があって始めて伽藍
が完成されるのではないでしょうか。

　上原真人さんも仏地と僧地の問題から伽藍
の形の分類を検討されています[10]が，私はさ
らに俗地を寺の中で位置づけていくことが必
要だと考えています。

　森　奈良時代の寺々の資財帳を見ますと，
必ず経営地域があげられています。大安寺に
しても薬師寺にしても決して寺地の真ん中に
中心伽藍が置かれません。西に寄ったり東に
寄ったりということです。寄せたのはその空いた
ところに経営地域をもってくるということである
わけですから，おっしゃるように確かに経営地域
がなければ寺は成り立たない。奈良時代の寺々，
とくに平城京という大都市の中の寺では，大きな
規模をもっていますし，しかも僧侶の数も資財帳
で見ますと，大安寺などは天平19年（747）に800
人くらいおりますね。800人の僧侶を養うという
経済力も大変で，それを支える人の数は大変なも
のだろうと思います。そういう意味では「俗地」
ですか，いわゆる経営地域というものは必要であ
るわけですね。なぜ大規模な寺を維持しなければ
ならないのかというと，それも仏教観の大きな変
化がその時にあったということです。

　法隆寺式の次の大きな変化は薬師寺式ですが，
塔が二つになる。しかも回廊の中なんです。塔が
回廊の外に出ることについてはまた別の意味があ
ると思うんですが……。これは昔から言われてい
る新羅からの影響であるわけですが，とくにそれ
を細かく数値の上で検討されたのが，岡田英男先
生です。薬師寺の報告書で細かい数値をあげてお
りますが，堂塔などの配置の比率がコンマいくつ
かの違いで新羅の感恩寺（かんおんじ）と一致するということ
で，その影響を受けているんだろうと言っておら
れます[11]。

　薬師寺造営の発願そのものは古いのですが，実
際に造営されたのは 680 年代です。新羅の感恩寺

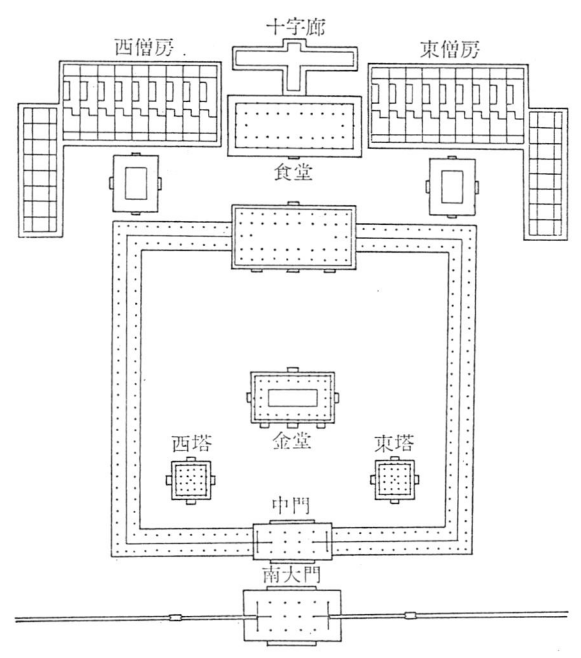

図3　薬師寺伽藍配置図

の造営にわずかに遅れる時期です。感恩寺の竣工
は神文王2年（682）のことです。この寺は父の
文武王が，自分が大きな竜となって国家を護ろう
という願いのもとに創立した，まさに鎮護国家の
寺として造られました。ですからその考えが天武
朝，持統朝の考え方に非常にぴったりしていたの
ではないか。それで東西両塔式の伽藍配置が取り
入れられたと考えるわけです。平城遷都にともな
って飛鳥の地から移された寺々のうち，前の時代
と全く同じ伽藍配置で造られた寺は薬師寺しかな
いんです。それほどこの伽藍配置が当時の思想に
ぴったりしたものだったといえます。

　坂詰　いまご指摘の感恩寺が薬師寺のモデルに
なったというお考えは大変面白いと思います。感
恩寺は双塔がある寺で，薬師寺はそれに大変近い
ですね。すぐ北側は山が迫って南のほうが川にな
っているという点で，薬師寺とは立地的には違う
と思いますが，薬師寺の双塔伽藍と似てますね。
双塔を持つ伽藍というのは隋，唐という鎮護国家
の形態が完成した時に出現しています。

　塔を二つ持つということは造塔供養を説く法華
経思想の反映であると思います。それを法華経思
想としてだけでなく，鎮護国家経の一つとしての
法華経の考え方が薬師寺に表われていると解釈す
べきでしょう。

　森　完成した伽藍が大安寺だと思います。大安
寺は双塔式ではありますが，塔が中門，回廊の外

19

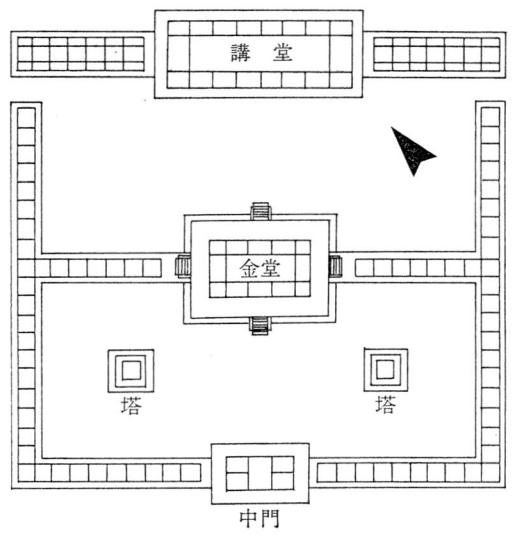

図4　韓国・感恩寺伽藍配置図

（図中のラベル：講堂、金堂、塔、塔、中門）

に出てしまいますね。あの形こそが中国の唐の伽藍配置だったのではなかろうか。中国の伽藍配置はよくわからないのですが，後世作られた西明寺の図面を見ますと，日本でいう中心伽藍の外に塔が二つ出ています。大安寺の造営にかかわったのは道慈（どうじ）です。道慈は長いこと中国に留学しており，帰ってきて大安寺の造営に取り掛かる。出来上がった伽藍を見て，周りの人たちは今まで見たこともないような寺だと言った。

　大安寺の後に造られた平城京内の寺々を見ますと，東大寺，西大寺，法華寺，これらは回廊の外に双塔を出しています。さらに平城京の外になりますが，秋篠寺ですね。これは回廊が確認されておりませんが，金堂と塔との距離を見ますとちょうどこの中に回廊が入ってくる感じなので，大安寺の後に造られる寺々の塔は二つで，しかも回廊の外に置かれることになった。大安寺の段階でこれが鎮護国家の寺としてふさわしいと，規定づけられたのではないかという感じがするんです。

　坂詰　私もお考えの通りだと思います。そういう段階になりますと，金堂をメインホールとしてそこで国家形態の行事が行なわれるようになります。塔は独立して外へ出さざるを得ないんですね。場所がなくなると思うのです。経義面よりも実際面の寺の機能発揮のための空間確保として塔が独立したのではないかと思うのです。

　森　以前これも建築史の方だったと思いますが，法隆寺の中門は柱間が4間です。偶数であるということは僧侶が東西にきちんと並ぶことがで

きる。要するに礼堂的な機能を果しているのだといっておられます。ただ中門のような建物では足りないんです。法要がある時は集僧何百人ということですから，そういう場所が必要だったということがあったと思います。そういうことも仏教観の一つの変化ということだろうと思います。

　坂詰　仏教を中心とした政治体制の場合，寺を通じて鎮護国家の機能が発揮されていたのではないか。塔が邪魔になったというと石田茂作先生に怒られそうですが，装飾的な塔を外へ出してしまったというよりも，歴史の流れの中でそれなりの必然性があって塔の位置も動いたのではないかと考えています。

4　国分寺をめぐって

　森　国分寺の伽藍配置は千差万別でしょう。あれはどうしてですか。

　坂詰　国分寺を画一的に造れというような希望的な指示が出てもそれぞれの国々はすぐに対応できなかったと思うのです。ですから，別の寺を転用するとか，いろいろなケースが出たのではないでしょうか。塔が1基しかないのは1基省略だとか言いますが，塔が2基というのは必要ないと思うのです。

　僧寺には塔があるが，尼寺には塔はない。逆だと思うのです。尼寺こそ塔がなくてはならないわけです。それがなぜ尼寺になく，僧寺にあるのかという問題になると思います。例えば伊豆の国分尼寺跡の比定廃寺には塔があるからおかしいと言いますが，本来塔があってもいいのではないかと思うのです。どちらかと言えば，塔は尼寺へつくべきだと思っています。

　森　そのことをもう少しお話していただけませんか。

　坂詰　具体的に言えば，塔はなぜ必要だったかという問題です。僧寺は名称に表われているように護国の寺です。護国の寺だからこそ金堂中心であるべきです。塔は法華経思想の反映だと思うのです。尼寺は法華滅罪之寺と言われています。造塔思想は法華経の根幹であるわけです。本来，塔がなければならないと思うのです。

　尼寺の総本山の法華寺はかつて東西両塔がありました。ところが今は塔がないから，法華寺は塔がない，という発想になる。現状はともかくとしてかつてはあったわけです。東大寺にしても法華

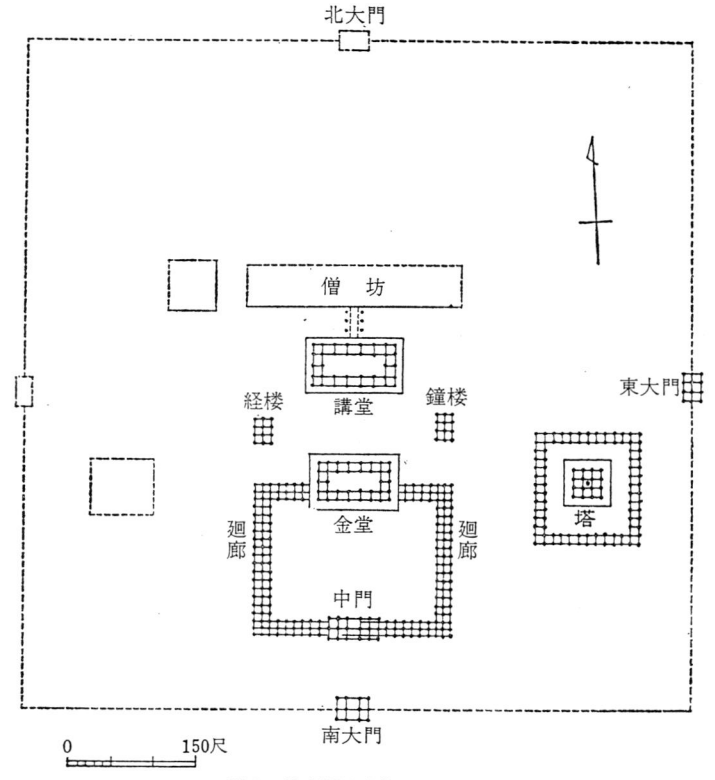

図5　陸奥国分寺伽藍配置図

（図中の文字）
北大門
僧坊
経楼　講堂　鐘楼
廻廊　金堂　廻廊
中門
塔
東大門
南大門
0　　150尺

寺にしても東西両塔があった。

　陸奥の国分寺，武蔵の国分寺の場合は塔が離れて存在していますが，それが本来の国分寺の塔の姿だと思うのです。というのは，僧寺，尼寺共用で供養するための塔院であるというふうに理解するからです。その場合，回廊がきちんと回っていたのかどうかという問題がありますが……。

　森　それは発掘しなくてはわからないですね。

　坂詰　私は塔は塔院を形成していることが基本だと思います。武蔵の場合，一部を掘ってみたのですが，その痕跡はわかりませんでした。ただし武蔵の場合，僧寺の中門からの回廊は講堂まで回っている。だから塔は僧寺の中心区画の中には位置しないで，塔院として独立しているわけです。そういう観点から塔の問題を考える必要があると思っています。

　もう一つ，国分寺の塔はすべて七重だと言われますが，五重だっていいのではないか。七重にこだわる必要がないのではないかと考えています。

　森　建築技術的な面を考えても三重と七重とでは当然七重のほうが大変でしょう。どこの国でも七重の塔ができたかというと疑問です。ですからむしろ石田先生が昔やっておられたように，塔の

平面規模で何重であるかを考える。それを考えていったら当然三重の塔があってもよいと思います。塔があること自体大変なことですから。

　ところが奈良時代の後半になりますと，小さな塔がでてきます。竜門寺塔跡，実際に残っている室生寺の塔などは非常に小さく，人が入りにくい規模です。ですからもう塔の中に入って法要をやらない。外から供養を行なうという塔もあったのではないでしょうか。

　坂詰　まだいろいろお話をお伺いしたいのですが，時間もまいりましたのでこの辺で終わらせていただきます。古代仏教を考古学の立場で，文献仏教史とはべつのモノによって考える仏教史という分野を大いに考えなくてはいけないと思います。

　今回の特集は，考古学による最近の発掘資料を踏まえて古代仏教研究の成果を展望する方法をとってみました。古代仏教の研究にとって，考古学的視点の必要性を考えるきっかけになれば大変うれしいと思います。

　註
1)　坂詰秀一『仏教考古学調査法』1978
2)　坂詰秀一「古代インドの楕円形建物」『立正大学文学部論叢』56, 1976, 後『歴史考古学研究』Ⅱ, 1982所収
3)　坂詰秀一「平地方形区画伽藍小考」立正史学, 58, 1985
4)　太田博太郎「南都六宗寺院の建築構成」『日本古寺美術全集』2, 1979
5)　藤沢一夫「百済王氏と百済寺」枚方市文化財研究調査会講演資料, 1990
6)　石田茂作「扶余軍守里廃寺の発掘」『昭和11年度古蹟調査報告』1937, 後『総説飛鳥時代寺院址の研究』1944所収
7)　註4)に同じ
8)　坂詰秀一「日韓古代寺院の伽藍配置」『日本からみた古代韓国』（古代の日本と韓国12）1990
9)　林　博通「穴太廃寺」『近江の古代寺院』1989
10)　上原真人「仏教」『岩波講座日本考古学』4, 1986　坂詰秀一「初期伽藍の類型認識と僧地の問題」立正大学文学部論叢, 63, 1979, 後『歴史考古学研究』Ⅱ, 1982所収
11)　岡田英男「薬師寺と感恩寺」『薬師寺発掘調査報告』1987

寺 院 の 造 営

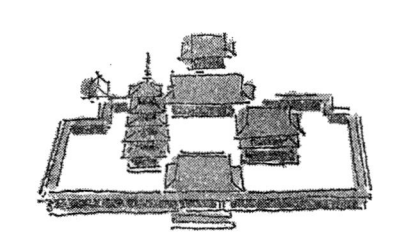

寺院はどんな状況下で造られ始め，国分寺
に至るまでにどう発展をとげただろうか。
建築に伴う事柄はどう考えられるだろうか

仏教の受容と伽藍の創建／造寺の広がり／国分寺の造営／
奈良時代の山岳寺院／発掘寺院の建築／寺造りのまじない

仏教の受容と伽藍の創建

東洋大学教授
■ 鬼 頭 清 明
（きとう・きよあき）

推古朝に到って完成したというべき仏教の公伝は後の国
家仏教の展開とその寺院の造営を規定する遠因となった

1 仏教受容の二つの道

日本に仏教が伝来したのは通常は538年，百済
の聖明王が欽明天皇に対して釈迦像と幡・経論を
送り，仏教への信仰を奨めたことをさしている
（『書紀』欽明十三年十月条）。『書紀』の記述では，
欽明天皇は，受容に反対する物部・中臣などの大
豪族の意見を配慮して，仏教受容に熱心であった
蘇我氏に仏像・経論をさずけて試みにまつらせる
ことにした。この『書紀』の記述では欽明がただ
ちに入信したわけでも，仏教を国の公的信仰とし
て容認したわけでもない。したがって，通常 538
年の仏教公伝とされているものは，このように百
済から，仏教の受容の奨めがあったこと，それが
蘇我氏によって継受されたことを意味している。
大王（天皇）ないしは大王家が仏事を公けに行な
うようになるのは，蘇我馬子が聖徳太子とともに
物部守屋らを討ちほろぼした 587 年（『書紀』用明
二年条）をまたなければならなかった。この 間，
577 年（『書紀』敏達六年条）にも百済の威徳王は経
論，僧侶，造仏工などを朝廷に送ってきている
し，新羅もまた 579 年（『書紀』敏達八年条）に仏
像を送ってきている。しかし，これらの出来事に
対する大王や朝廷の反応は伝えられていない。

587年，物部氏の滅亡をまって，聖徳太子が四天王
寺を，蘇我馬子が飛鳥寺を造営することにきめ，
本格的な仏教受容が開始されるといってよい。

このような，いわゆる仏教公伝といわれる日本
への仏教受容の過程が，百済の王権から大和の王
権へと，いわば公けの世界を舞台として進められ
たのに対して，その一方では，このような王権相
互の外交の場とは別のところで，民間での仏教受
容も行なわれたものといわれている。それは 6 世
紀代を通じて朝鮮半島から，しばしば渡来してき
た渡来人集団を媒介として行なわれたものとされ
ている。仏教公伝を日本における仏教受容の第一
の道であるとすると，この渡来人を媒介とし，王
権相互の外交の場を経由しない仏教伝来は仏教受
容の第二の道ということができる。

仏教受容の第二の道は，第一の道に比較して関
連史料が少なく，その具体的な受容の過程はよく
わかっていない。ただ二つの道双方について考え
ておかなければならないのは，仏教を受容すると
いうことが，どういう具体的な事実を意味してい
るかということである。仏教は一つの宗教である
から，その宗教の教理が中国・朝鮮から渡来すれ
ば仏教を受容したことになるが，宗教を一つの歴
史現象として把握しようとすると，教理が渡来し

たかどうかを問題にしただけでは充分ではない。仏教は，その教理と教理を信仰し，伝導する専門家集団である僧尼集団，仏教を伝導し宗教儀礼を行なう対象・場所としての仏像・寺院・僧尼集団を財政的にもささえる社会的階層とその広がりといった全体像を考えて，仏教の受容がこの全体の構図の中の，どの部分で行なわれたのかを検討していく必要がある。このことを第一の道である仏教公伝についていえば，538年やそれ以後ひきつづいて行なわれた577年，579年における百済・新羅からの仏像・経典などの大和政権への伝来は，仏像と教理との伝来ではあるが，まだそれを安置し信仰を普及する場所としての寺院——伽藍を構成するような施設——をともなったものではなかった。日本で最初の伽藍とされている飛鳥寺の建設（完成は609年—「丈六金銘」—『元興寺縁起』所収）以前には，前述したような構図全体を充足させるような仏教の受容は行なわれなかったことになる。僧尼の起源は，577年の百済からの律師・禅師の渡来，588年（『元興寺縁起』）の同じく百済からの僧の渡来など，当初は渡来僧を中心にしてはじまった。日本からは渡来人の出身者である善信尼などを百済におくって修行させている（588年『書紀』崇峻二年条）。したがって，飛鳥寺完成時には教理・僧尼集団，伽藍・仏像およびこれを財政的にささえたと思われる中央豪族の蘇我氏の存在という点からみて，一応の仏教受容の基本が完成したとみることができる。

したがって609年以前における日本の仏教は，上記の四つの要素からなる構図からいえば，不充分なものであったわけで，ことに仏像をまつり，経典を講読する布教の場である寺院が欠除していたことは，538年から609年までの仏教がきわめて不充分な形態のものであったことを意味しており，また僧尼集団の形成も未成熟であったと考えられる。僧尼集団は戒律によって規制された俗人とは異なる修行者の集団であり，そのための指導者を欠除した日本では，当初は渡来した百済などの僧侶か，善信尼のように百済へ留学することが必要条件となったし，その僧尼集団の確保も充分ではなかったものと見られる。

こうした意味では609年以前の日本の仏教は，その萌芽段階のものとして位置づけることができ，伽藍のかわりに仏像は蘇我氏の小墾田の家や石川の宅などに安置され，そこで信仰の対象とな

っていたのである。飛鳥寺が後世日本の仏教の発生地として認識されたのは，以上のような理由にもとづいているといえよう。この意味では，百済王権から大和王権への仏教の公伝はこの推古朝に到って完成したというべきである。聖徳太子の『三経義疏』のような日本最初の経典の注解が行なわれるようになったことも，その完成を象徴する事柄といえよう。推古朝までの仏教は萌芽期を完了したという意味では初期仏教と称することができる。

このような第一の道の推移に対して，第二の道の具体的様相は未詳な部分が多い。したがって，かなり類推をともなう想定を記述する以外に方法がない。一つは百済は6世紀の聖明王のころに仏教が公認されており，新羅も6世紀代には高句麗からか，あるいは百済から仏教が伝来し公認されていた。

したがって6世紀代に渡来した渡来者集団が仏教信者であった可能性は高いことはまちがいない。彼らが6世紀代にどのような形態で仏教を信仰していたのかはわからないが，河内国に定着した王仁系の渡来集団である西文漢氏の一族たちが，7世紀中葉以後，野中寺・西琳寺・衣縫廃寺などをつぎつぎに造立したことなどは，その傍証とすることができる。すなわち，これらの渡来集団がそれぞれの拠点とする地域に7世紀中葉から寺院を造営することになったのは，一方では仏教公伝を媒介にした寺院の造営技術，建築，瓦の製作などの技術の発達を前提に，それを受容し普及させながら，渡来集団の有力者層も寺院造営が可能になったこと，僧尼についても中央での僧尼集団の増加にともなって供給され得るようになったことがその条件となっている。しかし，他方では，彼らが仏教の信仰をなんらかの形態でもっていなければ，大王家・中央豪族の影響によってのみ，寺院建立を行なったと考えることはできないように思われる。おそらく渡来集団や，その影響をうけた人々は小仏像や経典を中心とする仏教信仰をそれまでも営みつづけていたものと考えたほうがよい。小笠原好彦氏が明らかにしているように，寺院の造営が，その檀越と考えられる豪族の居館をこわして行なわれている例が多い[1]のは，寺院の造営以前には，豪族の居館の中に仏像や経典が安置され仏教信仰が営まれてきた可能性を推察させる。このように中央の王権とは別に民間に

おいて受容された仏教は，主として渡来者集団の中小豪族を媒介として浸透したらしい。

以上，日本における仏教受容の二つの道は大陸からの仏教文化の導入の仕方としては，明らかに二つの道として区別され，第一の道は，やがて7世紀末葉とくに天武・持統朝には国家仏教，すなわち国家的イデオロギーとして定着する。これに対して第二の道は，中央権力を媒介にしない仏教の伝統としてその後も，日本の社会の底辺に存在したものと思われる。

この第二の道と第一の道との相違と共通点とは次のようなものである。いずれも仏教のもつ宗教的神秘主義とくに陀羅尼にみられるような呪術的性格は双方ともに保有したものとみられるが，第一の道が僧尼集団を大量に確保することができたために，教理の研究を中心とする仏教思想の内容的な発達をとげる要素を内包していたのに対して，第二の道は在地社会での宗教的実践が，仏教の内容の上に反映する場合をのぞいては，それ自体としては呪術的性格に相対的に色濃くおおわれており，在来の神社信仰との間での教理上の明別すら，かなり不明確ではなかったかと思われる。このことは，渡来集団が朝鮮半島で保持していた仏教のあり方自体にすでにみられたもののようである。たとえば，日本の後期古墳から出土するミニチュア炊飯具は渡来人の祭祀具だとされているが，このような朝鮮在来の信仰と仏教とは彼らの間でも共存していたものと思われ，日本の社会への仏教の受容にあたっても在来の社などへの信仰とは融合しやすかったものと思われる。

2　仏教公伝と東アジア的背景

仏教伝来の二つの道のうち，日本の社会の基底部への浸透・日本仏教の特質の形成としては第二の道を注目すべきではあるが，日本が7世紀末から急速に国家仏教への道をたどった契機としては第一の公伝の問題をぬきにして考えることはできない。ことに伽藍の創建という点でもこの公伝は注目すべきである。すでに述べたように，日本への仏教の公伝とは，百済王権から日本の王権への国際外交の場を通じて行なわれたものであること，また日本での公式の受容は物部氏滅亡後の飛鳥寺の完成をまって完了したもので，この時点で日本の大王家が仏教を公認された信仰として認め，飛鳥寺が完成し，ひき続き大王家によって四

天王寺，斑鳩寺，豊浦寺などの造営や，用明天皇の病気平癒のための坂田寺などの造営が進行することとなった。このように仏教公伝は日本の大王権力が外交を通じて仏教を受容することを意味しており，したがって大王を中心とする公的性格をもった現象である。当時創建された寺院は一様に大王との関連性を色濃くもっている。一般に，7世紀の寺院は氏寺から官寺へというシェーマで記述されることが多いが，かならずしも正確なシェーマではない。7世紀末における国家機構＝律令国家機構の整備を前提として成立する官の大寺に比べて，初期の寺院がそのような国家機構の財政的支持をもっていないということを氏寺→官寺というように表現していたにすぎない。前述したように飛鳥寺もふくめて初期の寺院は大王家との関連が深く，その意味では公的な寺院である。ただ6世紀末・7世紀初頭の日本の社会は，大王と豪族たちの個別的隷属関係を基本的特色としており，それ以外に機構として独立した国家機構＝律令国家機構はまだ成立していなかったことが，飛鳥寺などが蘇我氏独自の力によってつくられたかのような氏寺的現象を見せているにすぎない。馬子が百済から送られた僧・工人らを飛鳥寺の造営に使うことができたのは，彼の大臣としての公的地位によるものであって，寺の造営自体が蘇我氏の氏的私的な性格によるものではないことを示している。日本における寺院の創立は，このような6世紀末，7世紀初頭の日本の政治社会の反映であり，その特質の表現であることを見失なってはならないように思う。このような大王家，蘇我氏らのもつ公的性格とは，当時の社会的基盤であった部民制が私的な性質のものではなく全体として王民[2]として綜括されるべきものであったことの政治的綜括・反映であったということができる。

以上のように仏教公伝を理解した上で，この公伝が行なわれた場が，百済と日本という東アジアの国際的世界であったことに注目する必要がある。仏教公伝のもつ背景としての東アジア世界を考える場合には，外交が必然的にもつ政治世界の問題と伽藍を造営していく技術者集団と僧尼集団の渡来という組織上の問題との二つの問題がある。後者についてはかならずしも公伝という形態をとらずに，第二の道によっても不可能ではないが，東アジアにおいては王権が圧倒的優位を占めること，自由な渡来や商業による交通が，少なく

とも6・7世紀の段階では高く評価するわけにはいかないことの二点からみて，王権と王権の交渉の場を通じてもたらされる技術者集団・僧尼集団の存在を重視しないわけにはいかない。事実『書紀』をみるかぎり百済・新羅・高句麗からの渡来僧や寺工，仏工，瓦工らの貢献の記事は多く，それらが　王権相互の外交の場の一つとして行なわれたことはほぼ確実なことであろう。

　初期の仏教寺院の技術の中で，もっとも顕著にみられる朝鮮文化の要素は軒丸瓦の瓦当紋様にみられる百済的色彩である。飛鳥寺創建時の軒丸瓦はこの百済系のものであり，そのうちの単弁丸弁蓮華文軒丸瓦の範型は豊浦寺でも使用されているという。さらに斑鳩寺ではこの瓦当の紋様を変更して（蓮子を五から七へ）[3]使用しているという。飛鳥寺の造瓦集団のうちの技術的指導者である瓦工が，百済から送られてきた人々であったことは『元興寺縁起』からも知られるが，その同范のものが豊浦寺にもあり，その変型が斑鳩寺にもあるということは，当時の造寺組織の歴史的特色を知る上で注目される。初期の寺院の造営はそれをさえる国家機構が未成熟であったことによって，大王家，蘇我家，大王家の一分支である上宮王家などのオイコスによって維持されざるを得なかった。しかし同范のものが各寺を通じてみられることは技術者集団はオイコス毎に固定化されているのではなく，王民として大王を頂点とする身分秩序に共有的に隷属していたことを示唆している。

　一方，前者，仏教公伝が外交という政治の場で行なわれたことの意義については，次のような仏教伝来についての東アジアの状況を考える必要がある。百済が日本へ仏教を伝えようとしたのは，それが公的政治的な場を通じたものであるかぎり，当時の国際情勢と無関係ではない。6世紀の百済と日本とが洛東江沿岸の加耶（かや）をめぐって新羅と対立していたことは周知の通りであるが，仏教公伝は百済側からの友好関係の一層の強化を目ざしたものであったと考えられ，日本もまた百済との友好関係を強化するために仏教を受容する必要があったと見てよい。欽明が仏教受容を躊躇したのは大王として在来の神への奉仕者であったためであるが，仏教受容を拒否しなかった点に対百済外交を重視せざるを得ない欽明の立場があらわれている。

　しかし，百済がなぜ仏教を公伝しようとしたかということになると，視野をもう少し広げる必要がある。百済は中国の南朝と連合して高句麗・新羅と対抗しようとしており，南朝との関係が深かった。百済は聖明王代に仏典を請求したのであるが，それはおそらく南朝梁の武帝の仏教信仰と無関係ではないようにみえる。梁の武帝は自らが仏教信者であっただけではなく，東南アジア諸国からは仏髪・仏足などを貢納させるという，国際的にも仏教的世界観にもとづく外交を展開した。おそらく百済の聖明王の仏教政策はこの梁の武帝の外交方針に呼応したものと考えられる。したがって百済の日本に対する仏教公伝の試みも，この梁の動向と無関係であったはずはなく，南朝―百済―日本という連合の上に対高句麗・新羅政策を展開しようとする百済の企図によるものと思われる。このような仏教的世界観にもとづく国際関係の成立は，前述した南朝―百済―日本という具体的政治状況の上に実現したものである。この仏教的世界観は梁の武帝がそうであったように，王権と仏法との統一を前提にしていた。百済の事情は未詳とせざるを得ないが，日本の大王の場合には仏教的世界観の受容は二つの問題をもっていた。

　一つは在来神と仏教とを統一しなければ王権との統一も不可能であることである。この課題は初期の仏教では実現しなかった。欽明や用明は決断を避け，仏教を信奉した聖徳太子は大王位にはつかなかった。この課題は三宝の奴と称した聖武にまでもちこされ，そこでは宇佐八幡宮による神仏混合の端緒が開かれることになる。その間，成立した律令国家機構によっていわゆる国家仏教が支持され展開することになるが，これは，仏教的世界観がもたらしたもう一つの意味，すなわち，中国皇帝の冊立をうけない相対的に自立した大王権力を成立させた[4]ことと関連する。そのことによって，日本は独自の律令国家を神社信仰もその内部に統括できるような機構として成立させることになったのである。この二点からみて仏教公伝という事実が，後の国家仏教の展開とその寺院の造営を規定する遠因となったことが理解されよう。

註
1)　小笠原好彦「古代寺院に先行する掘立柱建物集落」考古学研究，100，1979
2)　狩野　久「部民制」『講座日本史―古代』1970
3)　大脇　潔「七堂伽藍の建設」『古代史復元3』1989
4)　石上英一「古代東アジア地域と日本」『日本の社会史』第1巻，1987

造寺のひろがり

文化庁記念物課
須田　勉
（すだ・つとむ）

白鳳時代にピークをむかえる造寺活動の背後には，新体制の中で
もたくましく活路を開いていった豪族層の姿をみることができる

わが国に仏教が公伝したのは，宣化天皇3年（538）とされている。しかし，ひんぱんな対外交渉の関係から，記録にみえる以前から私的に仏教を奉ずる者の渡来があったことは当然考えられることであり，史料のうえからも知ることができる。『扶桑略記』によると，継体天皇16年（522）に鞍作部司馬達等が大和国高市郡坂田原に仏像を安置し，礼拝したことが記され，『日本書紀』の欽明天皇13年（552）には，小墾田の家に仏像を安置し，向原の家を浄め寺としたとある。

こうした仏像安置の施設の実態が，どういうものであったか不明であるが，最初の本格的寺院である飛鳥寺造営以前に，私宅を浄め仏像を安置礼拝することがあったことを示している。しかし，新しい宗教を通じ，先進文化を積極的に受容しようとする蘇我氏と，旧来の制度，伝統を固守しようとする物部・中臣氏の争いのため，仏教は長い間市民権を得ることができなかった。

崇峻天皇元年（588），蘇我氏は覇権を天下に誇示するごとく，飛鳥真神原でわが国最初の本格的寺院である法興寺（飛鳥寺）の造営に着手する。寺は推古天皇4年（596）に完成したが，その後，近畿地方を中心として，各地に寺院が建立されていった。まさに，古代のモニュメントは，古墳築造から寺院造営へと，時代は変わりつつあったのである。

1　地方寺院の出現

飛鳥寺の造営が始められてから37年目の推古天皇32年（624），全国の寺院数，僧尼の人数などの調査が行なわれた。それによると，「有二寺四十六所。僧八百十六人。尼五百六十九人。并一千三百八十五人一。」（『日本書紀』）とある。これらすべての僧尼が寺籍に連らなったとすると，1寺院30人の僧侶がいたことになる。実態としては，ほとんどが畿内を中心とした現象と思われるが，飛鳥寺造営以後，堰を切ったように寺院が造営されていった様子を知ることができる。

この時期，地方寺院の状態はどうであったのであろうか。対外交渉の門戸である北部九州では，福岡県太宰府市の神ノ前窯跡，同大野城市の大浦窯，月ノ浦窯，大分県中津市の伊藤田窯などの窯で瓦陶兼業の形で瓦の生産が行なわれていた[1]。これらの窯の使用期間は，出土した須恵器からして，およそ西暦600年前後のものとされ，わが国で出土した瓦としては最古に属するものである。残念ながら，これらの窯で焼成された瓦の供給先が不明であるが，いずれも屋瓦として製作されたものである。瓦には，平行条線や同心円文の痕跡のほか，須恵器の製作技法が各所に残され，製品の稚拙さと合いまって，初期寺院の造営にあたり，造瓦技術に習熟しない須恵器工人が動員された様子をよくとどめている。神ノ前，月ノ浦両窯では，鐙瓦が出土する。前者は無文，後者は稚拙な文様ではあるが，百済との関連を想起させるものである[2]。朝鮮半島と近接する北部九州の地は，想像以上に渡来人の往来も多く，この地域での寺院成立は予想以上に早かったと思われ，畿内からの一元論だけでは初期仏教文化を論じられない実例として貴重である。

一方，九州地方の諸例よりやや時期が降るが，福島県相馬市善光寺遺跡第3号窯の床面から，焼台として使用された女瓦が検出された。この窯で焼成された須恵器には，杯，蓋，盤などがあり，その特徴から，7世紀第2四半期に相当する。また，同県福島市宮沢窯跡群第4号窯跡からも，善光寺遺跡第3号窯と同じ特徴をもつ須恵器とともに，宇瓦，男瓦，女瓦が出土し，やはり，7世紀第2四半期頃に位置づけられるようである[3]。善光寺遺跡で焼成された瓦は，南約6kmにある相馬市黒木田遺跡で確認され，供給先が明らかとなった。この黒木田遺跡は，堂一宇の寺で，瓦の様式から7世紀末葉と8世紀後半段階に修造が加えられているが，造営当初の実態については，必ずしも明らかにされていない。宮沢窯跡第4号窯跡は，腰浜廃寺関連窯跡5基の中の1つで，南西約

4.5 kmにある同廃寺跡に供給されたと考えられている。これら，時期の判明する瓦陶兼業瓦での瓦の出土量は少ないが，初期仏教文化が意外と早く東北地方にも波及していたことを証明するものであり，瓦のもつ意義は極めて大きい。

2　白鳳寺院の展開

持統6年（692），天下の諸寺を数えさせたところ，およそ545ヵ寺であったという。推古32年（624）の段階で46ヵ寺存在したということであるから，70年近くの間に10数倍に達したことになる。7世紀後半代の時期が，造寺活動の最も活発であったことを推測することができる。

1970年に刊行された『飛鳥白鳳の古瓦』[4]では，調査された遺跡総数が460ヵ所にのぼるとされる。20年を経た今日，新発見の遺跡は多く，その実数は，相当上まわることになろう。ここで調査された遺跡総数のうち，畿内4ヵ国で全体の35％，東国21ヵ国で34％，西国22ヵ国で31％と，その分布状態は全国をほぼ3等分する形となる。

しかし，その分布状況を詳細にみると，必ずしも一様ではない。まず畿内を中心とするのは当然であるが，東海道諸国では，伊勢・尾張国などの畿内周辺と，遠国では伊豆・上総・下総・常陸国にその分布圏が認められる。東山道筋では，近江を中心とした地域に濃い分布がみられるほか，上野国に濃密である。北陸道にあっては越前を中心に，越中西部にわずかな分布がみられる。また，西国山陽道では播磨から備後国にかけての諸国，南海道においては，紀伊，讃岐，伊予国などの瀬戸内沿岸にかけての地域に分布圏がある。さらに，西海道では，豊前国から筑前国の宇佐から大宰府へのルート上にかけて多く分布する。これら畿内を中心とした7道諸国における寺院の分布状況は，ほぼ古墳時代の勢力圏と一致し，膨大な建設資材や労働力を必要とする寺院の造営が，古墳時代以来の豪族層によって行なわれたことを示している。

それでは，これら多数の古代寺院は，いったいどういう契機で造営されていったのであろうか。造営の背景として考えられている2つの仮説と，寺院名と創立者のわかる例について紹介しておきたい。

美濃国の白鳳時代寺院跡を特徴づけるのは，川原寺式鐙瓦をもつ寺院が多い点である。この点に着目した八賀晋氏は，古代史上最大の内乱である壬申の乱（672）における地方豪族に対し，論功行賞という側面から天武朝の寺院造営の動きをとらえようと試みたもので，乱後における論功行賞が寺院造営にまでおよんだというものである[5]。美濃国における白鳳時代の寺院は15ヵ寺を数え，このうち，川原寺式の瓦をもつ例が8ヵ寺と異状に多い分布状態を示している。このうち，明らかに壬申の乱の功績をあげた豪族の本貫地に成立したと考えられる寺院に，弥勒寺（身毛氏），山田寺，平蔵寺（村国氏や各務氏），宮代廃寺，宮処寺（宮勝氏）などがあげられている。地方豪族の吉野方への参加が広範囲にわたり，乱後の行賞が破格なあつかいを受けていることも，戦いに対し地方豪族のはたした功績の多かったことを思わせる。一方，関東地方でもこの川原寺式の鐙瓦を出土する遺跡に，上総大寺廃寺（千葉県木更津市），寺井廃寺（群馬県太田市），下野薬師寺（栃木県南河内町）の3ヵ寺がある。下野薬師寺のある下野国河内郡は，正四位式部卿にまで昇進した下野朝臣古麻呂の本貫地で，古麻呂一族は，天武天皇13年(684)に下野君から下野朝臣の姓を賜わり，破格のあつかいを受ける。また，上総大寺廃寺は，馬来田国造の系譜をひく一族によって造立された郡名寺院と考えられる寺跡である。『日本書紀』によると，継体天皇の第2子として馬来田の皇女，壬申の乱で活躍した大伴馬来田と吹負兄弟の名が登場する。馬来田国造一族は，早くに中央官人化し，壬申の乱の論功行賞をとおして，本貫地に利益をもたらせたことも考えられ，乱への参加は，関東にもおよんでいた可能性もあろう。

一方，畿内，山陽道，南海道諸国を中心に広がりをみせる法隆寺式軒瓦を出土する遺跡と「法隆寺資財帳」の伝える庄倉・水田などの分布とを対応した考えがある[6]。伝播のルートを法隆寺とその庄倉という経路を媒介にして寺院が造営されたとするものである。しかし，現実には，「法隆寺資財帳」にみえる庄倉の所在する郡に，法隆寺式軒瓦の分布がみられなかったり，逆に，庄倉の記載がみられないのに瓦が分布する場合とがあり，両者の関係は必ずしも対応しきれていない部分もある。このことは，法隆寺式軒瓦が未発見の場合と資財帳の欠失している部分によることも考えられる。実際には，寺院を造営すること自体，造営者のそれぞれの地域での自主的活動であり，法隆

福島県黒木田遺跡
（相馬市教育委員会提供）

岐阜県弥勒寺
（関市教育委員会提供）

広島県寺町廃寺
（三次市教育委員会提供）

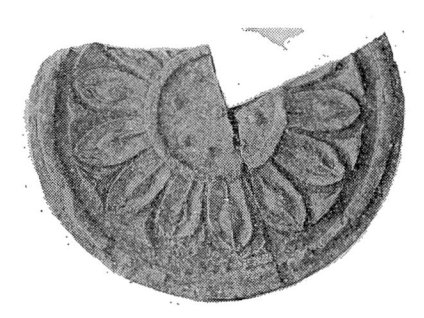

島根県教昊寺
（県立八雲立つ風土記の丘提供）

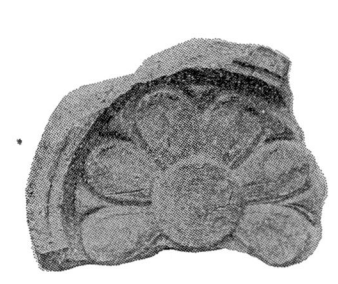

群馬県山王廃寺
（前橋市教育委員会提供）

愛媛県長隆寺
（松山市教育委員会提供）

図1　各地の鎧瓦

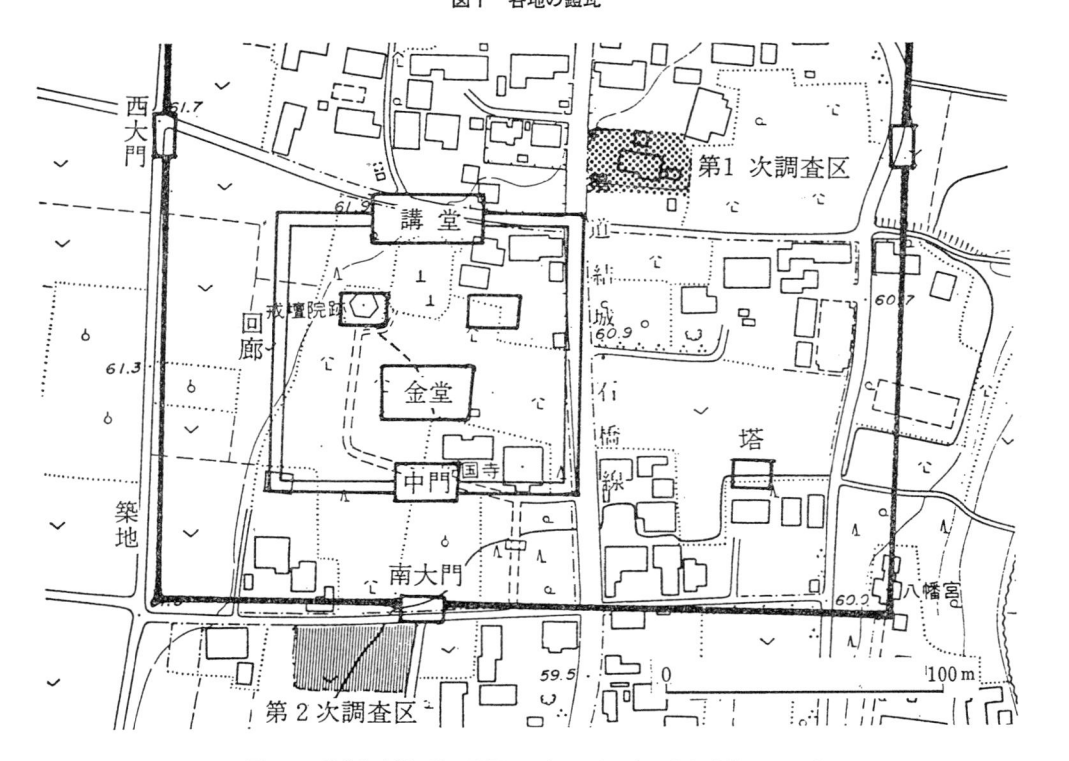

図2　下野薬師寺跡（『下野薬師寺跡Ⅰ』南河内町教育委員会，1988）

寺とその庄倉を媒介とした地方豪族層の寺院造営は，充分考えられることである。

　地方寺院の中で，寺院名と創立者のわかる寺院がある。備後国三谷寺（寺町廃寺），出雲国教昊寺，上野国放光寺（山王廃寺）である。斉明天皇6年（660），新羅と唐の連合軍に侵攻された百済国を救うため，日本軍の一員として派遣された備後国三谷郡の大領の祖先は，「若し，平く還り来らば，諸神祇のために伽藍を造立せむ」と誓を立て，帰還する際に百済僧弘済禅師を招いて相共に帰国し，三谷寺を建立したという（『日本霊異記』）。現在，この三谷寺は，広島県三次市にある寺町廃寺に擬定されている。発掘調査の成果から，主要伽藍がほぼ1町四方に復元される法起寺式の伽藍配置で，基壇化粧が導積基壇であること，創建期の鐙瓦が百済系の八葉素弁蓮華文であること，唐三彩とみられる瓶が出土したことなどから，確証が一段と深められた[7]。

　教昊寺は，『出雲風土記』に「郡家の正東廿五里一百廿歩なり。五層の塔を建つ。僧あり，教昊寺僧が造るところなり。散位大初位下上腹首押猪が祖父なり。」とあり，現在，島根県安来市野方町真崎が寺跡に想定されている。教昊寺の創建鐙瓦は，十三葉細弁蓮華文で，外区に太い圏線をもち，その上に珠文を置く。弁形に特徴をもつ地方色の濃い新羅系の瓦である。

　群馬県高崎市山名町神谷に，山ノ上碑とよばれる墓記がある。高さ1.1m，幅0.48mの安山岩の自然石に，4行53文字が和文体で記されている。内容は，「辛巳の歳集月三日記す。佐野三家と定め賜える建守の命孫黒売刀自，此新川の臣の児斯多々弥の足尼の孫大児の臣に娶いて生める児，長利の僧母の為に記定むる文也　　放光寺の僧」[8]とあり，放光寺僧長利が母の黒売刀自のために記した墓記である。この山ノ上碑は，山ノ上古墳の

図3　山王廃寺出土の「放光寺」銘瓦

かたわらにあるため，同古墳と関係するものと考えられている。ところが，山王廃寺から出土した瓦の中から「放光寺」と箆書きされた文字が多数発見された。辛巳歳は天武天皇10年（681）に当り，墓碑建立以前に放光寺が存在したことを，みごとに実証した。放光寺は後に，定額寺に列せられたことが『上野国交替実録帳』の中にみられ，上野国内でも重視された寺院であることがわかるが，同寺はこれを固辞している。律令支配を拒んだ放光寺は，造営当初から独立性をもって造営されたものであろう。

　以上，寺院の広がりにみられる造営の契機について，いくつかのパターンがあることをあげてきた。これらの寺院は，ほぼ天智朝から天武朝にかけて造営されたと考えられ，いずれも地方における中核寺院として存在したと思われる。備後三谷寺（寺町廃寺）では，郡名を冠した寺名をもち，造営者も三谷郡の大領の祖先という地方豪族によって経営・維持がなされたことは明らかである。この寺町廃寺式の特色ある水切り瓦は，備後国を中心として，出雲・安芸・備中国へと広がりをみせる。出雲教昊寺についても，散位大初位下上腹首押猪の祖父による造営とされ，その維持・経営は上腹首押猪一族によってなされたと思われる。新羅系の特色ある軒瓦は，伯耆・因幡国の上淀廃寺，下府廃寺，高田遺跡などにおよび，次第に近隣地域へと寺院建立をうながしていった様子をみることができる。

　瓦の文様に限ってみると，白鳳時代前期においては，畿内の古瓦様式を直接的に受容した寺院と，祖形となるものを畿内に求めず，独自の文様を採用した寺院とに大別することができる。前者については，政治的関係，経済的活動など，中央政府や特定寺院などと何らかの媒体となりうるものが存在したことが前提となり，後者については，地域を限ってみると，前代から畿内政権に対抗しうる勢力の影響とも考えられる。

　政治的関係での寺院成立は，律令体制確立期の一時的措置と思われる。地方での経済力や在地での技術が進む白鳳後期には，寺院数はさらに増加するが，一方で，一層地方化が進む時期であり，畿内の古瓦様式は次第に影をひそめる。いくつかの例を除いて，再び畿内様式の文様瓦が採用されるのは，国家的大事業である国分寺造営や，それに伴い地方官衙の整備される時期になる。いずれ

にせよ，この時期における活発な造寺活動は，造墓の風習がなくなった以後における新たな地域支配のためのイディオロギーの場として，造営主体者の主体的活動が急速に拡大したものと思われる。

3　造寺活動の背景

　古代における寺院造営の急速な拡大は，地方に律令支配体制がおし進められる天智朝から天武・持統の時期に顕著にみることができる。この段階にはすでに，地方においても1国につき数カ寺，地域によっては1郡に数カ寺の出現をみることができ，畿内では，郷単位に甍を競い合う状態にまで発展していった。

　こうした初期寺院の多くが，在地有力豪族層の支配領域の中心に造営されていることは，寺院造営のほとんどが，膨大な資材や技術力を必要とするがゆえに，豪族層の経済力を背景に成立したといってよい。表面的には，政府の仏教政策の一翼を荷負い，一方では，在地支配のためのイディオロギーの場として造営された寺院は，この時期，まさに乱立状態であったと思われる。

　こうした状況は，律令政府の意図した仏教統制政策とは反対の方向に進み，ついには，国家の統制権を無視するにいたり，逆に，寺院に対する優遇政策のみが露呈する結果となった。こうした状態に政府もいたたまれず，和銅6年（713）には，「諸寺多占二田野一其数無レ限。宜下自レ今以後。数過二格者。皆還中一収之上。」（『続日本紀』）と，諸寺が数限りなく田野を占有することをいましめ，さらに，天平18年（746）には，「禁下諸寺競二買百姓墾田及園地一永為中寺地上。」（『続日本紀』）とあり，ここに至っては，百姓の墾田・園地をも争って買い集めるという檀越の専横ぶりがうかがえる。すでに，寺院が仏教の道場としての役割を果さず，園地を占有する隠れみのに変質していった状況をみることができる[9]。

　一方，伽藍の管理状態はどうだったのであろうか。霊亀2年（716）には，「諸国寺家。堂塔雖レ成。僧尼莫レ住。礼仏無レ聞。」（『続日本紀』）と，堂塔が完成しても実際には住僧がなく，寺からは礼仏も聞かれない状態が述べられ，同様の内容は，和銅6年（713）頃の述作と思われる『武智麻呂伝』にも，「僧尼空載二呂名於寺籍一。分散鋪一口於村里一。未二會修理二寺家破壊一。」と，僧尼

の寺籍のみが存在するだけで実態が伴わず，また，寺院が崩壊に近い状況にあっても，修理も行なわれない状態が訴えられている。さらに，天平5年段階における地方寺院の実態を記した『出雲風土記』にみられる「無レ僧」の状況や有無の記載すらみられないのは，それがたとえ新造院であっても，こうした実態を示しているのではないかと思われる。

4　おわりに

　古代寺院の多くは，律令国家が形成される天智・天武・持統朝の時期に出現し，律令体制の変質・崩壊とともに衰退していった。表面的には，政府の仏教政策の一翼を荷負い，一方では，造墓の風習がなくなった以後における新たな在地支配のためのイディオロギーの場として造営された寺院は，白鳳時代にそのピークを迎える。中央集権国家体制の中で，中央官人化への門戸をほとんど閉されていた郡司階層を含む在地豪族にとって，在地内部での地位を堅持し，影響力を保持することが目下の眼目であった。そうした彼らにとって，造寺への願望の多くは，田畠を占有し，それを寺院に施入することによって，合法的に私有化する手段として使われた。こうした活発な造寺活動は，天平15年（743）の墾田永世私有令の発布を境に次第に鎮静化し，豪族層は新たな土地対策として，墾田100町歩開発可能な「五位」の地位を獲得するため，献物叙位の方策に出る。寺院造営の異状な広がりの背後には，新体制の中でもたくましく活路を開いていった豪族層の姿勢をみることができるのである。

　註
1)　亀田修一「九州地方の瓦窯」仏教芸術, 148, 1983
2)　横田賢次郎「渡来人の影響―神ノ前窯跡」『発掘が語る日本史』第6巻, 1985
3)　木本元治「善光寺・黒木田遺跡及び宮沢窯跡出土の飛鳥時代の瓦―東北地方への仏教伝播の様相について―」福島史学, 46・47合併, 1989
4)　奈良国立博物館編『飛鳥白鳳の古瓦』1970
5)　八賀　晋「地方寺院の成立と歴史的背景―美濃の川原寺式瓦の分布―」考古学研究, 77, 1973
6)　鬼頭清明「法隆寺の庄倉と軒瓦の分布―忍冬唐草文軒平瓦について―」古代研究, 11, 1977
7)　高橋美久二「対外関係と水切瓦」『発掘が語る日本史』第5巻, 1985
8)　尾崎喜左雄『上野三碑の研究』1980
9)　須田　勉「古代地方豪族と造寺活動」『古代探叢』1980

国分寺の造営

群馬県教育委員会
前 澤 和 之
（まえさわ・かずゆき）

国分寺の建立と修理の事情について，それを担った国司と地域の人々
と関連させて検討する。その具体例として，上野国分寺をとりあげる

1　国毎の仏教施策と国分二寺

神亀5年 (728) 12月に諸国に金光明経が頒布されたのを始めとし，「国毎」あるいは「諸国」を対象とした一連の仏教施策が出された。これは律令制度において地方支配の根幹となる「国」を単位とし，国司によって実行されるものであった。

こうした施策を集約し，形を整えて「国分二寺」制として建立を命じたのが天平13年2月14日の勅（『類聚三代格』）である。これは本文と8ヶ条の条例からなるが，本文で諸国の国司に命じられたのは，①七重塔一区を造ること，②金光明最勝王経と法華経を各10部ずつ書写すること，のみである。その上で諸国の塔に安置するために，聖武天皇自らが金字金光明最勝王経を書き写すこと，その塔が造られた寺を「国華」として長く伝えるために「好処」を選んで建立すべきことが命じられている。そして国司がこれらを実行，監督することとされた。

この本文を見る限りではこの勅は，七重塔の建立の必要性とその役割を明らかにしたものであり，後の条例によってそれが仏を敬い祈ることで「永く国家を護る」ものであるのがわかる構成となっている。つまりこの勅は，聖武天皇と政府がその支配下にある全国土で，鎮護国家の象徴である七重塔をもつ寺院を，国家自らの手で建立することを決断したものと見ることができる[1]。

2　郡司層への依存

こうして全国で時を合わせて開始されたはずの国分二寺の建立は，早々に国司によってつまり政府の力だけでは完成がおぼつかなくなっていた。それを窺わせる史料に，国分二寺建立の勅から6年後の『続日本紀』天平19年 (747) 11月己卯条がある。この日に出された詔では，国司の怠慢を問うのと併せて，「郡司で事業を完遂できる者を選んでこれに当らせ，3年以内に塔・金堂・僧房を造り終わらせよ。これを守った者の子孫は絶えることなく郡領に任用する」との策が出された。特定の氏族が世襲的に郡領に就くのを公認したこと

は，当時の原則を破る特例の措置であった。このことから国分二寺の建立がいかに難航し，その打開が緊急の課題とされていたかがわかる。それは限定条件が付けられていたことにも反映されている。かくして国分二寺は，もっぱら国司，つまり政府の手で建立するとの基本政策が転換され，各地域の有力豪族を頼みとする現実路線が採られた[2]。

3　知識物の献納

『続日本紀』天平感宝元年 (749) 5月戊寅条に上野国碓氷郡の石上部君諸弟，尾張国山田郡の生江臣安久多，伊予国宇和郡の凡直鎌足が，それぞれの国の国分寺に知識物を献じたことにより外従五位下を授けられ，同じ閏5月癸丑条には飛驒国大野郡大領の飛驒国造高市麻呂と上野国勢多郡少領の上毛野朝臣足人が，同様な功績により，外従五位下を授けられたことが記されている。このような国分寺に対する知識行為は8世紀代にいくつかの例がみられるが，その中でもこの記事は，①その最初の例である，②ほぼ同時に5人がまとまって外従五位下を与えられたのはこれのみである，③他では「稲一万束」のように具体的な内容が掲げられているが「知識物」と抽象的な表現がなされている，ことに特色がある。これが前項であげた郡司層の参加を求めた詔から足掛け3年目のものであり，対象とされているのが郡司とそれに準ずる地方豪族であることから，この策に応じた功績に対する叙位である可能性が濃厚である。そうとすると上野国を初めこれらの国分寺は，国内の豪族の協力を得てこの頃に塔・金堂・僧房が完成したか，あるいはこの知識物によって建立が確実になったと見なされ，全国でも最も早期に一応の完成をみたものと言うことができる。

4　上野国分寺の建立に関わった氏族

上野国の石上部君氏についてみると神護景雲元年 (767) 3月に左京の石上部君男嶋と碓氷郡の上毛野坂本公（君）黒益が，ともに上毛野坂本朝臣姓を与えられた（『続日本紀』）。このことから上野

国碓氷郡坂本郷が本貫地であり，京と地元とに一族が居住していたことがわかる。国内の動向としては，貞観4年（862）4月に吾妻郡の郡領（擬領）に上毛野坂本朝臣直道がみえ，天平19年の詔が実行された可能性を示している。同じく上毛野朝臣氏は，中央政府での活動はよく知られているが，国内での動向としては，正倉院宝物の白布の墨書銘に天平13年10月の日付けとともに上野国多古郡八□（田）郷の上毛野朝臣甥の名がみられるのが唯一のものと言ってよい。

このように両氏とも一族の中に中央政府に参画して中堅官人となった者がおり，地元では郡領となるような有力層としてあったことが確認でき

る。こうしたあり方から政府は在京の地方出身氏族を通して，在地支配の強化措置を条件に，地元の同族に対して建立への協力を働きかけたと推測することができる。

5　創建期の上野国分寺

2人の名があげられた上野国分寺は，地域の豪族層の活躍が目ざましく，進展の度合が著しかったと推定できる。そこでこの寺跡の発掘調査で明らかとなった，創建期の遺構の様相をみていく[3]（図1）。

①　8世紀前期の竪穴式住居 SJ 24 を埋め立てて整地し，掘立柱式建物 SB 12 が造られているが，これは塔の礎石と柱筋を揃えており，この建立に関わる施設とみなされる。これは前項で推定した建立時期と矛盾しない。

②　金堂基壇の築土中から，軒瓦を含む多数の瓦片が出土した。このことから金堂の建立が始まった時点では，それに先行して瓦を使う工事が進められていたことがわかる。①の状況からそれが塔であった可能性が強く，天平13年の勅と天平19年の詔にみられる政府の要請と一致する。

③　南大門基壇は周縁に玉石を1段に立て並べた簡素な化粧であり，築垣の版築も丁寧なものとは言えない。また寺域の造成では，大規模な整地工事は行なわれていない。これは塔や金堂などの建立に力が集中された結果の反映とみられる。

全体の配置をみると，塔と金堂は1°8′方

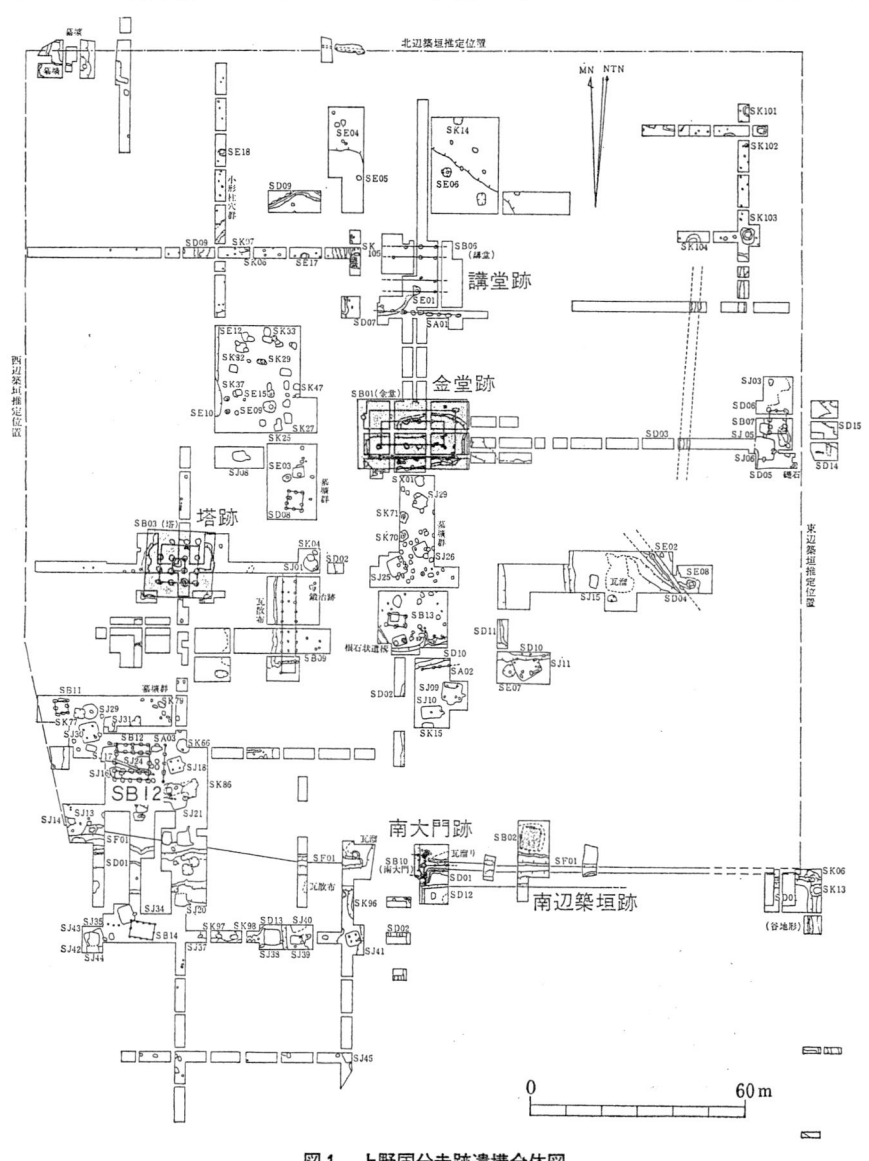

図1　上野国分寺跡遺構全体図

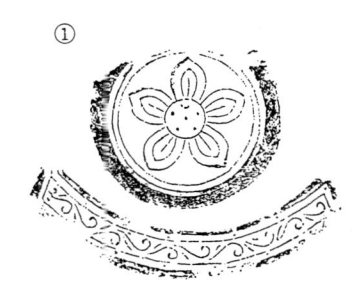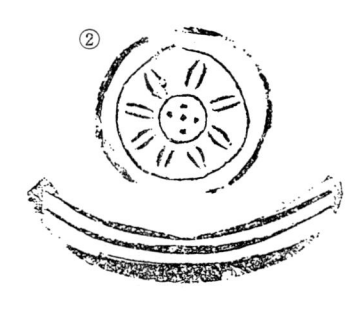

図2　上野国分寺創建期軒瓦（①は主要伽藍全体，②は塔に集中）

位を違えて造られており，基壇化粧の石材も異なっている。寺域の区画，主要伽藍の配置と構造には，一貫した企画性と統一性は認められない。ここには建立に対する上野国の社会状況が反映されていると考えられる。

6　出土文字瓦からみた諸郡の動向

　出土した軒瓦をみると，その瓦当文様と製作技法および分布状況から，初期の瓦生産は新田郡が中心となって行なわれたが，その後すぐに佐位郡・勢多郡も関わり始めたと推定できる。また塔跡周辺から吉井・藤岡窯跡群の製品とみられる瓦当文様の軒瓦が集中して出土したことから，この多胡・緑野郡では塔の建立に当たって，それ専用の瓦の生産を行なったが，その後は各建物で使う瓦の生産に移ったものとみることができる（図2）。

　またこれまでに 2,000 点以上の文字瓦が出土しているが，その中に金堂基壇の築土中から出土したものが数点ある[4]。これらは創建期のものと判断できるが，その1つは平瓦の凸面に押印された，格子型の叩き文様の中に刻み込まれた「薗田」である。上野国山田郡には「園田」郷（『倭名類聚抄』）がありこれに該当する。このような律令地方支配の単位である郷の名を押印した瓦が作られていることは　国分寺の建立に当たってそうした公的単位による生産と供給の体制が組まれていたことを示している。

　これ以外に郷名と判断される押印には「山田」（山田郡）・「佐位」（佐位郡）がある。また郷名を1字に省略して押印されたものに「雀」（佐位郡雀部郷）・「淵」（同郡淵名郷）がある。こうした郷名には東部の郡のものが多く，このうち佐位郡に関係するものは山際窯で生産されていることから創建期のものとみてよい。さらに平瓦に「勢」を押印したものが3ないし4種類出土している。これは山際窯で造られており，同笵のものが前橋市下大屋町（旧勢多郡）にある上西原遺跡からも出土

している。こうしたことから国分寺への供給に際して，他の郡や郷と区別をするために押印がなされたと考えられている[4]。この押印は勢多郡を示すものと判断でき，同郡では郡を単位とする生産と供給の体制がとられていたものとみられる。

　これらのうち郡を単位としたのが勢多郡，郷または郡・郷の両者を単位としたのが佐位・山田郡，不明であるのが新田郡と，郡ごとにその様相が異なっていたことがわかる。また大きくはそれら東部地域では，律令支配単位によった体制が組まれたのが顕著であるのに対して，多胡郡・緑野郡など南西部地域ではそれが明瞭でないといった違いがみられる。これには新田郡＝寺井廃寺，佐位郡＝上植木廃寺のように，前代に大規模な寺院が建立されたことが確認される地域と，それが明らかでない地域との，いわば寺院の建立と経営に対する経験の蓄積，およびそれを支える壇越の有無が反映されていると考えられる。

7　国分寺と盧舎那仏建立

　国分二寺の建立に強い意欲を示していた聖武天皇は，天平15年（743）10月に紫香楽宮で盧舎那仏の造立を発願した。これに当たって「天下の富を有するのは朕である。天下の勢を有すのは朕である。」と述べ，人々に対しても「知識」として「一枝の草，一把の土を持ってこの仏像を造るのを助けようと願う者があればそれを許す」と参加を勧めた。その後同17年（745）8月に建立の場所を平城京に移し，左京東山の大和国金光明寺である金鍾寺の寺地で工事が始められた。これが東大寺である。こうした天皇から一般民衆まで一丸となる理念のもとに行なわれた大事業は，天平勝宝4年（752）4月に完成した。この盧舎那大仏が乗る蓮華台座の受花の一つ一つには，下段に7つの須彌山を描いた小千世界，中段に二十五界で表わされた中千世界，上段中央にそれをまとめる釈迦仏の坐像が線刻されている。そして蓮弁ごとの中千世界が集まった大千世界である台座の上に，この全体を統べる盧舎那仏が座るという蓮華蔵世界観が表わされている。これによって盧舎那仏を本仏とし，釈迦仏をその化身とみる仏教上の世界観が図示されたわけである。そしてその釈迦仏を本尊とするのが，全国各地に建立された国分（僧）寺

なのである。よく東大寺が総国分寺であると言われるが，それは蓮華蔵世界観による盧舎那仏と釈迦仏との関係とともに，盧舎那仏造立の理念が，地方では国分二寺建立へも振り向けられたことによるのではないだろうか。

8 国司の役割

国分寺がただの仏教の道場や修養の場でなかったことは，『三代実録』の貞観15年（873）12月7日の記事の中に，陸奥国分寺の五大菩薩像を安置することによって「蛮夷の野心をおさめ，吏民の怖意を安ず」とその政治的効用が述べられていることからも明らかである。前項で述べた仏教の世界観にもとづく「京の東大寺の盧舎那仏」対「国毎の国分寺の釈迦仏」の関係は，現実の律令政治の「天皇・中央政府」対「国毎に派遣された国司」の関係に重なり合っている。つまり国司は律令政治の責任者であることに加えて，それが円滑に行なわれるのを補完するための仏教活動を保証する役目も負わされたのである。

国分二寺の建立は当時としては未曾有の難工事であったが，国司にとってはそれの完成後に，本当の難問が降りかかってきた[5]。それの端緒を示すのが創建の勅から25年目の，天平神護2年（766）8月18日に出された太政官符（『類聚三代格』）である。そこではすでに造り終わった国分寺の塔や金堂の中に，破損が進行し傾き落ちようとしているものがあることから，「造寺料稲」をもって修理を加えることが命じられた。建物が完成するのと時を同じくして破損が生じ始め，その修理費として建立用の経費を振り向ける措置がとられたわけである。こうして国分寺は建立から維持への転換を迎えたが，史料の上ではこれをもって創建期の終わりとみることができる。

9 破損の進行と修理

延暦17年（798）正月20日に出された太政官符の内容から，国分二寺が所有する建物・仏像・経典・仏具などを書き上げた資財帳が作成されて，毎年政府に報告されていたことが知られる。これに先立つ天平神護2年9月には，その年に修理をしたものを報告することが命じられたが，前項でみたようにこの頃には修理が重要な課題となっていた。国分二寺の資財帳にはこの時点から，資財の列記とその現況に加えて，破損と修理の状況も記されるようになった訳である。

弘仁4年（813）9月23日の太政官符によると，国分寺などは破損が生ずるごとに修理をするものとされ，これが守られない場合には，国司が任期を終えて交替する際に実状を調べた上で，不与解由状や交替帳などに記載して政府に報告された。しかし実際には退任する国司はすでにその財源をもっていないと言い，これに対して新たに赴任した国司は自分の怠慢によるものではないと主張し合って，いつになっても修理は実行されず破損はますます広がっていった。このため交替に際して破損があれば，まず新任の国司が修理を行ない，その費用は前任国司の主典以上の公廨稲から徴収すること，それがない場合には私物から徴収することにされた。そして修理が終わったのを確認した上で，交替を認める解由状を発給することが定められた。責任の所在と弁償の方法が明確にされたわけであるが，こうした強硬な方法によらなければならないほど事態は悪化していたようである。この処置によって一時的に修理が進行したと考えられるが，それから120余年後の天慶2年（939）2月15日の太政官符によると，不与解由状や実録帳に記載される国分二寺の堂塔・雑舎，仏像や資財の破損は数え切れない程であるにかかわらず，修理用の稲は法定量の半分かほとんどなくなっていた。こうした推移を見ると，政府が定めた強硬策もあまり効果を発揮することなく，破損は進む一方であったとみられるのである[6]。

10 知識の広がり

上野国分寺跡から出土した文字瓦の中に，南大門跡から出土した「山字物部子成」のように明らかに修理に使われたと判断できるものがある。これらには個人名が書かれたものが多く，また多胡郡関係のものが目立つ点で，創建時期の様相と大きく異なっている。こうした状況から，これらは「知識」によったものである可能性が考えられる。そして修理用の瓦の多くは，吉井・藤岡窯跡群（旧多胡郡・緑野郡）で作られたことがわかっている。つまり上野国の南西部地域には，知識と瓦の作製を通して，長期間国分寺の修理に関わった人人がいたことになる[7]。

この緑野郡にあった緑野寺（現多野郡鬼石町の浄法寺）は，奈良時代後期に上野・下野・武蔵国で活動していた道忠によって開かれたと伝えられ，弘仁6年（815）にはすでに一切経を備えてもっていた。同8年（817）にこの寺を訪れた最澄が，法華経の長講を行なった際には90,000人が集まった

とされ，ここに安東宝塔が建てられた。さらに承和元年（834）5月に坂東の6カ国に一切経の書写が命じられたが，その経本は緑野寺にあったことが記録されている（『続日本後紀』）。こうした動向からみて，9世紀前期頃この寺には多数の仏者が集まり，道忠の弟子である教興らを中心に活発な活動がなされていたことが知られる。国分二寺と並んで仏教活動の中心となっていたが，盛んな民衆の活動を伴っていた点で特長的である。そこで注目されるのが，前述の瓦の生産地との関連である。この両者は近接してあり，国分寺と深く関わった人々がこの寺の活動を支えたと想定することも無理ではない。

最近この窯跡群に近い吉井町黒熊の栗崎八幡遺跡で，9〜10世紀の寺院跡が発見された[8]。これは斜面を階段状に削った平坦地に，瓦葺を含む数棟の堂宇が配されたもので，その下にある集落と結ぶ道も確認されている[8]。そしてここで使われた数種類の軒瓦が国分寺と同型であることは，両者が何らかの関連をもっていたことを示している。国分寺の建立と修理にあたって，各地域の多くの人が関わったことは間違いなく，こうした人人がただ消え去ってしまったとは考え難い。緑野寺とこの寺院跡の存在は，知識として国分寺に関わった人々が，それを通して得た仏教を地元に根付かせた一例とみてよいのではないだろうか。

11 国分寺の理念と現実

国分二寺は理念の上では国司によって建立され，経営されるべきものであったが，現実には郡司層の力に頼らざるを得ないことが明らかとなった。それは国司（守）が一定の任期で中央政府から派遣されてくる「遷代之任」なのに対し，郡司は地元の豪族が「終身之任」で就くといった，地域の実情を掌握する度合の差が表われたものと考えられる。これは正しく律令地方支配の構図に重なるものであり，そこに国分二寺の歴史的性格が象徴的に表わされていると言ってよい。

国分二寺の建立には，社会の各階層の人々が参加することが期待されていた。上野国分寺の場合でみると，出土した瓦の検討と残された記録から，国内にある14郡の内8つの郡が関わっていたことが明らかとなった。これは限られた資料から判明したものであり，用地の造成などこの事業の多様さを考えると，多数の人々が関わりをもっていたことは間違いない。その代償として地域勢力

の強化が認められた創建の段階では，いち早く郡司層の力を集めることができた。それでも条件としてあげられた塔・金堂などの建立には力が注がれたものの，検出された遺構の状態からみて，その意欲がそれ以外の築垣などにまで向けられたかは疑わしい。

ところが代償措置が明示されなかった経営の段階に入ると，それに郡司層が参画したことは確認できず，経営はもっぱら国司の手に委ねられた。そうした修理を含む諸事業は主に国府からの公費によって賄われたが，修理用の瓦の供給などではまだ人々の知識によっていた可能性もある。そうした結果，時間が経るに従って生じてくる破損に対して，国司は職責の範囲では修理を実施していたようであるが，一度それが滞ってしまうと，後任の国司はそれは自分の責任ではないと主張し，それが積み重なって破損は次第に広がっていった。その後は根本的な修理や全体的な改修は行なわれなかったとみられる。こうした点からも地方寺院である国分二寺の造営は，それを国司に委ねたこと自体に，その衰退をもたらす要因が内包されていたと言うことができるのである。しかし一方ではそれに関わった人々の活動を通して，地域の生活と結びついた新たな仏教の展開をもたらす基となった可能性も見いだせるのである。

註

1）田村圓澄「国分寺創建考」南都仏教，46，1981　国分寺の建立に関する研究は若井敏明「国分寺発願考」続日本紀研究，270，1990などがある。

2）須田　勉「創建期国分寺の造営過程」考古学ジャーナル，318，1990

3）群馬県教育委員会『史跡 上野国分寺跡 発掘調査報告書』1989

4）松田　猛「群馬県における文字瓦と墨書土器」信濃，38—11，1986

5）国分寺の創建時期については，八賀　晋「国分寺建立における諸様相」『日本古代の社会と経済』下，1978，堀池春峰「国分寺の歴史」仏教芸術，103，1975，などがある。

6）上野国分寺の衰退過程については，前澤「上野国分寺と『上野国交替実録帳』」『律令制社会の成立と展開』吉川弘文館，1989

7）旧多胡郡山部（後に山字）郷にある神亀3年（726）の金井沢碑は，知識を結んだことを記した碑であるが，この中に「物部君午足」の名が見られる。

8）群馬県埋蔵文化財調査事業団「栗崎八幡遺跡」現地説明会資料，1990

奈良時代の山岳寺院

京都市埋蔵文化財調査センター
■ 梶川敏夫
（かじかわ・としお）

仏教公伝以後ほどなくして建てられ始めた山寺は，7世紀後半から
8世紀にかけて密教化が著るしく進展するとともに発展していった

　一般的に山岳寺院といえば，平安時代初期の伝教大師最澄の創建にかかる天台宗の霊峰比叡山「延暦寺」および，弘法大師空海にかかる真言宗の霊峰高野山「金剛峯寺」両嶺がとくに著名である。一方，初期山岳寺院がいつまで遡れるかは判然としないが，飛鳥地方を中心とした南大和周辺の山岳には，すでに「山寺」なる寺院が仏教公伝以後ほどなくして存在していたのである。これら「山寺」と呼ぶに相応しい寺院の多くは，官寺や有力豪族の氏寺などと比べて文献資料も僅少であり，廃寺と化して礎石や出土遺物のみでしか確認できないものも多く，また一方，現在に至るまで法灯を守り続けている寺院もある。

　今回は，大和を中心に飛鳥から奈良時代にかけて山中から山麓に建立されたいくつかの寺院の中で，立地環境からみて修行や信仰本位に形成された可能性のある寺院を「山岳寺院」として取り上げ紹介してみたい。

　ただし奈良時代の山岳寺院は，文献や絵図など間接的な資料も僅少であり，発掘調査などの直接的な調査成果[1]も少ない。また何を定義に山岳寺院とするかなど問題点も多く，現段階ではまだよくわかっていない遺跡の一つであることを諒とされたい。また時代区分[2]は天武朝初期を境としてそれ以前を飛鳥時代前期，以後平城遷都までを飛鳥時代後期とし，遷都以降を奈良時代とした。

1　山岳寺院

　創建が飛鳥前期後半に遡る寺院として比蘇寺（吉野郡大淀町比曽）がある。『日本書紀』欽明14年（553）条の「比蘇寺縁起」に吉野寺とあるのがそれで，平安時代には現光寺とも呼称され，現在は世尊寺（史跡比蘇寺跡）という曹洞宗の寺院が建つ。紀ノ川上流右岸の高取山（海抜583m）を背後に三方を山に囲まれ，南方にひらけた山麓に位置する。境内には礎石がいくつか残存しており，伽藍配置は薬師寺式であるが，出土瓦のうち素弁軒丸瓦はそれよりも古い形式とみられ，創建は崇

峻朝（588～92)から推古2年（594）頃とする説[3]もある。創建当初この寺は渡来系の氏寺であったとしても，飛鳥後期から奈良時代にかけて入唐学問僧神叡の修行場となり「自然智」[4]なるものを得たとされ，さらに天平8年（736）に来朝した唐僧道璿も，天平勝宝7年（755）以後にこの寺に入住し，天平宝字4年(760)に59歳で入滅している。比蘇寺は飛鳥後期から奈良時代にかけて修行僧や高僧の修練場として重用され，大安寺，元興寺，興福寺の僧たちの山岳修行の拠点として発展する。

　次に飛鳥後期に創建された寺院としては南法華寺（高市郡高取町清水字高宮壺坂）がある。壺坂寺として広く知られ，高取山の西麓山中の御所市を一望できる景勝地に位置する。『南法華寺古老伝』によると大宝3年（703）に，もと元興寺の住僧である弁基（百済系渡来人の後裔）によって創建されたとされる。後に元正天皇の御願寺となって伽藍が一層整備され，以後は観音の霊場として発展していく。境内からは川原寺式，藤原宮式遺瓦が出土している。

　興善寺跡（橿原市戒外町）は香久山の南西麓にあり，『興福寺官務牒疏』に「香久山寺在高市郡」とあることから興善寺は香久山寺の転訛であろうとされ[5]，複弁六弁軒丸瓦が出土している。

　高田寺跡（桜井市高田字寺谷）は高田の集落から西南方向の山中の谷あいにあり，高田氏の氏寺ではないかとされる山寺である。『続日本紀』天平宝字7年（763）10月条には「丁酉。前監物主典従七位上高田毗登足人の祖父……（中略）是に至りて，高田寺の僧を殺すに座して獄に下し封を奪ふ」とあり，ここからは葡萄唐草文軒平瓦と複弁五弁軒丸瓦が出土している。

　青木廃寺（桜井市橋本字地蔵谷）は青木千坊ともよばれ，安倍小学校西南の山中から頂上にある。詳細は不明であるが，ここからは瓦当面に「大工和仁部貞行」の陽刻銘のある複弁五弁軒丸瓦と，それと対になる軒平瓦文様面に「延喜六年造壇越

高階茂生」銘のある軒先瓦が出土しており[6]，複弁五弁軒丸瓦が10世紀初頭にも製作されていたことがわかる資料である。

駒帰廃寺（宇陀郡菟田野町駒帰）は安楽寺ともよばれ，宇陀山地の一丘陵台地上に営まれた寺院である。昭和初期に礎石の確認調査が行なわれ，その後昭和56年に発掘調査[7]が実施されている。出土した瓦の大部分が複弁五弁軒丸瓦と葡萄唐草文軒平瓦であることが注目されている。

加守（掃守）廃寺（北葛城郡当麻町加守）は竜峯寺ともよばれ，掃守氏の氏寺として創建されたとみられる寺院で，大和と河内の境にある二上山の東麓にある。ここからも複弁五弁軒丸瓦と葡萄唐草文軒平瓦が出土している。

地（慈）光寺（北葛城郡新庄町笛吹字地光寺ほか）は二上山の南に連なる葛城山の東麓の笛吹神社境内付近にあり，昭和47年に発掘調査[8]が行なわれている。ここには東西に近接して時期差のある二寺院が存在する。東伽藍は東西塔をもち，鬼面文軒丸瓦と重弧文軒平瓦の組み合わせになる遺瓦が出土し，7世紀後半頃の寺院とみられる。またそこから200mほど離れた所に葡萄唐草文と複弁五弁の軒先瓦が出土する寺院跡が存在し，伽藍が東から西の高所へ移ったのではないかとされる。

岡寺（明日香村岡）は竜蓋寺ともよばれ，明日香にある諸寺の中でも最も高い場所にある。寺の旧地は，西方の治田神社の境内または東方の山上にあったともいわれている。義淵僧正の創建にかかる寺院として有名で，いわゆる岡寺式とよばれる初期の葡萄唐草文軒平瓦と複弁五弁軒丸瓦が出土することでよく知られているが，旧伽藍の詳細は不明である。

竜門寺（吉野郡吉野町）は高取山の東方約6kmにある竜門岳（904m）の山腹にあり，昭和29年に塔跡が発掘調査[9]され，複弁五弁軒丸瓦が出土している。

ここで大和の山岳寺院に関係した近江昌司氏の論文[10]「葡萄唐草紋軒平瓦の研究」があるので紹介したい。

いわゆる，岡寺式と呼ばれる葡萄唐草文軒平瓦と複弁五弁蓮華文軒丸瓦は一組として7世紀末から10世紀初頭までの間に製作され，軒平瓦は上記に紹介した駒帰廃寺・地光寺・岡寺・加守寺・高田寺などから出土する。また軒丸瓦はこれらの寺院に加え竜門寺・興善寺・比蘇寺などから出土す

ることに着目し，「いずれも南大和の辺鄙な山寄りの地域に限られ，奈良時代における山房＝山林修行の道場＝山岳寺院的な性格が窺われ，規模，占地は小さく，中小氏族の氏寺と考えられるものが多い。またこれらの寺院にはやや特殊な仏教信仰あるいは工人が介在するのではないか」とされている。また後にいう大和の五ヶ竜寺とよばれる寺院のうち3カ寺がこの中に含まれており，当時の山岳寺院のもつ特殊な性格の一端を物語っているものとして注目される。

法器山寺（高市郡高取町大字上子島小字法華谷）は『日本霊異記』（上巻第26）に「大皇后の天皇のみ代に，百済の禅師有り，名を多常と曰ふ，高市の部内の法器山寺に住み，……」とあり，逵日出典氏[11]によると，高取山西北山中の宗泉寺の裏手にある小島山観音院がその跡であると比定されている。また法器山寺の旧地に，後に吉野山中で修行を重ねた報恩法師が，天平宝字4年（760）に子嶋山寺なる寺院を創建したとされる。現在の観音院は標高300m余りの山腹の小規模な平坦地に本堂，庫裏が建つが，無住のため荒廃が進んでいる。地勢からみて山岳寺院としての雰囲気のある場所である。

その他，金剛山の東南山腹にある高宮廃寺（御所市鴨神）や，葛城山の北東山中の戒那山寺（御所市山開）も修行のための山寺としての雰囲気を十分にもっている。

次に奈良時代創建と考えられる寺院としては妙楽寺（桜井市多武峯）がある。現在の談山神社の前身寺院で大織冠藤原鎌足の墓を中心に成立したとされる。

毛原廃寺（山辺郡山添村毛原）は奈良県の西方の山間部にあり，唐招提寺金堂と同規模の堂宇跡を中心に薬師寺式伽藍配置を想定させる大規模寺院である。

この頃は平城京遷都に伴って京の東方，春日山系にもいくつかの山岳寺院が建立される。誓多林廃寺（奈良市誓多林町）や香山廃寺（奈良市春日野町）がそれで，とくに後者は奈良盆地を眺望できる春日山中にあり，昭和18年に瓦や礎石が確認[12]されている。天平勝宝8年の東大寺図に記載があり，また『続日本紀』や『正倉院文書』にある聖武天皇不予のため光明皇后によって天平17年（745）に造営された「香山堂」であることが判明している。出土する遺瓦は奈良時代前半から半ば頃の平

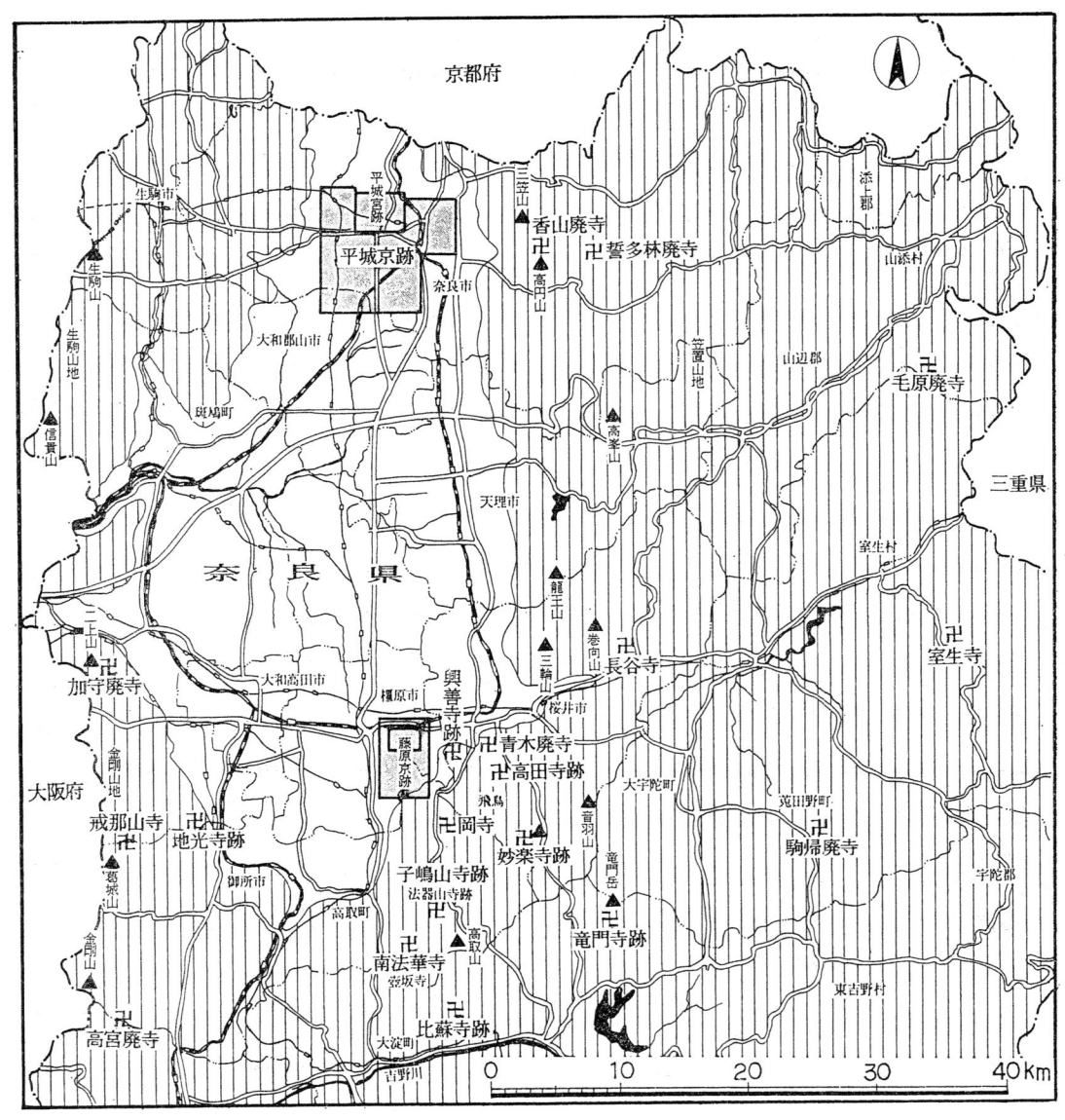

図1　奈良県内の主な山岳寺院の位置

城宮所用の官窯の製品と同じであることから，国家の関係する密教的な要素の強い山岳寺院がすでにこの頃存在していた可能性を示している。

室生寺（宇陀郡室生村大字室生）は興福寺の僧賢璟によって，天応元年（781）から延暦2年（783）までの間に創建されたと考えられている。『一山年分度者奏状』には「興福寺別院室生山寺」とあり，興福寺の別院山寺として山岳修行の場として発展していった。

長谷寺（桜井市大字初瀬）は，初瀬川に沿った三方を山に囲まれた谷の奥まった所にあり『日本霊異記』下巻には「泊瀬の上の山寺」と記されている。もとより山岳霊地であった当所に，僧道明が

沙弥徳道らを率いて養老4年（720）に着手し神亀4年（727）頃に完成したとされ，後には南法華寺と同じく観音の霊場として発展していく。

次に大和以外のいくつかの山岳寺院について見てみたい。

比叡山の南東山麓にある崇福寺（大津市滋賀里町）は，南北を主軸にV字状の谷を挾んで東に張り出す二つの尾根と，南下がりの緩斜面を造成して伽藍が形成されている。大津京遷都直後の天智7年（668）頃に建立が開始されたものと推定され，昭和13・14年に発掘調査[13,14]が行なわれている。この寺は飛鳥時代前期に大津京造営と深い係わりをもって建立された官寺としての性格を強く匂わ

す寺院であり，奈良時代に修行本意とした山寺であったかどうかは疑問が残る。

金勝山寺[15]（滋賀県栗太郡栗東町荒張）は，紫香楽宮にある甲賀寺跡の西北約6kmの金勝山（567m）山中の，琵琶湖および近江盆地をはるかに見渡せる景勝地にある。『続日本後記』によると，良弁僧正（金粛菩薩）により天平5年（733）に創建されたとされる。

大山廃寺（愛知県小牧市大山）は市の北東に位置し，後に「西の比叡山，東の大山寺」といわしめたほどの伽藍規模を誇り，中世末頃まで存続した山岳寺院である。標高200m余りの尾根上の平坦地に礎石17個あまりからなる塔跡があり，昭和49年から発掘調査[16]が行なわれ，塔の創建は7世紀末から8世紀初頭であるとされる。創建当初の軒瓦は軒平瓦を伴わない素弁八弁軒丸瓦があり，他に8世紀後半とみられる軒先瓦のほか「山寺」とヘラ書された文字瓦も出土している[17]。この寺は畿内以外の山岳に創建された早い例であり，当時「山寺」とよばれていたことなど興味深い寺院である。

そのほか文献に「山寺」と記載された寺院がいくつかあるので紹介したい。

9世紀前葉に薬師寺の沙門景戒によって著わされた『日本霊異記』には，平群山寺・生馬山寺・血淳（珍努）山寺・馬庭山寺・信夫原山寺・真木原山寺などがある。また竹溪山寺（『海風藻』）・養徳山寺（『金光明寺の櫃納経疏注文』）・河内山寺（『延暦僧録』）・瑜伽山寺（『西大寺流記資財帳』）などの記載があるが，いずれも不明な寺院が多い。

2　まとめ

平安時代以前に創建された山岳寺院は，ここに紹介した以外にまだ数多く存在する。平地伽藍の寺院は仏・法・僧の聖域と俗界とを築地などの構造物で厳密に結界し形成発展していったが，山岳寺院は立地環境そのものが聖域的な雰囲気を有し，山頂・山腹・山麓・山裾谷などさまざまな場所に建立されている。

創建に関しては優婆塞や沙弥，禅師などと呼ばれる役行者などに代表される山岳修行者たちの草庵程度のものから，行基にみられるような民間の布教に伴って自ら財力や力を出し合って仏事に結縁する「知識」が建てたもの，氏寺として建立されたもの，官の造営にかかるものなどさまざまな

建立形態があり，葡萄唐草や複弁五弁の軒先瓦にみられる特殊な仏教信仰の存在も見え隠れする。

古代国家が律令体制を確立させる7世紀後半から8世紀にかけては，仏教はようやく民間に浸透の様相を呈しはじめる時期であり，さらに入唐求法もさることながら朝廷や貴族社会から密教的修法が著しく歓迎された時期でもある。

奈良時代には「僧尼令」の規制にあるように，学解中心の官僧であっても本寺を離れて山岳修行を実践する者が現われ，当時山林における修行が広く行なわれていた傍証ともなっており，この時期に密教化が著しく進展し，平安仏教が萌芽するための土壌がすでにこの頃に育成されていたのである。

註
1)　前園実知雄「大和における飛鳥・奈良時代の寺院の分布について」『橿原考古学研究所論集』9，1988掲載「大和の寺院一覧表」参照
2)　前掲論文の時代区分に従った。
3)　堀池春峰「比蘇寺私考」『南都仏教史の研究』下一諸寺篇一，1982。ほかに逵日出典「奈良朝山岳寺院の実相」『論集日本仏教史』2—奈良時代，1986
4)　薗田香融「古代仏教における山林修行とその意義—特に自然智宗をめぐって」『南都仏教』4，1959
5)　近江昌司「葡萄唐草紋軒平瓦の研究」考古学雑誌，55—4，1970
6)　前掲論文5)に同じ
7)　菟田野町・関西大学考古学研究所ほか『駒帰廃寺（伝安楽寺）発掘調査概報』1971
8)　奈良県教育委員会『新庄町地光寺発掘調査概報』1972
9)　浅野　清ほか「竜門寺の調査」『奈良県綜合文化調査報告』1954
10)　前掲論文5)に同じ
11)　逵日出典「奈良朝山岳寺院の実相」『論集日本仏教史』2，奈良時代，1986
12)　毛利　久「奈良春日山中の香山寺阯について」考古学雑誌，32—7，1942
13)　肥後和男「大津京阯の研究」『滋賀県史蹟調査報告』2，1929
14)　柴田　実「大津京阯(下)　崇福寺阯」『滋賀県史蹟調査報告』10，1941
15)　景山春樹『仏教考古とその周辺』雄山閣出版，1974
16)　小牧市教育委員会『大山廃寺発掘調査報告書』1979
17)　森　郁夫『畿内と東国』特別展覧会目録，京都国立博物館，1988

発掘寺院の建築

奈良国立文化財研究所
山岸常人

発掘寺院にかかわる問題として平面と上部構造の関係，寺の存続
と廃絶，伽藍配置と法会形態，僧房の性格と変遷などを検討する

言うまでもないことだが，発掘調査によって知られる情報は限られている。したがって発掘調査の成果で見出された遺構の建築構造を復原することは容易でない。奈良時代以前の寺院に限定するならば，現存する30棟の建物や絵画史料，発掘調査などで見出された建築部材や建築模型（例えば瓦塔）などを参照しつつ，建築形態の復原を行ない，その上で発掘調査の成果について建築史的考察を行なうこととなる。

さて古代寺院の発掘については，極めて多数の調査事例が蓄積されており，それに係わる建築史的問題も多岐にわたり，すでに諸書に論じられている点も多い。ここでは建築史的視点から見た発掘寺院の問題のうち，筆者の関心の強いいくつかの点について検討を加えたい。

1 建築の構造

発掘調査で検出された遺構によって基本的に知ることができる点は，

① 平面（柱配置）
② 基壇規模や外装
③ 礎石か掘立柱か
④ 柱径や柱高に関するある程度の指標

などである。しかしこれらの点は建築の上部構造と密接に関連がある。平面と上部構造との関係について近年注目されたのは山田寺式の柱配置である。山田寺金堂は側柱と入側柱の柱数が一致する特異な平面であった（図1－1）。このため上部構造は薬師寺東塔や唐招提寺金堂（図1－5）などに用いられている三手先組物ではなく，法隆寺金堂の雲斗雲肘木を用いたもの（図1－2）と想定された[1]。その後これと同じ柱配置を持つ例として夏見廃寺・穴太廃寺の金堂が知られ，この構造の広がりが窺われた。このことから上野邦一氏は山田寺式以外の柱配置でも隅の柱間が狭いものについては法隆寺と同様の組物の用いられている可能性を指摘した（上野氏は法隆寺金

堂のごとく隅で隅行方向のみに手先を出す組物を隅一組物と呼んでいる）[2]。

しかしこのことは今少し検討の余地がある。すなわち，

1. 法隆寺金堂は山田寺金堂と柱配置が異なる。したがって組物も同形式とは言えない。
2. 山田寺と近似する配置として正家廃寺（図1－3）があるが，これも厳密には異なる構造である。
3. 雲斗雲肘木の実例である法隆寺玉虫厨子（図1－4）は法隆寺金堂と異なり，肘木が放射状に手先を出す。これは正家廃寺の柱配置と近似性を持つ。
4. ある柱配置が隅一組物の建物と想定される場合として隅の柱間／脇間（隅より一間内側の柱間）の比率が0.7程度であると上野氏は言うが，実際上野氏の指摘する事例ではその比率は一定しない。

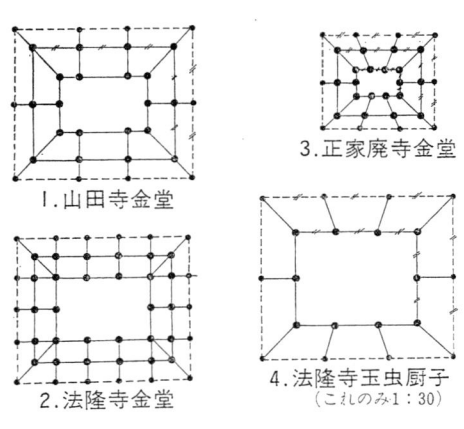

1.山田寺金堂

2.法隆寺金堂

3.正家廃寺金堂

4.法隆寺玉虫厨子
（これのみ1：30）

5.唐招提寺金堂

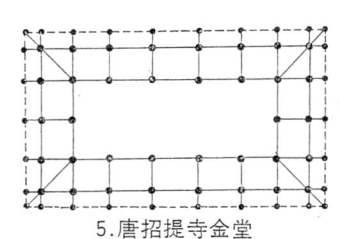

● 丸桁支承点位置
● 柱位置
--- 丸桁
╱ 柱間または丸桁
　支承点間が等間
　の部分

図1　柱配置と組物の関係（1：800）

40

以上の点を勘案すると，平面形式と建築構造の間の対応関係に次の三類型が考えられる（図1）。

a．側柱と入側柱の数が同じもの

　　a1．組物の手先が放射状に配されるもの（正家廃寺）（実際には対応する側柱と入側柱を結ぶ線が放射状となる。）

　　a2．隅以外の組物の手先が壁に垂直に出るもの（山田寺・穴太廃寺・夏見廃寺）

b．側柱の数が入側柱より多いもの（法隆寺）

a1の特徴は組物が丸桁を支承する位置が等間であることである。この点側柱より外の軒の荷重を受けるための最も合理的な構造となっている。したがって玉虫厨子[3]は入側柱が無いもののa1に属すると考えてよい。一方，a2は側柱位置で組物が等間隔となっている。bは通常の三手先のごとき組物が用いられるものも含まれるが，この差は平面には反映されない（すなわち b1とb2 に分類されるはずであるが，分類基準は明確でない）。法隆寺金堂のごとく隅の柱間／脇間の比率が0.67のものが雲斗雲肘木となる可能性を持つが，この数値がどの範囲まで許容されるのかは今検証できない。ところで実は平面と構造の対応関係が緊密であるか否かもまた明らかではない。換言すれば，ある平面形式ならば必ず隅一組物となるとは限らない。その意味で平面から建築構造を正しく復原することはむしろ不可能と言うべきである。なお観世音寺について，長元十年(1037)の筑前観世音寺修理米用途帳（『平安遺文』573）に大僧房に「雲肘木」が使われていたことが記されており，僧房が雲肘木を用いた構造の可能性があり，意外に雲肘木の使用は広がりがあったのかもしれない。

建築構造の特質は柱上の組物に限られない。四天王寺講堂は垂木の圧痕から扇垂木であることが知られたが，法隆寺金堂は平行垂木である。飛鳥寺東西金堂は二重基壇で下成基壇には軒支柱の立つ構造であった。山田寺廻廊は法隆寺廻廊と技法・意匠上大きく異なっている。飛鳥時代寺院建築様式の基本的資料となる法隆寺西院と対比して，これと異なる多様な様式があったのである。

隅一組物に立ち返るならば，上記三類型がすべて隅一組物になるとは断定できないし，その他の点から知られる多様な様式を，単純に時代的な差異と看做すわけにもいかない。つまり同時代の多様な様式の併存を重視すべきであり，その背景に複数の工人集団の存在，またそれをもたらした大陸からの文化伝播の多様性を考えるべきである。

2　寺院の存続と廃絶

これまでの発掘寺院の研究では，創建または完成時の形態に主として眼が注がれてきた。しかしそれは長い寺院の歴史のうちでごく限定された時期に係わるものである。古代寺院は建立後，中世まで存続したものが少なくない。その間建立当初の堂舎を維持した寺もあれば建て替えによって堂舎の規模を変え，あるいは建築形態を変えていったものもある。そうした状況はある程度文献で知ることも可能であるが，発掘に頼るべき点も少なくない。したがって寺院の発掘に際し創建以後の状況についても充分留意しなければならない。

例えば山田寺は弘安二年(1279)に多武峯と相論を起こしているが（『鎌倉遺文』13613・13646・13647など），発掘調査によれば金堂・塔は12世紀に焼失，回廊は10世紀後半から11世紀前半に倒壊している。坂田寺は仏堂・廻廊が倒壊したのが10世紀後半であるが，多武峯略記によれば承安三年(1173)，坂田寺は多武峯の末寺になっている。13世紀の山田寺や12世紀の坂田寺の寺僧の活動拠点はどこにあったのか，その際の寺としての堂舎はどうであったのかが疑問となるが，発掘では今のところほとんど明らかではない[4]。

国分寺についても，その生命は奈良時代に終わるものではなく，追塩千尋氏によれば[5]，9世紀に約半数，11・12世紀には約3割の国分寺が存続していた。そこで行なわれる法会や組織的基盤は律令体制下のそれを基本的に継承しているものの，徐々に変質・乖離していく。建築の形態でいえば，金堂を廃し講堂を中世仏堂形式[6]の平面とするような変化が生じており，この傾向は国分寺に限らず中世の寺院の一般的な傾向であった。例えば讃岐国分寺（図2）では当初の金堂位置には礎石のみが残り，講堂位置に桁行五間梁間五間の本堂（現在の建物は鎌倉時代後期の建築）が立つのはその典型的な例といってよい[7]。

3　伽藍と法会

古代寺院にはさまざまな伽藍配置の形式があり，この分類や時代的差異について，これまで種種論じられてきている。古くから金堂と塔の位置関係を指標にして分類が行なわれてきたが，太田博太郎氏は廻廊の閉じ方と講堂との関係を指標に

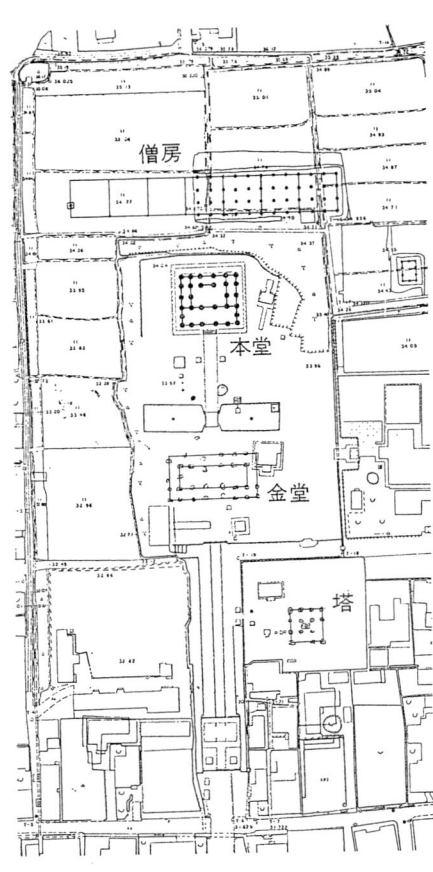

図2 讃岐国分寺伽藍（1：2500）

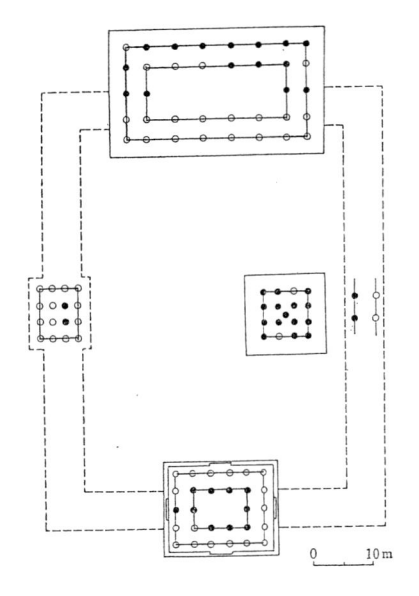

図3 檜隈寺伽藍配置

して伽藍配置を類別することを提唱した[8]。これを基礎として上原真人氏は仏地と僧地という概念を導入して詳細な伽藍分類を試みている[9]。しかし仏地と僧地の区分の基準となる「塔と金堂は仏のためのものであり，講堂は僧のためのもの」という考え方は，史料的根拠のある実態を踏まえた設定とは言い難い[10]。

　純粋に形態的な分類を行なう場合はともかく，伽藍や堂舎の性格・機能と絡めて伽藍形態を分析する際には，その実態を史料・遺構の両面から極力明らかにすることが重要であろう。伽藍中枢部やその堂舎の性格・機能は，とりも直さずそこで日常あるいは定期的・臨時に行なわれる法会に最も集約的に表現されるはずであるから，①古代寺院の法会の実態を史料的に明らかにすること，②伽藍内で法会に係わると推定される施設や舗設の痕跡を捜すこと，が具体的に必要なこととなる。①については史料の制約が大きく，伽藍や堂舎に具体的に即して法会を復原することは容易でなく，別に述べたこともあるので[11]，ここでは②に

ついて若干言及したい。

　一般に法会は仏堂内部で行なうものと，仏堂の前庭を用いて行なう庭儀の二種がある。庭儀法会では前庭に舞台や高座・礼盤を設置し，法要や法楽の芸能（舞楽など）の場とする。この前庭の空間内や周囲を荘厳するために幡や幢を立てる。この場合単に前庭だけが使われるのでなく，廻廊や中門も会場として使われている。したがってこうした伽藍内の舗設や荘厳の痕跡を知ることが，伽藍の性格を知る上で欠かせない。平城宮大極殿前庭では儀式の舗設や幡の支柱の遺構が見出されているが，寺院ではそうした顕著な遺構は少ない。山田寺・四天王寺金堂前の礼拝石と呼んでいる板石，紀寺・山田寺で見いだされた幡の支柱の柱穴などがその例になろう。

　一方，伽藍配置や建物の平面から伽藍や堂舎の使われ方を推定することも可能である。例えば薬師寺講堂の正面には扉がなく，講堂は金堂と一体となって使われるのではないように見うけられる。しかしながら講堂の基壇前面には階段があるので一概にそうも言えない。檜隈寺の伽藍（図3）は金堂・塔・講堂各堂宇に対して庭儀法要が可能な配置をとっている。一般に奈良時代以前の（とくに桁行三間の）中門は礼仏堂の機能を持っていたと考えられるので[12]，檜隈寺の伽藍配置は特異であるとは言え，法会との対応は緊密であるように思われる。これに対し飛鳥寺や山田寺は前庭部が狭く庭儀の舗設には都合が悪い。奈良時代後期以降の史料から知られる庭儀法会とは異なった法会形態があったのだろうか。

4　僧房の生活

　寺院とは僧伽集団が止住し教学活動を行なう場であったから，僧房は金堂や講堂と別の意味で寺院に不可欠な施設であった。しかし飛鳥時代の寺

院の僧房の有無や実態は明瞭ではない。明確に整った形の僧房が確認される最初の寺は川原寺であるが，この寺は660年代から造営が始まっており，造営尺や瓦などに唐からの新しい影響が見られることから，伽藍形態や建築様式にも新しい唐の様式が導入されたと推定されている。講堂の三方を取り囲む三面僧房の形式も唐の直接的影響であろうか。

こうした僧伽集住の施設が準備されてもなお，それぞれの寺院で僧房が充分完備しないか，僧房に僧侶が住まない例が少なくなかった。事実，霊亀二年(716)には「僧尼住することなく，礼仏聞くことなき」寺院も多かった（『続日本紀』）。天平十三年(741)に到っても国分僧寺に20人の僧を常住せしめよとの勅が出されているのも同じことである。しかしながら一方，推古三十二年(624)には僧尼を統制する僧綱の制度ができ，天武朝から度縁・戒牒によって僧尼の資格を得たものが確固たる制度のもとで国家的統制下におかれるようになっており[13]，僧尼が俗人と全く区別なく生活していたとも思われない。

さて僧房は現存する法隆寺・元興寺，指図ののこる東大寺，発掘によって明らかな薬師寺・川原寺・讃岐国分寺などから，桁行の長い建物を二間ないし三間毎に区切って居住の単位を作っていたことが知られる。上記天平十三年の勅は国分寺に止住した僧侶の平均的な数を示すものである。僧房の規模（相模〔十九間以上〕，陸奥〔二十三間〕，讃岐〔二十一間〕，武蔵〔十五間〕）から計算すると一房二，三人程度となる。薬師寺では天禄四年（973）に火災で焼失したままの状態で僧房の床面が残っていたため，床に落下して残った土器から，僧房の生活の復原がなされている[14]。これによれば一房に身分の上下のある二人の僧が住んでいたことが知られ，上記の推定と合致する(ただし10世紀の状態)。

さて僧房の建築形態や止住形態も平安期以降徐徐に変質しており[15]，薬師寺で延長二年に十余人の小集団が形成され，僧房に止住していたこと，この集団を小子房のない講師房に移そうとする動きがあったことが知られる（延長二年正月廿日栄穏申状　青蓮院文書）。後者は10世紀頃から僧侶が三面僧房に止住しなくなり，別に院家・子院を形成する動向と密接な関わりがあると考えられる。ただしこの動きは南都北嶺の大寺において確認され

るものの，地方での実態は詳かでない。

以上発掘寺院の建築に関わるいくつかの問題について言及してきたが，いずれも疑問点を提示するにとどまった。しかし今日のごとく多数の寺院跡の発掘が行なわれるようになると，単に平面の分析だけでなく，ここで示したようなさまざまな寺院史上の問題を設定し，そうした問題意識の下に調査を行なうことが必要になってくるのではなかろうか。

註
1)　『飛鳥資料館図録第8冊　山田寺展』奈良国立文化財研究所，1981
2)　上野邦一「隅一組物の建物について」建築史学，8, 1987
3)　厳密には桁行で組物位置で中央間16.6cm，両脇間15.8cm，丸桁の支承点位置で中央間26.5cm，両脇間25.4cmで，いずれも等間ではないが，ほぼ等間と言える。
4)　山田寺では回廊内外で中世の井戸などを検出し，室町期の遺物が出土している。なお現在の山田寺が講堂の位置に立っていることからすれば，講堂周辺が中世山田寺の堂舎位置であったのだろうか。
5)　追塩千尋「平安中後期の国分寺」『日本古代政治史論考』吉川弘文館，1983
6)　中世仏堂形式とは，建物の奥行が深く，内部を大きく内陣と礼堂に分けている平面形式をいう。平安中期以降，寺院の主要堂宇ではこの形式の仏堂が建てられることが極めて多い。
7)　金堂が廃され講堂位置に本堂が建つ例は奈良法華寺にもあり，兵庫鶴林寺では本堂のことを宮殿の棟札で講堂と呼んでいる。
8)　太田博太郎「南都六宗寺院の建築構成」『日本古寺美術全集　第2巻法隆寺と斑鳩の古寺』集英社，1979
9)　上原真人「仏教」『岩波講座日本考古学4―集落と祭祀』岩波書店，1986
10)　この設定の根拠となる「金堂内には僧と言えどもみだりに入れなかったという伝承」は誤りであり，奈良時代にかかる規範のあった史料的根拠はない。拙著『中世寺院社会と仏堂』序章第二節，塙書房，1989参照
11)　拙稿「南都の法会」『図説日本の仏教　1奈良仏教』新潮社，1989
　　拙稿「奈良時代の法会と寺院建築」『日本美術全集4東大寺と平城京』講談社，1990
12)　註10　拙著第一部第一章第一節参照
13)　井上光貞『日本古代の国家と仏教』岩波書店，1971
14)　『薬師寺発掘調査報告』第Ⅵ章，奈良国立文化財研究所，1987
15)　このことについては，拙稿「中世寺院の僧房と僧団」仏教史学研究，32―1，仏教史学会，1989参照

寺造りのまじない

滋賀県教育委員会
■ 兼 康 保 明
（かねやす・やすあき）

地鎮・鎮壇に関する遺物は多くの例があるが，寺地を拓くにあたっては陰陽師，それ以降の建物の地鎮については僧侶がとり行なったと考えられる

1　古代仏教と地鎮め

　平安時代も10世紀以降になって，寺院諸堂の建立に密教による地鎮・鎮壇の供養が行なわれるようになるまで，仏教による地鎮めのまつりのありさまは必ずしも明瞭なものではなかった。それでは，平安時代以前の飛鳥，奈良時代の寺院における地鎮・鎮壇のまつりは，どのような形をとっていたのであろうか。

　飛鳥，奈良時代の地鎮めのまつりが，『陀羅尼集経』を典拠としていることは，早くから研究者の知るところであった。この『陀羅尼集経』には“作壇法”という言葉がみられるが，これは地鎮めの儀式のために作る壇であって，建物の基壇をさしているのではないと考えられている。こうしたことと，出土資料に地鎮・鎮壇の区別が明確でないことなどからみれば，古代寺院から出土した地鎮めの供養具を，便宜的に「鎮壇具」と呼称したのは正しくなく，本来の意義からすれば地鎮具と呼ぶべきである。

　『陀羅尼集経』にみられる主な地鎮めのまつりは，第十二の作壇法である。ここでは，壇を築き堂を建てるにあたっては，まず地に縄張りをし，その四隅および中央に小孔を穿ち，そこに七宝，五穀などを埋めるものとし，あるいは五薬，五宝の十物，五宝，五薬，五穀の十五物などを，その中央にのみ納めることが説かれている。しかし，これまでの古代寺院の発掘調査で，これに合致する埋納物は認められるが，地鎮の遺構は確認されていない。

　それでは実際に古代寺院では，どのような地鎮めの状況がみられるのであろうか。

　発掘調査によって，寺院での地鎮めのまつりが確認された最古の例は，飛鳥時代後期の川原寺の塔基壇中のものである。それ以降奈良時代になると，興福寺中金堂，東大寺金堂，坂田寺金堂など建物に伴うもの，元興寺塔，西大寺東塔など塔基壇に伴うもの，法隆寺のように境内地ではあるが建物から離れた場所での例など，地鎮めのまつりは大和の寺院でその数を増してくる。畿内以外でも，発掘調査によって出土状況の確認された，陸奥国分尼寺金堂や，寺院ではないが大宰府政庁南門，中門などの出土資料が代表的な例としてあげられよう。

　こうした出土例から，地鎮めの供養具の埋納法を大きく分類するなら，基壇を築きながら地鎮めを行ない，地鎮具を基壇中に封入するものと，基壇が完成して後に，基壇を掘り込んで地鎮具を埋納しているものとに大別できそうである。

2　基壇を築くまつり

　現在知られている，塔基壇中より出土した地鎮に関係する遺物の出土状況は，互いに共通した様相が認められる。それは，地鎮めのまつりに用いた品が容器を伴わず，また特定の位置を定めて埋納するのではなく，心礎を中心にしてあたかもまき散らしたかのような状態で，築土に埋め込まれていることである。

　その出土状況を個々に詳しくみてみると，まず最古の例である川原寺では，「創建塔心礎搬入土坑内の築土層中に，心礎上面と同一レベルで心礎の南に接して発見されたもので，この部分はその後攪乱を受けていない」[1]といった状態で，半裁された無文銀銭1枚と渡金した金銅円板2点が出土している。

　元興寺の場合は，心礎を中心にして四方に設けられたトレンチの基壇築土中の広い範囲から，瑪瑙曲玉5点，翡翠曲玉3点，出雲石曲玉2点，ガラス丸玉14点，ガラス小玉51点，縞小玉4点，捻玉11点，琥珀切子玉3点，その他琥珀玉類一括，水晶玉9点，水晶破片44点，瑪瑙破片一括，金延板3枚，金小塊1個，金箔付着粘土，銅小片，真珠1点，和同開珎15枚，万年通寶24枚，神功開寶75枚，銭文不詳4枚が出土している。これら遺物の個々の出土状況は必ずしも明確ではないが，金箔の付着した粘土が「心礎の根固めとして塡充せ

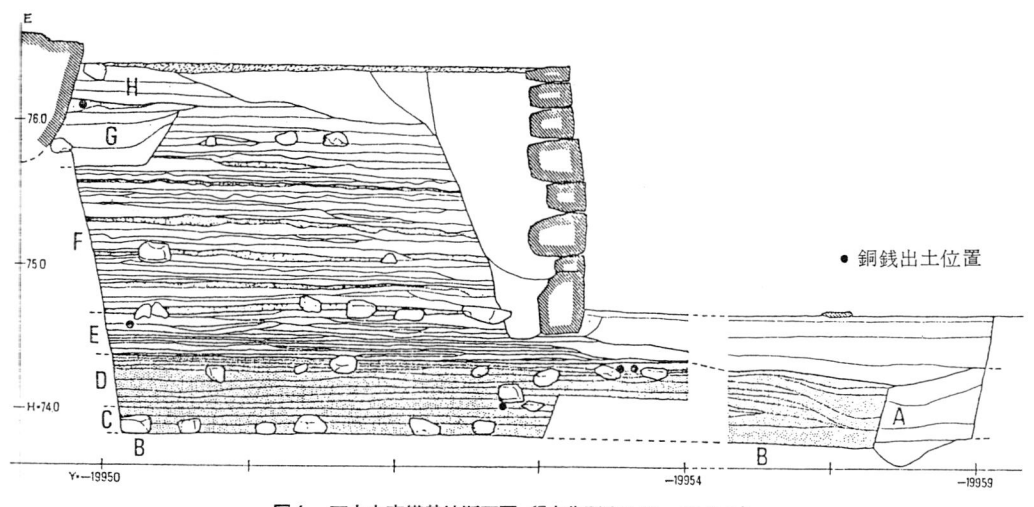

図1 西大寺東塔基壇断面図（『古代研究』28・29 より）

図中ラベル: E, H, G, F, D, C, B, A, B, B
銅銭出土位置
−76.0, −75.0, −H・74.0
Y・−19950, −19954, −19959

られた粘土層中」より発見されていることと，各遺物が「器物に収められずして土壌と共に相混淆せしめ」られた状態であることが判っている[2]。

基壇中の地鎮具の出土状況が克明に検討された例としては，発掘調査が行なわれた西大寺東塔があげられる。西大寺東塔の場合，掘り込み基壇の中で1カ所，地上に築き上げた基壇土中に，高さを異にして2カ所から埋納された銅銭が確認されており，その内の1カ所は礎石据え付け時に行なわれていることが明らかにされた（図1）。出土した銅銭は5枚で，銭文の明らかな1枚は和同開珎である。森郁夫氏は，基壇内の銅銭の出土した高さと版築の過程からみて，少なくとも地鎮の供養が日をかえて3度は行なわれたと考えている。

平安時代になっても同様な地鎮法は継承されていたようで，正確な調査によるものではないが，9世紀には奈良県五条市霊安寺塔跡や，10世紀前半では京都市醍醐寺五重塔などでも類似した例が報告されている。

3 建物と地鎮具

建物に伴う地鎮めの例は，古く明治時代に発見された興福寺中金堂や東大寺金堂の出土遺物が著名で，長く古代寺院の「鎮壇具」の代表例として紹介されてきた。この両者は出土状況が明確でないが，おそらく地鎮めのまつりの後，基壇に穴を穿って地鎮具を埋納したものと思われる。

興福寺中金堂の地鎮具は，出土状況の記録はないが，遺物は奈良時代を下らない時期のものであり，金延板9枚，金塊10個，金小玉5点，砂金一

括，銀鋌4枚，瑪瑙念珠玉一括，水晶念珠玉一括，琥珀念珠玉一括，瑪瑙玉一括，水晶玉一括，琥珀玉一括，石製玉類一括，ガラス玉一括，水晶六角合子1点，水晶六角柱1点，琥珀六角柱2点，琥珀円柱残欠2点，琥珀櫛形1点，開元通寶1枚，和同開珎134枚，金銅大盤1点，銀大盤1点，金銅鋺4点，銀鋺8点，銀製鍍金鋺2点，響銅盤2点，金銅脚杯1点，銀製鍍金脚杯1点，角製小杯6点，銀製鍍金匙1点，銀匙1点，銀鑷子（しょうす）1点，銀唐草文透彫金具1点，唐花双鸞八花鏡1面，花卉双蝶八花鏡1面，銀刀装具1点，金銅装緑牙撥鏤鞘刀子1本，刀子残欠など多彩なもので，そのうち金銅大盤の内面には穀類と思われる異物が銹着している。

東大寺金堂から出土した遺物も，興福寺中金堂の出土品同様多彩であるが，ここではある程度出土状況が推定できる。須弥壇正面の地中からは，大刀2本，銀製鍍金蟬形鑷子（さす）1点，漆皮箱残片など，須弥壇西南隅からは，銀製鍍金狩猟文小壺1点，大刀2本，端花六花鏡1面，水晶合子，その他玉類が出土している。このうち銀製小壺には，大小2個の水晶合子が納められ，さらに大合子には紫水晶の珠玉3点，無色水晶玉2点，真珠5点が，小合子には真珠8点，粒状の紫水晶と無色水晶が納められていた。

一方，異なった見解として，「大仏殿修繕工事ニ付キ発掘物位置見取図」に示された埋納品の発見地点を再検討した奥村秀雄氏は，遺物は盧舎那仏の膝下に埋納されたものであり，地鎮具ではなく，時期も聖武天皇一周忌か光明皇后崩御以降の

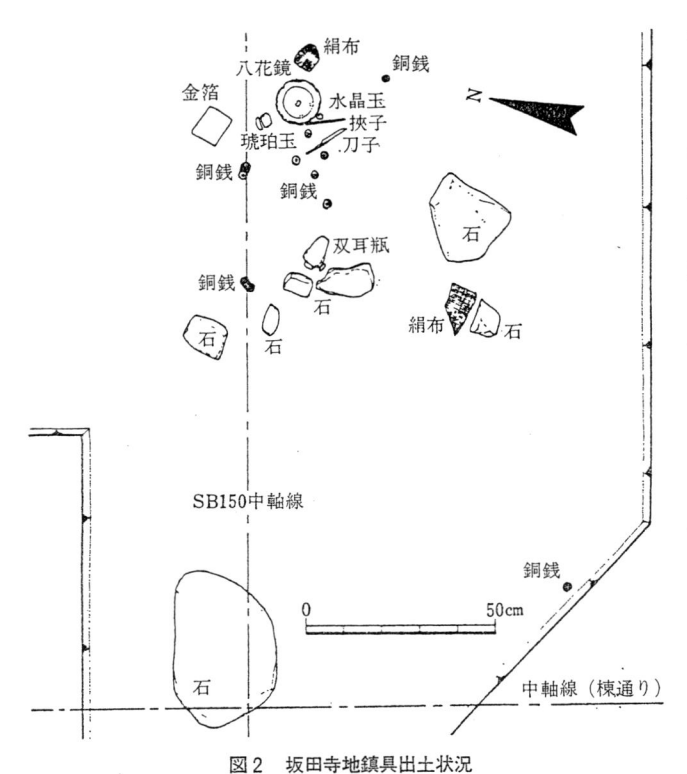

図2 坂田寺地鎮具出土状況
（『飛鳥・藤原宮発掘調査概報』11より）

供養に際し埋納されたものとしている[3]。

明日香村にある坂田寺は，発掘調査によって地鎮のありさまが確認された数少ない例である。ここでは基壇を掘り込んで地鎮具を埋納するのではなく，塔基壇にみられたように築土中に地鎮具を納めている。地鎮具の出土状況は，金堂の須弥壇中央部にあたる位置に，瑞雲双鸞八花鏡1面，心葉形水晶玉1点，琥珀大玉2点，ガラス玉2点，金箔1点，金銅製挟子1点，鉄製刀子1本，和同開珎2枚，万年通寶3枚，神功開寶11枚，銭文不詳12枚，灰釉小形双耳瓶1点，絹布断片などが散らばったように配置されていた（図2）。これら一群の埋納品は，出土位置よりみて須弥壇の築成にかかわるものと考えられている。

大和の諸寺の地鎮具が，玉や鏡などを伴い多彩なのに対して，陸奥国分尼寺での出土例は，金堂跡と推定される建物の内陣北西隅から，土師器の甕に金箔の小片を納めただけのものが出土している。おそらく甕中に納められた，五穀など有機質の遺物は

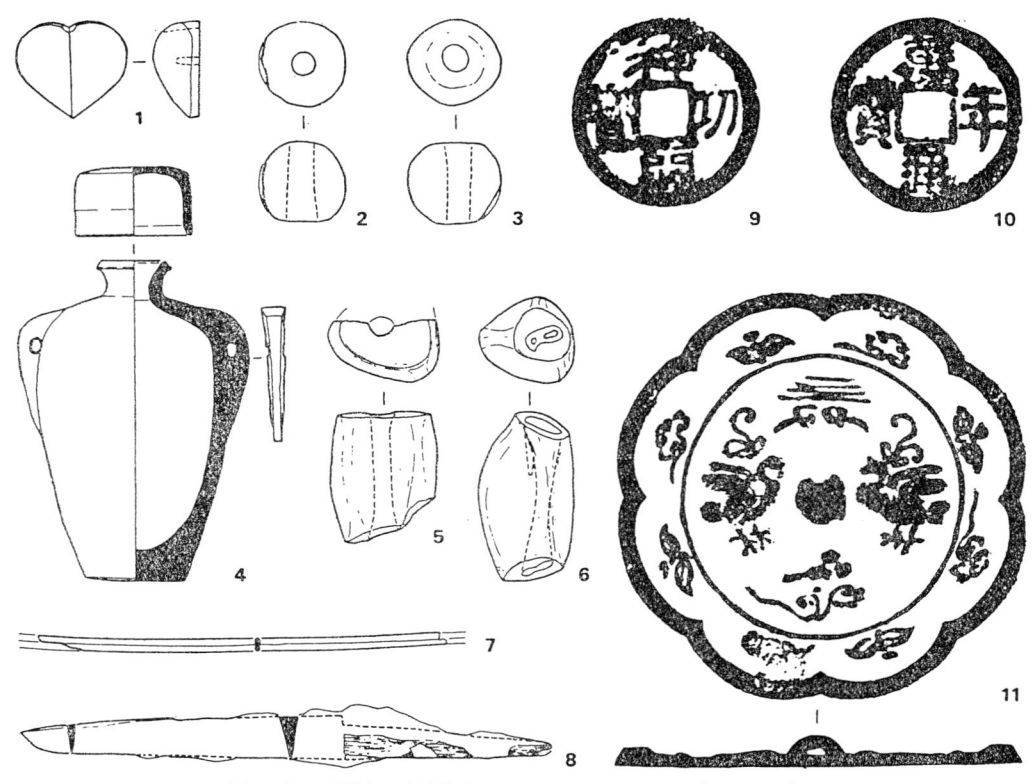

図3 坂田寺出土の地鎮具（1〜3・9・10は1：1，他は1：2）
1水晶玉，2・3瑠璃玉，4双耳瓶，5・6大玉，7挟子，8刀子，9・10銅銭，11八花鏡

46

すでに失われたのであろう。出土状況からみると，基壇版築を乱しておらず，建物を建てる前に埋められたものである。

　寺院ではないが大宰府政庁の南門では，中心部よりわずかに西に寄った場所で，基壇を掘り込んだ小穴に，水晶8点を納めた須恵器短頸壺が埋納されていた。これなど東大寺金堂の例と類似する。また，中門でも基壇の西北隅に掘られた小穴に，須恵器長頸壺が埋納されていた。これも地鎮具と考えてよいものであろう。

4　陰陽師による地鎮め

　建物ではなく，特定された広さを持つ地鎮めについては，持統天皇5年10月20日に「使者を遣して新益京を鎮め祭る」と，藤原京に対しての地鎮めのまつりが『日本書紀』にみられる。さらに翌6年4月18日にも「浄広肆難波王等を遣して，藤原宮地を鎮め祭る」とある。宮都に対する地鎮めの記事は『続日本紀』にもみられ，平城京への遷都に先立って和銅元年12月5日に「平城の宮地を鎮め祭る」とある。藤原京，平城京における地鎮めの具体的なありさまは，『日本書紀』や『続日本紀』からは判らないが，僧侶による地鎮めではなく，陰陽師が介在していたことが推察されるのである。それは，藤原京や平城京の地形が，山の配置や川の流れなど，中国の地相術にみられる風水を多分に意識したものであり，また，長岡京への遷都にあたっても，『続日本紀』によれば，延暦3年5月16日に，陰陽師助船連田口が藤原種継らに同行して乙訓郡長岡の地を相ており，平安京についても四神相応の地のモデルとでもいうべき地相を示していることによる。おそらく陰陽寮の陰陽師が，地を拓くにあたっては大きな役割を担っていたものと推察される。

　同様に宮都に限らず寺院においても，まず祝福された風水をもつ土地を定め，土地の神を鎮めるのは陰陽師の役目であり，それから後，堂塔など建物が建てられる段階になって初めて，仏教の儀軌による地鎮めが行なわれたのであろう。陰陽師が寺院において地鎮めを行なった例として，『大日本古文書』に興味深い記録が残されている。天平5年の法華寺阿弥陀浄土院の造営にあたり，院中——特定の建物ではなく，造営中の阿弥陀浄土院全域の鎮祭を陰陽師が行なったことや，滋賀県にある石山寺の地鎮めの儀式に，陰陽師がたずさ

わっていることなどがあげられよう。

　法隆寺の東大門と西大門をつなぐ参道より出土した，奈良時代の土師器椀を2つ合わせた中に，和同開珎2枚と金箔を納めた地鎮具は，建物とも関係していないことから，あるいは記録にみられるような「院中を鎮め祭る」供養に用いられた遺物であるのかもしれない。ただ現段階ではこうした地鎮めを，遺構や遺物としてまだ特定することはできていない。しかし，中世の地鎮・鎮壇資料の中から土公祭の遺構や遺物を抽出しようとしたように，古代仏教による地鎮の様相を明確にさせて後，その類型からはずれる資料を検討することによって，陰陽師による古代の地鎮めのありさまを明らかにすることができよう[4]。

　おそらく，寺地を拓くにあたっての地鎮めは陰陽師，それ以降の建物の地鎮については僧侶がとり行なうというように，奈良時代にはその役割を分担して，両者が共存していた可能性がうかがえるのである。

註
1)　奈良国立文化財研究所編『川原寺発掘調査報告書』奈良国立文化財研究所学報9, 1960
2)　稲森賢次『元興寺塔址埋蔵品出土状況報告書』奈良県史蹟名勝天然記念物調査報告11, 1930
3)　奥村秀雄「国宝東大寺金堂鎮壇具について —出土地点と，それによる埋納時期の考察—」ミュージアム，298, 1976
　　奥村氏の見解に対して森郁夫氏は，東大寺金堂が敷地内で造仏工事が行なわれたという特殊性があるとはいえ，埋納品が基壇中より出土したことを重視し，基壇造成中か築成後のいずれかの埋納品であると考え，従来から考えられるように地鎮であると反論されている（『古代研究』18）。
4)　木下密運・兼康保明「地鎮めの祭り —特に東密の土公供作法について—」『柴田実先生古稀記念日本文化史論叢』1976

参考文献
木内武男「舎利埋納と鎮壇」『世界考古学大系』4, 平凡社, 1961
蔵田　蔵「舎利容器と鎮壇具」『新版考古学講座』8, 雄山閣, 1971
中野政樹「鎮壇具」『新版仏教考古学講座』2, 雄山閣, 1975
森　郁夫「奈良時代の鎮壇具」『研究論集』Ⅲ, 奈良国立文化財研究所, 1976
森　郁夫「古代における地鎮・鎮壇具の埋納」古代研究, 18, 1979
森　郁夫「古代の地鎮・鎮壇」古代研究, 28・29, 1984

土で造られた塔婆

釈迦の舎利を収める塔婆の形態は，時の流れと各地への伝播過程で変化していった。日本の古代塔婆の新知見を瞥見してみよう

頭塔の構造とその源流／瓦製塔の性格

頭塔の構造とその源流 ━━━━■

奈良国立文化財研究所

巽 淳 一 郎

（たつみ・じゅんいちろう）

奈良市の頭塔は方錘状の土壇であるが，土塔は基本的には木層塔を意識したもので，行基考案による日本独自の塔形式である

奈良市高畑町大字頭塔 921 番地に所在し，四面の各所に石仏が顔をのぞかせている方錘状の土壇は，古く平安時代の昔から玄昉の首塚と伝えられ，「頭塔」と呼ばれてきた。

玄昉は奈良時代の僧で，養老元年（717）の遣唐使に随行し，天平 7 年（735）に帰朝。その後，吉備真備とともに唐で学んだ新知識を背景に橘諸兄政権のブレーンとして政界で活躍した。彼らの政敵であった藤原広嗣は，天災や世の乱を二人のせいとし，二人の排斥を上表するが聞き入れられず乱を起したことは有名である。乱の平定後，詳しい事情は分からないが，玄昉は筑紫の観世音寺に左遷されている。そして，玄昉は彼地で広嗣の悪霊に祟られ，五体ばらばらにされ，はるか離れた都まで飛ばされたという。そして，その首を埋めたのが，この頭塔というわけである。以上の所伝は，大江親通の『七大寺巡礼私記』に伝えられるが，その後，時を経るに従いますます潤色が加わり，江戸時代まで語り継がれて来た。そして，現在も字名にそのなごりを留めている。

1 頭塔の研究小史

このようないわれを持つ頭塔が学術的な対象となるのは，大正 4 年の奈良県の技師佐藤小吉氏によ

る調査からである。氏は頭塔の現状を実測するとともに，新たに石仏 4 体を発掘し，当時姿を現わしていたものも含め合せて12体の石仏を紹介した。そして，頭塔は墓ではなく，本来は，幾層かの基壇の頂部に塔を配していたものと推定し，四面の石仏も，木造塔の初層内陣に納められている塑像と同様に四方浄土や仏伝を現わしたものとした[1]。その後，昭和 2 年には内務省の上田三平氏によって再び調査が行なわれ，新たに石仏 1 体を発掘している。上田氏の頭塔に対する見解も基本的には佐藤氏のそれと変わる所はない[2]。そして，二人の報告が刊行されると，頭塔は一躍世に知られる所となり，頭塔研究は大いに深まることになる。

研究史上，特筆されるのは，板橋倫行氏[3]，福山敏男氏[4]，足立康氏[5]の論考である。板橋・福山両氏は，『東大寺 要録』・「東大寺 別当次第」の記事に基づき，頭塔は神護景雲元年（767）に良弁僧正の命を受けた東大寺権別当実忠が国家のために造立したという「土塔」そのものであるとした。また，西村貞氏らの石造美術研究者の注目するところとなり，頭塔石仏に対する新しい解釈が提出されるようになった[6]。

前述の論考により，以後頭塔は奈良時代の末に

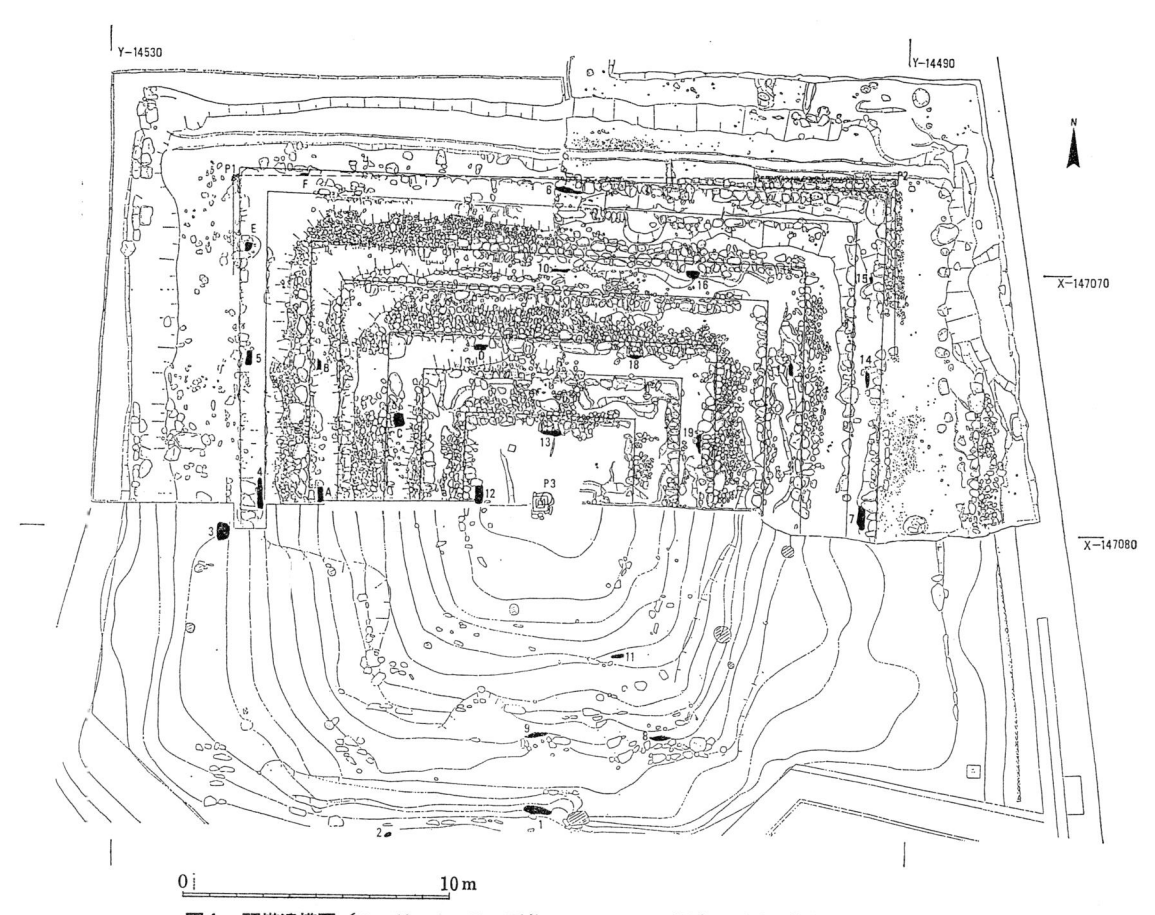

図1　頭塔遺構図（1～19・A～F：石仏，P1・P2：隅木を受ける柱穴，P3：心柱痕跡）

僧実忠が造立した塔というのが定説となる。

　頭塔の塔としての具体的な構造については早く西村貞氏は，インド北部やアフガニスタンのストゥパーと同様なものとし，天平7年入朝した婆羅門僧正（菩提僊那）がその造営に関係した可能性を指摘した[7]。

　その後，頭塔の構造に着目したのは，石田茂作氏である。氏は現地踏査で石敷・石垣の存在を確認し，それらと石仏配置の関係に注目し，頭塔の形を5段の段築構造と推定した。そして，偶然の機会に発見されている奈良時代の瓦や凝灰岩加工石材の存在を踏まえ，頂部に相輪を持ち，欄干をそなえた歩道と五層の瓦葺屋根を持つ構造に復原された[3]。当時としては極めて説得性のある復原案であった。復原に際しては前述の物的証拠の他に，森浩一氏の大野の土塔に関する論文[9]も重視されているが，頭塔はインド式ストゥパーという先入観もかなり働いていることはまちがいない。

　その後の頭塔の調査としては，森蘊氏を中心に行なわれた測量調査がある。極めて精度の高い測量で，頭塔と東大寺の関係，石仏配置のあり方が初めて正確に捉えられている[10]。

　前述した論考では，頭塔造顕の目的についてはほとんど触れられることはなかった。この点に注目したのは，堀池春峯氏である。氏によれば，頭塔の造立は恵美押勝の乱を契機とし，乱平定後に行なわれた木製百万塔製作やそれを納置する小塔院の造営などと一連のものであり，国家の鎮護を目的に行なわれた宗教的・政治的施策の一環と位置づけられた[11]。

2　近年の発掘調査成果による頭塔の復原

　前述の調査研究以後，頭塔では都合3回の調査が行なわれている。いずれも奈良国立文化財研究所による調査である。一つは，昭和53年，頭塔に東接する地に厚生省宿泊施設の建設が計画されたことを契機とし，頭塔の東側の一部を調査した[12]。他の2回の調査は，奈良県による復原整備事業に先立ち，本来の規模・構造などの解明をめざしたもので，昭和61年と63年に頭塔の北半分を調査し

た[13,14]（図1）。3回の調査で判明した新たな事実は，以下の通りである。

1．一辺32 m，高さ約1.5m の方形基壇上に上に向かうに従い，約3 mずつ長さを減ずる方形土壇を7段に積み重ねた構造をとること。第1段の長さは24.2m，最上段の長さは6.2m。各段は石積で擁壁を作り，上面には石を敷く。総高約10mで各段の高さは，奇数段が約1 m，隅数段が約0.5m，1〜6段の石敷面幅は，奇数段 1.1m，偶数段1.8 m。

2．基壇上面の化粧は，2回の造替が認められる。I期の基壇化粧は，石積に沿ってやや大き目の石を犬走り状に配し，その外側に一段下げて幅20cm にわたってやや小ぶりの石を敷く。II期には，I期の面の上に厚さ10 cm 程度の盛土を行ない，石積の裾に部分的に石敷を施し，他の部分には細かいバラスを敷く。III期には，II期の面を瓦を含む土でさらに盛土を行なうが，とくに化粧は施さない。第1段の石積はIII期基壇上面に据えられており，積み替えられたことは明らかである。

3．1〜6段上面の石敷は決して平坦ではなく，下り勾配を持ち，かつ各隅に向かって反り上る。つまり，屋根勾配に敷かれているわけで，石敷の残存状況が良好な隅部には隅木を置いた痕跡をとどめる。基壇上面の隅部の位置には隅木を受ける柱穴が配される。柱穴掘形はI期基壇化粧下の整地面に掘られ，柱を立てた後に基壇化粧を行なっている。

4．7段上面中央部には，径約30 cm の心柱の痕跡が残ること。

5．各段上面には瓦が大量に分布し，軒瓦はほとんどすべて東大寺式で，軒丸瓦の范型は東大寺で使用されていた范型を彫り直したもの。軒平瓦は東大寺のそれと同じ范型で作られたもので，造営には造東大寺司が介在した可能性が極めて高いこと。

6．石仏は，各面の奇数段の石積に，下から5体・3体・2体・1体，総数44体が規則的に配されること。その配置構成は奈良国立博物館の松浦正昭氏によれば，華厳経あるいは梵網経の経義に基づくものと言う。

以上のような事実をもとに，図2に示すような

図2 頭塔復原図

七重の塔を復原した。築造行程は以下のように想定される。まず心礎を据え，柱を版築工法で固定しながら基壇を築成する。それより上位も版築で構築するが，後に行なわれる建築資材の運搬の便を考えれば，当初は段築ではなく円墳状もしくは截頭方垂状に積み上げていたと考えられる。そして，次に頂上部を平坦造成し，突き出た心柱に相輪を取り付ける。次に7段目方形壇を削り出し，まず所定の位置に石仏を配し，石積擁壁を設け，上面に石を敷き，台・隅木・垂木で屋根を架け瓦を葺く。6段以下も同様な手順で上から順に仕上げていったものと考えられる。

軒を支える各柱は，柱穴が基壇両隅部にしか存在しないことから，台の上に置かれていたと考えている。軒平瓦の凸面，瓦当に近い部分に朱が付着したものがある。また隅木を受ける基壇の隅の柱穴の柱痕跡や根巻石が朱色に染っていることから，柱と垂木は朱彩されていたことはまちがいない。

3　頭塔の変遷

『東大寺要録』第七の「実忠二十九ヶ條事」によれば，前述のような塔が神護景雲元年（767）に造立されたのである。II期の基壇化粧が行なわれた時期については，今の所，決め手となる資料は持ち合せていない。ただ，II期の基壇土には瓦は含まれず，I期に作られた隅木を受ける柱穴の柱痕跡はII期基壇上面からも確認できることから，基壇周りの改修のみで塔本体に対しては大きな造替はなかったと見てよい。II期基壇上面には，上段から落下したと見られる瓦や石が大量に

発見される。III期基壇面の造成にあたっては，これを埋めていることから，III期の時期には，すでに瓦葺きの塔は崩壊していたことは確かである。そして以下のような事実から，瓦葺き塔に代って頂部には十三重の石塔が配されたとみている。すなわち，心柱痕跡に炭や灰が含まれ，相輪に落雷したと考えられること。そして，心柱痕跡の真上には，江戸時代の五輪塔の台となっている凝灰岩の板石片が数枚分あり，それらは中央に穴があく形に組み合せることができ[15]，石塔基壇の石材と考えられること。さらに6段上面の北面石仏前からも，凝灰岩製の六角形屋蓋石塔片が発見されていること。発見された石塔屋蓋は，奈良時代の作と考えられている奈良市田原所在の塔の森十三重塔の2〜3層にあたる規模をもつこと。『七大寺巡礼私記』には，頭塔を十三重の大墓と記すことなどを根拠とする。

前述の凝灰岩板石は，本来の位置ではなく盗掘壙に沈んだ状態で検出されたが，盗掘壙の埋土には舎利荘厳具の一部と目される銅銭4枚が含まれていた。そのうち，最も新しい銭貨は，延暦15年（796）初鋳の降平永宝である。また，六角形屋蓋形式は，前述の塔の森十三重塔や正倉院蔵の三彩七重塔のそれと較べるとやや後出的である。また，平安時代初期と考えられる秋篠寺系の軒平瓦も出土していることから，III期の造替は9世紀前半頃に比定できようか。

4 ま と め

頭塔と同じような構造を持つものとしては，わずかに堺市土塔町に所在し，行基創建と伝える大野寺の土塔があげられるにすぎない。現在，国の史跡となり，ピラミッド形に整備されているが，鎌倉時代の作と見られる『行基菩薩行状絵伝』には，七層以上の壇塔で各層に瓦を葺き，頂部に宝珠と露盤を置いた姿に描かれている。また戦後間もない時期，土塔を踏査された森浩一氏は実際に瓦が葺かれた状況を確認している[16]。そして昭和27年に行なわれた大阪府による調査では，日干レンガを積み上げた擁壁が検出され，段の上面に瓦を葺く十三層の塔であることが確認された[17]。構造的には頭塔と極めて良く似ている。ただ，規模がやや大きく十三層であり，塔身をレンガ積みにし，軒瓦を使わず丸平瓦だけで直接壇の上に葺き，石仏が配されない事が頭塔と異なるところである。

ある。

森浩一氏は，土塔出土文字瓦の分析から，大野寺の土塔は行基集団によって創建されたもので，その造営もしくは瓦の寄進は宝字年間頃までつづいていたことと指摘されている[18]。近年，新たに「〇年歳次丁〇」と記された文字瓦が発見され，行基年譜に伝える「神亀五年丁卯」を指すと考えられている[19]。文字瓦の評価によっては，土塔の完成時期は振れ動くが，いずれにしろ造営は頭塔に先立つ。前述した細部の結構の違いが生じた理由は後に述べるが，それを別にすれば，大野の土塔と頭塔の構造は基本的に一致する。そして両者の作られた年代にさほど大きな開きはなく，類例の少ない特異な構造である点を重視すれば，両者別々の系譜を引くとは考え難く，頭塔は大野の土塔の影響下に作られたものと見るのが自然であろう。そこで注目されるのが行基である。行基は東大寺大仏造営の功より，大僧正に任命されるが，僧綱には後の東大寺僧正良弁も同席していた。こうした背景のもとに，土塔造営法と言わないまでも，土塔そのものが行基から良弁に伝えられたとは言えないだろうか。奈良の土塔は良弁僧正の命により実忠が造立したという『東大寺別当次第』の記事は極めて示唆に富む。

こうした土塔の源流については，インドのストゥパーの流れ，あるいは中国の塼塔の流れ，あるいは朝鮮の石塔の流れとみる説がある。しかし，復原したような塔そのものは，彼地のいずれにも見い出せない。土塔は基本的には木層塔を意識したものであり，行基考案による日本独自な塔形式と考える。

大野の土塔は行基に導かれた民衆の手によって造営された。造営集団は，官の造営組織のようにさまざまな職掌を担当する技術者で構成された統一体ではなく，さまざまな階層の寄せ集まりであり，技術的にも資材徴収の面からも本格的な木層塔の造営は不可能であったと見てよい。そこで考案されたのが，無尽蔵の土を素材とする塔である。心柱を別にすれば，塔の骨格はもとより，結構材のレンガ・屋根瓦すべて土で作ることが可能である。こうした素朴な土塔方式が官に受け入れられ，官の手で造営されたのが，奈良の土塔（頭塔）なのであり，前述した結構の違いは結局の所，民営事業か官営事業かの差に帰する。

註

1） 佐藤小吉「頭塔の石仏」『奈良県史跡勝地調査会第三回報告書』1916

2） 上田三平「頭塔」『史跡調査報告 3 奈良県に於ける指定史蹟第一』1927

3） 板橋倫行「頭塔について」文学思想研究，9，1929

4） 福山敏男「頭塔の造立年代について」考古学雑誌，22—6，1929

5） 足立 康「頭塔に関する一考察」古代文化研究，6，1933

6） 西村 貞「頭塔の石仏」『南都石佛巡礼』1933

7） 注6）に同じ

8） 石田茂作「頭塔の復原」歴史考古，2，1958

9） 森 浩一「大野寺の土塔と人名瓦について」文化史学，13，1957

10） 森 蘊「頭塔の実測調査を了えて」『奈良国立文化財研究所年報 1961』1962

11） 堀池春峯「奈良頭塔について」大和文化研究，9—5，1964

12） 奈良国立文化財研究所『昭和53年度 平城宮跡発掘調査部発掘調査概報』1979

13） 奈良国立文化財研究所『昭和61年度 平城宮跡発掘調査部発掘調査概報』1987

14） 奈良国立文化財研究所『昭和63年度 平城宮跡発掘調査部発掘調査概報』1989

15） 飛島建設の佐野勝司氏から組み方をご教示いただいた。

16） 註9）に同じ。

17） 堺市博物館『堺の文化財 指定文化財編』1986

18） 註9）に同じ。井上薫氏は『人物叢書24 行基』1959で，造営あるいは瓦の寄進が宝亀元年以降まで行なわれた可能性も指摘されている。

19） 堺市博物館『堺の遺跡と出土品』1985

瓦製塔の性格———————————————

京都市埋蔵文化財研究所

■ 上 村 和 直

（うえむら・かずなお）

最近出土例が増加している瓦製塔は木造塔などを模倣して7世紀から8世紀にかけて成立したもので，小型の伽藍の意味をもっている

歴史時代の土製品のうち，最も造形豊かに作られたものの一つに，いわゆる瓦製塔がある。近年その出土例が増加し，瓦製塔のほか，堂宇の形をした瓦製堂と呼ばれるものも出土している。また最近では瓦製塔についての編年がなされ[1]，その変遷や性格などが次第に明らかにされつつある。小稿ではこれまでの研究をとりまとめ，小型塔跡の遺構などにもふれ，若干の考えを述べてみたい。

1 瓦製塔の形態とその特徴

従来，須恵質または土師質の塔形の土製品を瓦製塔，塔形以外のものは瓦製堂と呼んでいる。瓦製塔は塔身軸部・屋根部を数段分と，九輪・水煙などの部品を組み合せて作られる。瓦製塔は形態により，層塔・多角塔・宝塔に分けられる。

層塔は塔身軸部・屋根部の平面が方形である。全体の段数は三重・五重・七重と推定され，静岡県三ヶ日・東京都東村山瓦製塔などが五重塔と確認でき，群馬県上植木廃寺瓦製塔は屋根部の陰刻から七重塔と推定される。塔身初重は三間四方が多く，中央間に入口を作る。入口の上下に扉軸受けを作るものもある。同様の入口は埼玉県東山遺跡・千葉県谷津遺跡瓦製堂の桁行中央間にも見られる。しかし，長野県菖蒲沢窯瓦製塔[2]のように

初重が二間四方で，入口がないものもある。初重は大きく，上層はしだいに逓減し木造塔のように形を整えている。

多角塔は塔身軸部・屋根部の平面が多角形である。福島県上人壇廃寺・愛知県猿投窯跡瓦製塔は六角形，長野県明科廃寺瓦製塔は八角形である。段数は上人壇廃寺瓦製塔が三重と推定されるが，他は不明である。

宝塔は塔身軸部が円形，屋根は方形である。愛知県元屋敷遺跡瓦製塔[3]は塔身に層塔と同様の入口がある。石川県能登国分寺跡の円形塔身は宝塔の可能性が高い。

このように瓦塔の形態はバラエティに富んでいるが，その中で特徴的なことは，塔身軸部外面には木造塔を模して斗栱がつけられるが，塔身内面には斗栱などの部材がなく，空間となることである。これは瓦製堂も同様で，内部は空間となっている。

この塔身初重の空間には舎利・仏像・仏画などを入れることができ，これが瓦製塔・瓦製堂の容器としての基本的な用途の一つと考えることができよう。材質は異なるが，奈良県海龍王寺小型木製五重塔も塔身内面には斗栱が作られておらず，瓦製塔と共通する特徴をもっている。静岡県三ヶ

日遺跡瓦製塔には初重内部に粘土板で箱形を作り四面に押出仏を配した内陣，また愛知県元屋敷遺跡瓦製塔には土製押出し二仏併座像が安置してあったと推定され，その内容の具体例として注目される。

2　瓦製塔の成形技法とその変遷

　塔身軸部は粘土板を貼り合わせて成形する。その外面に粘土帯を貼り付け，柱や貫を表現する。上部には粘土板切り抜きの斗栱を貼り付ける。屋根部は手づくね，または粘土板を貼り合せ成形する。屋根上面には粘土紐貼り付け，または半截竹管を押し引きし，丸瓦を表現する。下面はヘラで削り出し，垂木を表現する。九輪などはロクロで調整する。水煙は粘土板を切り抜き成形する。瓦製堂についても瓦製塔と同様の成形手法である。

　瓦製塔の編年を考える場合には，塔身軸部外面の斗栱の変化が基準となることが指摘されている[4]。これによれば，8世紀の段階では壁付きと手先の三斗を分離して表現し，木造の塔をかなり忠実に模倣している。しかし，8世紀から9世紀にかけてのものは手先の三斗は明確であるが，壁付き三斗は省略されている。9世紀には三斗の表現がしだいに簡略化し，斗栱の段数も少なくなる。最終的には斗栱は形骸化し，粘土紐を貼り付けるだけとなる。

　以上，瓦製塔についての変遷を述べた。瓦製堂も含め，これらの系譜については中国の陶屋の影響があるとの説もあるが[5]，明確ではなく，国内において木造の堂・塔や木製の厨子などを模倣して成立したものと考えられよう。

3　瓦製塔の生産

　瓦製塔を焼成した窯跡は，関東では埼玉県・栃木県，北陸では富山県・石川県，東海では愛知県・岐阜県・三重県などに所在している。いずれも瓦製塔の分布の集中地域である。集中地域以外では福島県・長野県・福岡県などにみられる。

　このように瓦製塔を生産した窯跡は，一定範囲内に集中して所在するが，製品の供給範囲は現在のところ不明である。しかし，関東・東海・北陸の各地方における瓦製塔には，屋根部の形態や丸瓦の表現方法などに地域性が顕著に見られ，窯業技術集団の地域的な特色を示すものと考えられる。また瓦製塔がかなり限定された地域での生産

品である以上，集中地域から離れた場所での出土例は生産地から移入されたものと理解できよう。

4　瓦製塔の分布

　次に瓦製塔の出土例の分布状況を，時期的に見てみよう。

　まず，滋賀県衣川廃寺瓦製塔が7世紀後半とされるが，この時期のものは他に見当たらない。8世紀代になると出土例は増加し，関東地方に多く，千葉県・東京都あたりに集中している。8世紀後半から9世紀には分布が広がり，それまでの中心地域であった関東地方から東海・北陸・中部地方にまで及び，地域的なあり方を明確に示している。これらの地域のほかでは東北地方から九州地方にまで広い範囲で散在している。関東地方では千葉県・東京都・埼玉県・群馬県に集中している。また層塔のほか，多角塔がみられるようになり，関東地方において瓦製堂が作られるのもこの時期である。したがって，この時期が瓦製塔の最盛期といえよう。9世紀後半には出土例が少なくなり，各地域で若干見られる程度となる。

5　瓦製塔・瓦製堂の出土遺跡と出土状況

　次に瓦製塔・瓦製堂の出土状況についてふれておきたい。瓦製塔の出土遺跡には寺院跡・集落跡・窯跡などがあるが，大部分は性格不明の遺跡である場合が多い。その中で，出土状況が明確な例を2・3取り上げる。まず，瓦製塔が建物内にあったと推定される遺跡には，埼玉県東山・静岡県三ヶ日・千葉県萩の原遺跡などがある。東山遺跡では小規模（2間×1間）な掘立柱建物内で瓦製塔・瓦製堂の破片が散乱し，建物内部にセットで置かれたと考えられる。三ヶ日遺跡では乱石積二重基壇（上成一辺2m，下成一辺4m），萩の原遺跡では基壇（一辺2m，中心に径8cmの炭化した軸が直立する）の周辺から出土する。このことから三ヶ日・萩の原遺跡ともに基壇上の堂内に置かれたと考えられる。また滋賀県衣川廃寺では塔跡基壇内から，瓦片とともに瓦製塔が出土し，木造塔を建立する以前に瓦製塔を安置した瓦葺建物の存在が推定されている[6]。掘立柱柵列の方形区画内から出土したのは，千葉県谷津・群馬県上西原遺跡である。上西原では区画内に基壇建物が検出されている。また埼玉県高岡廃寺では方形ピット状遺構周辺から出土し，ピットを中心として覆屋が作

られたと推定される。

　以上のように，瓦製塔・瓦製堂は特定の建物や区画内からの出土が目立っている。もちろん区画内とは言っても，瓦製塔は露出させるには脆弱なため，覆屋などの施設内に置かれたと考えられる。また瓦製塔が出土した寺院跡では木造塔のない所が多いことや，衣川廃寺のように木造塔建立以前に瓦製塔を安置したと推定される所もあり，瓦製塔が木造塔の代用品と考えられよう。奈良県

海龍王寺では中金堂の前面西側の西金堂には本尊がなく，小型木製五重塔のみが安置してある。すなわちこの堂は，全体の伽藍配置からすると西塔のそれである。つまり小型塔を含んだ建物を塔としての意味を持たせたものといえよう。また集落跡から出土する例が少なくないことは，本格的な伽藍を持った寺院でなくとも瓦製塔や瓦製堂を安置した建物を作り，仏殿として信仰の対象としたことを示すものといえよう。

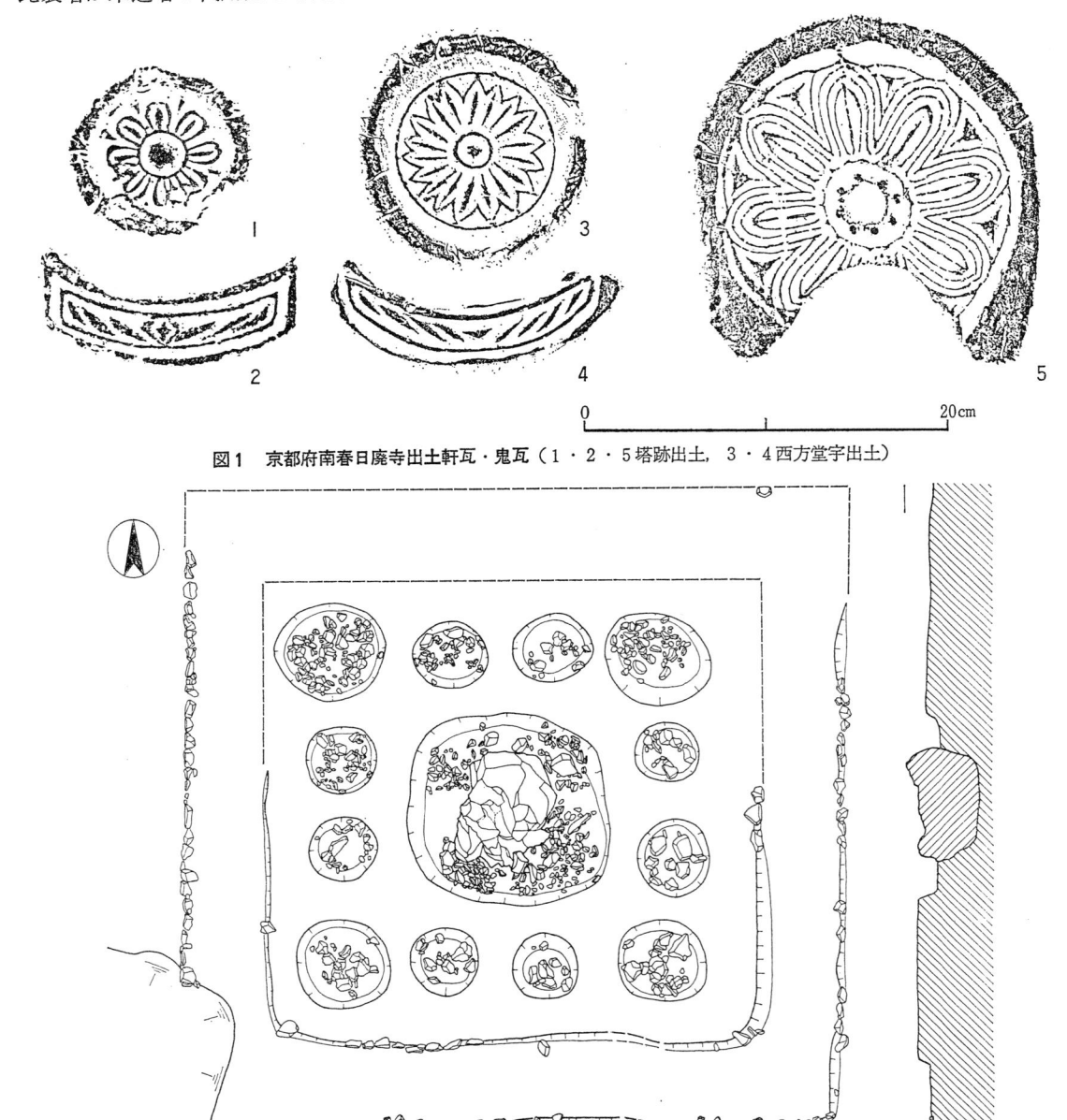

図1　京都府南春日廃寺出土軒瓦・鬼瓦（1・2・5塔跡出土，3・4西方堂宇出土）

図2　京都府南春日廃寺塔跡平面図

54

6　小型の堂塔

　先年，瓦製塔を考える上で注目すべき小型の堂塔を発見した。ここでそれを紹介する[7]。京都府南春日廃寺で検出した塔跡は，礎石据付穴の配置から三間四方（1.5m×3間）に復原できる。中心には心礎（1.6×1.4m）が残る。当初の基壇外装は失われ，乱石積二重基壇（上成一辺7m，下成一辺9.2m）に改修している。周辺から鬼瓦が15個以上出土し，五重塔と考えられる。建立時期は，周辺から出土した土器などにより，8世紀末から9世紀初頭である。

　塔跡の平面規模は同時期の木造塔に比べかなり小型で，同規模の塔には大阪府田辺廃寺東西塔跡三間四方（一辺4.56m），奈良県龍門寺塔跡三間四方（一辺3.63m）・室生寺五重塔三間四方（一辺2.4m）・秋篠寺東塔跡三間四方（一辺4.5m）などがある。これらの塔の中でとくに南春日廃寺が注目されるのは，塔周辺で多量の小型軒丸瓦（径8.5cm）・軒平瓦（幅12cm）・丸瓦（長さ27cm）・平瓦（長さ25cm）・鬼瓦（高さ18cm・16cm）のほか，風鐸（高さ14cm），九輪（推定径84cm）などが出土したことである。塔周辺ではこのような小型品しか出土しておらず，建物規模に合わせて小型の瓦で屋根を総葺きし，各使用部品も小型化したと考えざるをえない。また塔の西方10mの地点でも，塔所用の瓦とは異なる文様の小型軒丸瓦（径11cm）・軒平瓦（幅15.5cm）・丸瓦・平瓦などが集中して出土し，この地点にも小型瓦で葺かれた堂を一つ推定した。このことから南春日廃寺では，遺跡の中心部に小型瓦で葺いた小型の塔・堂を東西に並べた伽藍配置を想定できよう。また小型瓦が出土した遺跡のうち，兵庫県千本屋廃寺・奈良県菅原遺跡などでは小型軒瓦だけでなく小型丸・平瓦や鬼瓦も同時に出土し，小型瓦を葺いた小建物が想定されている。これらの建物の遺構は検出されていないが，南春日廃寺の例から考えると，瓦に合った小型の堂塔の可能性が高い[8]。

　このような小型塔は木造塔を全体に小型化したものと考えられ，性格的に瓦製塔と共通したものがあろう。またこれらの小型塔の営まれた時期はいずれも8世紀から9世紀にかけてであり，瓦製塔の盛期ともほぼ同じで，興味深いところである。

7　ま　と　め

図3　塩尻市菖蒲沢窯跡出土瓦塔
（市立平出遺跡考古博物館提供）

　以上，瓦製塔・瓦製堂を小型建物などと合わせて考えてみた。瓦製塔・瓦製堂の源流については明確ではないが，国内において木造塔などを模倣して，7世紀から8世紀にかけて成立したと考えられる。瓦製塔の分布は，関東・東海・北陸地方に集中しており，他地方では少ない。またおのおのの形態などに地域的な特色が見られる。

　瓦製塔・瓦製堂の初重は空間となっており，内容物を収納することができ，構造上の最も大きな特徴と言えよう。また覆屋などの建物の中に安置することによって，建物を含め瓦製塔・瓦製堂が小型の伽藍としての性格を表わしていよう。小型堂塔についても瓦製塔・瓦製堂よりやや規模は大きいが，同様に小型の伽藍と理解することができよう。

　このように地方においては，中央寺院にみられる広大な伽藍ではなく，小型堂塔や，瓦製塔・瓦製堂を安置した建物によって構成された，簡略化された寺院の存在が想定できよう。こうした状況は地方における仏教文化受容や寺院建立の様相を考える上で興味深い。

註
1）　松本修自「小さな建物 ―瓦塔の一考察」『文化財論叢』1983
　　　高崎光司「瓦塔小考」考古学雑誌，74―3，1989
2）　塩尻市教育委員会『シンポジュウム・瓦塔と古代東国』1989
3）　梶山　勝「津島市神守元屋敷遺跡内採集の土製宝塔について」名古屋市博物館研究紀要，12，1988
4）　註1）松本論文に同じ。
5）　松本修自「塔と仏堂の小建築」『小建築の世界』飛鳥資料館図録第12冊，1984
6）　藤沢一夫「近江衣川廃寺の屋瓦と瓦塔」『衣川廃寺発掘調査報告』1975
7）　上村和直『南春日町遺跡発掘調査概要』1980
8）　上村和直「南春日廃寺の瓦」『長岡京古瓦聚成』1987

発掘された仏像

仏像は仏教信徒にとってシンボルである。
それが土中より発掘される。一体どんな仏
像がどのような状態で出土するのだろうか

塑像と塼仏／出土の小金銅仏

塑像と塼仏─────────

岡山理科大学講師
■ 亀田修一・亀田菜穂子
（かめだ・しゆういち）　（かめだ・なおこ）

塑像と塼仏はともに7世紀後半から8世紀にかけて盛んに製作
された。とくに塼仏には同范や踏み返しの例があり注目される

近年の仏教考古学の成果の一つに塑像や塼仏の増加がある。これにより古代寺院の堂内の様子が想像できるようになってきた。小稿ではまず塑像と塼仏の実態把握を行ない，次にそれらのあり方を整理したい。しかし紙数に制限があるため塑像の集成表については亀田菜穂子が以前作成したもの[1]を，塼仏については小稿の表1，2を参照していただきたい。

1 塑 像

塑像[2]は重く壊れやすい短所もあるが，造像における細部の表現や着色がしやすい長所がある。そして何よりも製作費用が安いという大きな長所がある。これまでの出土例は北が陸奥多賀城廃寺から南が豊前法鏡寺跡まで52ヵ所，伝世例は16ヵ所，文献例は16ヵ所である。相互の重複を除くと68ヵ所となる。

近畿地方の塑像はその造像の長所を生かした表現豊かな天部像や塔本塑像などが比較的多い。地方の寺院では伝世例や記録はあまりないが，出土例によると畿内同様天部像も見られる。ただ塔本塑像はあまりないようであり，逆に如来や菩薩が多いことがわかる。それも金堂や講堂で如来・菩薩が見られる。つまり地方寺院の仏像は塑像が主

体的であったと想像される。また近畿地方でも意外に金堂や講堂で塑像の如来・菩薩が見られる。ただこれは周辺の氏寺クラスがそのようである。

つまり近畿地方の主要寺院では主となる金堂や講堂の如来や菩薩は金銅像を使用しているが，同じ近畿地方でも氏寺クラスでは主となる仏像も塑像がかなり使用されたようである。そして地方寺院もかなりの仏像が塑像であったのではないかと推測される。これは技術的な面もあろうが，安い費用で製作できるという特徴によるものと考えられる。ただ念持仏のような小像においては金銅仏も可能であったようである。

次に塑像が作られた時期については，記録の上では大化4年（648）の摂津四天王寺五重塔の霊鷲山像が最も古い。伝世品，出土例もこれより古くなりそうなものは現時点では知られていない。この四天王寺の例以後は7世紀後半代に建立された多くの寺院で塑像が製作されたようである。そして8世紀に入っても法隆寺，西大寺など都の主要な寺院で天部像などが数多く作られている。しかし平安時代になるとその勢いも衰え，木彫像に中心が移っていったようである。

最後に塑像の源流はどこであろうか。日本の塑像は木心に荒土，中土，仕上土と塗り付けて形を

整えていく方法で作られている。この技法による塑像は中国の敦煌などに多く見られ，その関係が述べられている。一方，あまり明らかになっていない朝鮮半島の塑像はどうであろうか。文明大氏は韓国の塑像を焼成式と乾燥式の2種類に整理している[3]。このうち日本のものと関連するのは後者の乾燥式のものである。その例はあまり知られていないが，百済の扶蘇山西腹寺跡，旧衙里寺跡，金剛寺跡などでも出土している。当時の中国・朝鮮半島・日本との関係を考えれば朝鮮半島経由の技法で作られた塑像が存在する可能性は比較的高いのではないだろうか。当然中国との関係は存在すると思うが。

2 塼仏

塼仏[4]は仏像を形作った范型に粘土を押しこみ，その粘土を焼いて作った方形または上部が尖ったいわゆる火頭形の粘土板である。その用途については寺院の堂内壁面装飾と念持仏が考えられている。前者に関しては大和川原寺裏山遺跡や伊賀夏見廃寺，豊前虚空蔵寺跡，常陸結城廃寺などでの大量出土により裏づけられる。具体的な使用状況については大和長谷寺の銅板法華説相像や法隆寺玉虫厨子扉千仏像などが参照されている。金箔が押されたものが比較的多いことから，金色にまぶしい堂内を作り出していたのであろう。

また念持仏としての利用は火頭形三尊塼仏が上げられる。とくに大和阿弥陀山寺の例は上部の厚さが1.3cmであるのに対して下部の厚さが4cmと厚く，裏面上部がやや前傾する形態的特徴を持ち，表裏側面すべてに漆を塗り，裏面以外には金箔を押している。そしてこれは1点しか出土していない。つまり形態的にはそのまま立てて厨子などの中に入れることができ，漆や金箔の状況からも念持仏のような扱いをされたことはほぼ間違いないであろう。逆にこれらを壁面装飾に使うことは無理をすれば可能であろうが，その火頭形という形態自体から多数のものを連続して壁には貼りづらく，また上部が内傾したり，裏面にまで漆を塗ることは明らかに壁面に貼ることは意図していないと思われる。

一方，方形塼仏においても備後寒水寺裏山例や蛇円山くぐり岩例などはその出土場所や点数などから壁面装飾ではなく，法隆寺伝世例のような念持仏的な扱われ方をしたものと推測される。他の

表1　塼仏地名表

	地域	遺跡名	種類	出土場所ほか
1	大和	川原寺	方形三尊a1[1]	東回廊南端東側発掘
		川原寺裏山遺跡	方形三尊a1[160] 方形三尊a1' 大形独尊a	川原寺裏山発掘
2		橘寺	方形三尊a2 火頭形三尊a 火頭形三尊b1	金堂跡南採集 ?　土製范型
3		紀寺	大形独尊a 連坐a①	金堂跡出土 採集
4		定林寺	方形三尊b[1]	金堂跡採集
5		南法華寺	方形三尊a1 方形三尊a3 小形独尊a	
6		子島寺	小形独尊a[1]	
7		山田寺	大形独尊b 小形独尊 連坐a(12)①[多] 連坐a(4)③ 連坐(4) 連坐(4) 連坐b(6) 火頭形三尊a?	塔跡・金堂跡発掘 [金] ?　発掘では出土せず ?　発掘では出土せず
8		奥山久米寺	連坐(12)[1]	金堂跡発掘
9		坂田寺	方形三尊	発掘
10		青木廃寺	方形三尊b	採集
11		藤原宮	大形五尊①	大極殿跡周辺採集
12		藤原京右京七条一坊	方形三尊c	藤原宮期土壙発掘 土製范型
13		藤原京左京六条三坊	方形三尊b	発掘
14		下明寺遺跡	連坐a(12)[1]	採集
15		楢池廃寺	大形独尊[1]	
16		石上寺	方形三尊b?[1]	基壇?西北部
17		古市方形墳	方形三尊a2	盗掘壙
18		興福寺	大形五尊①[1]	食堂跡発掘
19		奈良女子大学構内遺跡	方形三尊	発掘
20		阿弥陀山寺	火頭形三尊b1[1]	礎石建物中央部発掘 漆上に[金]
21		西隆寺	連坐a[1]	塔地区西発掘区発掘
22		唐招提寺	小形独尊 大形五尊①	戒壇院発掘出土 伝世品?
23		平隆寺	小形独尊	
24		法隆寺	大形五尊①	綱封蔵旧本尊伝世品
25		当麻寺	大形五尊② 方形三尊a2[1] 連坐a(12)①	講堂跡出土 講堂跡出土 講堂跡出土
26		石光寺	連坐a(12)② 方形三尊b	塔跡付近採集[金]
27		朝妻廃寺	連坐b(6)[1]	土壙内発掘
28		龍門寺	連坐a[50以上]	塔跡発掘
29		駒帰廃寺	方形三尊b 小形独尊b[計15]	西方建物(金堂跡?)と東方建物で発掘
30	山背	広隆寺	方形三尊a2[1]	講堂付近

31	山背	弁天島経塚	連坐	漆、[金]、発掘 平安時代？
32		南春日町廃寺	独尊	平安時代？
33		乙訓寺	大形五尊？	採集
34		山城国府	火頭形三尊b1	発掘
35		西山廃寺	火頭形三尊b1 方形三尊b	塔心礎付近発掘[金]
36		正道廃寺	方形三尊a[1]	
37	河内	百済寺	方形三尊b[1]	金堂跡西北発掘
38		中山観音寺	方形三尊b	
39		開元寺跡	独尊	
40		神感寺跡	小形独尊	
41		高井田廃寺	火頭形三尊b1 方形三尊h	講堂跡北側発掘
42		西琳寺	火頭形三尊b2[1]	
43		獅子窟寺	火頭形三尊b1	裏山
44	和泉	大平寺	火頭形三尊b2	
45		大庭寺遺跡	独尊？	発掘
46		大園遺跡	連坐a②	発掘
47		禅寂寺	方形三尊b	塔跡西側発掘
48		海会寺	方形三尊a 小形独尊	塔跡 黒漆上に[金]
49	摂津	伊丹廃寺	如来像[1] 連坐（小形独尊b) 菩薩頭部[1]	金堂跡周辺
50	伊賀	夏見廃寺	大形五尊 方形三尊b' 方形三尊b'[1] 方形三尊b" 小形独尊b[126] 小形独尊[1] 小形独尊 連坐	8種ともに金堂跡で出土。ただ方形三尊bのみ講堂跡でも出土。方形三尊b'は方形三尊bと同笵で、本尊のみ独立。
51		天花寺廃寺	方形三尊b 大形独尊[1] 六角形独尊[44]	いずれも金堂跡南、東側発掘
52	伊勢	東福寺	小形独尊[1]	出土
53		智積廃寺	方形三尊d[1] 小形独尊[1]	出土[金] [金]
54		額田廃寺	小形独尊b'[1]	
55		愛宕山古墳	大形吉祥天独尊	横穴式石室内出土
56	紀伊	佐野廃寺	方形三尊b 連坐b(6)	講堂跡発掘
57		最上廃寺	連坐b(6)	瓦溜まり発掘
58		神野々廃寺	火頭形三尊b1	採集
59	近江	崇福寺	大形独尊d 大形独尊d'	中尾根塔と小金堂の間壁土付着例あり
60		穴太廃寺	火頭形三尊b1[1]	再建講堂須弥壇東寄り発掘
61		石居廃寺	方形三尊b" 小形独尊[1] 小形独尊[1]	金堂跡採集[金]
62		大宝寺跡	小形独尊[1]	採集[金]
63		石塔寺	小形独尊（連坐a) [1]	堂前の池の中から和鏡とともに発見

64	尾張	東畑廃寺	方形三尊a2	発掘
65		大山廃寺	小破片	発掘
66		鳴海NN-259号窯跡	独尊	笵型、発掘
67		御土井廃寺	半跏像	
68	三河	北野廃寺	連坐	講堂跡出土
69	相模	千代廃寺	小形独尊	
70	常陸	結城廃寺	大形独尊？ 大形独尊 大形独尊 大形独尊？ 大形独尊？ 独尊 小形独尊？ 小形 小形火頭形独尊 小形独尊？ 火頭形三尊c 火頭形三尊 大形独尊	いずれも土壙発掘 [金] [金] [金] [金] [金]
71	信濃	桐林宮洞	小形独尊[1]	須恵器窯跡付近
72	陸奥	借宿廃寺	方形三尊b?[1] 小形独尊	西側土壇採集 西側土壇北方出土
73		陸奥国分寺	[1]	薬師堂北方採集
74	越後	横滝山廃寺	大形独尊[1]	基壇、発掘
75	越中	松永遺跡	菩薩像	発掘
76	越前	野々宮廃寺	方形三尊b[1]	金堂跡北辺
77		王子保窯跡	方形三尊b[1]	採集
78	能登	能登国分寺	方形三尊b	塔跡発掘
79	播磨	法華山一乗寺	方形三尊e[1]	方形外枠の中に火頭形三尊b1を押す。
80	伯耆	斎尾廃寺	方形三尊b	南方土塁西方採集
81		上原遺跡	小形独尊[1]	発掘
82		大原廃寺	連坐b(6)	発掘
83	出雲	教昊寺	連坐a(12)[1]	採集
84	美作	久米廃寺	小形火頭形[2] 火頭形三尊b1[1]	塔、金堂周辺発掘 いずれも表面に[金]
85	備後	寒水寺裏山	方形三尊b[1] 特殊形[1]	石窟状の所で出土[金] [金]
86		中谷廃寺		表採。やや新しい？。
87		宮の前廃寺	小形独尊[1]	金堂基壇北辺外東出土
88		蛇円山くぐり岩	方形三尊b[1]	蛇円山頂近くの南斜面くぐり岩の床面出土
89	讃岐	下司廃寺	方形三尊[1]	基壇礎石間
90	豊前	虚空蔵寺	小形独尊a[多]	塔跡発掘
91		正道遺跡	小形独尊a[1]	土壙発掘

１．以上の他に平安時代末〜鎌倉時代のものと推測されている塼仏が石川県七尾市光顕寺伝世例、兵庫県新宮町越部廃寺、姫路市道林寺、龍野市などに見られる。
２．押出仏と同じ型で作られた仏像をつけた瓦塔が兵庫県三木市正法寺山遺跡で出土している。瓦塔に仏像を押したものは他にもあり、塼仏との関係も当然考慮しなければならない。
３．大形、小形の区別はひとまず高さ10cmを境とした。
４．種類の項の[]の数字は出土点数や個体数、()の数字は連坐の数を示し、○の数字は大脇潔氏の分類のローマ数字に対応する。
５．出土場所ほかの[金]は金箔を押しているものを示す。
６．地名表作成において大脇潔氏には大変お世話になった。

表2　同范・踏み返し関係一覧表

種類	遺跡名
大形五尊	藤原宮、興福寺、唐招提寺、法隆寺、当麻寺（以上大和）、乙訓寺？（山背）、夏見廃寺（伊賀）
方形三尊a	a-1:川原寺、南法華寺（以上大和）、a-2:橘寺、古市方形墳、当麻寺（以上大和）、広隆寺（山背）、東畑廃寺（尾張）、a-3:南法華寺（大和）、a:正道遺跡（山城）、海会寺（和泉）
方形三尊b	定林寺、青木廃寺、藤原京左京六条三坊、石上寺？、石光寺、駒帰廃寺（以上大和）、西山廃寺（山背）、百済寺中山観音寺、高井田廃寺（以上河内）、禅寂寺（和泉）、夏見廃寺（伊賀）、天花寺廃寺（伊勢）、佐野廃寺（紀伊）、石居廃寺（近江）、借宿廃寺？（陸奥）、野々宮廃寺、王子保窯跡（以上越前）、能登国分寺（能登）、斎尾廃寺（伯耆）、寒水寺裏山、蛇円山くぐり岩（以上備後）
大形独尊a	紀寺、川原寺（以上大和）
小形独尊a	南法華寺、子島寺（以上大和）、虚空蔵寺跡、正道遺跡（以上豊前）
小形独尊b	駒帰廃寺（大和）、夏見廃寺（伊賀）、伊丹廃寺（摂津）、額田廃寺（伊勢）
火頭形三尊b1	阿弥陀山寺、伝橘寺（以上大和）、山城国府、西山廃寺（以上山城）、高井田廃寺、獅子窟寺（以上河内）、神野々廃寺（紀伊）、穴太廃寺（近江）、久米廃寺（美作）、［一乗寺（播磨）］
火頭形三尊b2	西琳寺（河内）、大平寺（和泉）
連坐a	紀寺①、山田寺(12)①、山田寺(4)③、奥山久米寺、下明寺遺跡、西隆寺、当麻寺①、石光寺②、龍門寺（以上大和）、大園遺跡②（和泉）、石塔寺（近江）、教昊寺（出雲）
連坐b(6)	朝妻廃寺（大和）、佐野廃寺、最上廃寺（以上紀伊）、大原廃寺（伯耆）

例に関しても出土状況，点数などを総合して考えると，このような念持仏的な扱われ方をしたものがもっと存在したと考えられる。

　次に表2のように，各地の塼仏には同范または踏み返しなどの関係の例が比較的多い。このような関係はすでに難波田徹氏[5]や大脇潔氏[6]が検討しているが，基本的には近畿地方の寺院を中心に塼仏が展開していることがわかる。つまり素直に判断すれば，近畿地方のある寺院で塼仏が作られ，その型または実物をもとに周辺の関連する寺院で作られ，その一方で関係する地方豪族の寺でも作られたと考えられる。そこでその中心となった寺院の判別であるが，方形三尊aについては川原寺，南法華寺，橘寺など，また方形三尊bと小形独尊bについては夏見廃寺が注目される。小形独尊aについては南法華寺であろう。

　また地域的な問題では畿内および周辺地域だけのもの（大形五尊，方形三尊a，大形独尊a，小形独尊b，火頭形三尊b2），畿内を中心に地方へもひろがるもの（方形三尊b，火頭形三尊b1，連坐a，b），さらに特定の地域または寺同士の関係が推測されるもの（小形独尊a）などに整理される。また小形独尊bは大和東部の山地の寺と伊賀，伊勢に一つのまとまりがあり，連坐bは大和から紀伊に抜ける道ぞいの朝妻廃寺と紀伊に一つのまとまりがある。このようなあり方は当時の地域性を示す一つの重要な材料となる。

　一方全国的な分布を見ると，畿内が91遺跡のうち49遺跡で約54％を占め，これに畿内周辺部（現近畿地方）を含めると64遺跡となり，全体の70％にも達する。つまり塼仏が畿内の寺院を中心に作られ，使用されていたことがよくわかる。とくに発掘調査の成果による面は大きいが，大和川原寺，山田寺，伊賀夏見廃寺は注目される。また地方では最近の調査で大量に出土した常陸結城廃寺が注目される。それは畿内の塼仏との同范・踏み返し関係がないにもかかわらず，いろいろな塼仏を作っているからである。ただ法隆寺蔵押出仏と同じ型の製品があることも見逃せない。畿内との関係をもちながら独自の塼仏を作ったのであろうか。このほか備後では4遺跡で出土しており，このうちの寒水寺裏山例と蛇円山くぐり岩例が方形三尊aで畿内とつながることは，終末期の切石古墳や畿内系瓦などからも述べられている当時の備後と中央との関係の強さを塼仏においても推測させてくれる。また個々の地方寺院と畿内との関係（小形独尊aの大和南法華寺と豊前虚空蔵寺跡など）も瓦などを含めて検討すればより明確になるであろうし，さらに塼仏出土寺院のその地域内でのあり方も推測できよう。

　次に塼仏の製作年代であるが，現時点で最古の例は川原寺や橘寺のものなどがあげられる。だい

たい7世紀後半と考えられている。そして7世紀末～8世紀初を盛期として8世紀後半まで作られたようである。夏見廃寺の大形五尊塼仏の「甲午年」は694年と考えられ，暦年代を知り得る貴重な例である。平安時代はほとんど作られていないようで，鎌倉時代にはまた作られるようである。

　最後に系譜であるが，これは阿弥陀山寺出土の火頭形三尊bや南法華寺出土の小形独尊aと極めてよく似た塼仏が中国唐代の例として知られている。その両者の類似は実物を踏み返して一部手を入れるか，実物を見ながら作るか，少なくともその図像などを入手して作らなければ不可能と思われるほどである。一方，朝鮮半島ではこれまで塼仏は2例ほど報告されている。しかし日本のものに類似したものはないようである。塼仏に関しては中国からの影響が強かったようである。

3　おわりに

　塑像は，それなりの面積を発掘すれば螺髪や天衣の「ひとかけら」かもしれないが，かなりの寺院で出土するのではないだろうか。塼仏は，近年の発掘によって壁面装飾や念持仏としての使用が追認されている。念持仏としての例は火頭形塼仏が主のようであるが，方形塼仏も壁面装飾用からの転用がありそうである。出土状況や点数などにより壁面装飾として使用されたのか，念持仏とし

て扱われたのか検討しなければならない。

　塑像と塼仏。寺院だけに限らず豪族クラスの人人の家の中の状況，信仰のあり方が一部想像できそうである。今回の集成でも明らかなように塑像，塼仏の出土例は今後も増加するであろう。美術史の色が濃い世界ではあるが，アプローチの方法はいろいろありそうである。とくに塼仏では瓦と同じように同笵・踏み返しなどによりその関係を把握すれば，いろいろな話ができそうである。

　註
1）　亀田菜穂子「塑像と古代寺院」『網干善教先生華甲記念考古学論集』1988。この集成ののちに常陸結城廃寺，尾張清林寺遺跡，大和安倍寺，和泉海会寺，備後本郷平廃寺などで出土していることを確認した。
2）　塑像については，飛鳥資料館編『日本と韓国の塑像』1985，西川杏太郎『塑像』日本の美術 No.255，1987などを参照。
3）　文明大「韓国の塑仏像」飛鳥資料館編『日本と韓国の塑像』1985
4）　塼仏については，久野　健『押出仏と塼仏』日本の美術 No.118，1976，奈良国立博物館編『飛鳥の塼仏と塑像』1976などを参照。
5）　難波田徹「塼仏について」松下隆章編『川原寺裏山遺跡出土品について』1977
6）　大脇　潔「塼仏と押出仏の同原型資料」MUSEUM，418，1986
※脱稿後，倉吉博物館『特別展塼仏』が刊行された。写真が多く掲載されており，便利である。

東京国立博物館

出土の小金銅仏 ━━━━━━━ ■ 加　島　勝
（かしま・まさる）

　平安時代以前に盛行した小金銅仏は寺跡，経塚，古墳などから
出土し，地方への仏教伝播に大きな役割を果たしたと思われる

　仏像が出土する場合，従来は偶然の機会に発見されることが多かった。したがって，その出土地の性格が明確とはいえないため，決定的な資料となりにくい傾向にあった。ところが近年，学術的な発掘調査によって，具体的な情報を提供する資料が増加してきている。ここでは出土の古代小金銅仏をとりあげ，その出土地の性格を寺跡，経塚，山岳，古墳の4つに分け，それぞれの背景について考えてみたい。

1　寺跡出土の例

　飛鳥時代の例では，奈良市横井廃寺跡出土の菩

薩立像が知られていたが，最近，奈良県明日香村の檜隈寺跡付近から中国・南北朝時代の光背の一部（奏楽天人）が出土した。同寺はこの地を本貫としていた渡来系氏族の東漢氏の氏寺とみられ，7世紀後半の創建と考えられている。光背は594年製作の可能性が高い甲寅年銘光背（法隆寺献納宝物）との近似から，6世紀に遡ると思われる。東漢氏が大陸より携えてきたと推測することもでき，当時の仏教文化の伝来を考える上で貴重である。

　白鳳，奈良時代の例では，国分寺跡出土のものに，武蔵国分寺尼寺跡の菩薩立像と岩見国分寺僧寺跡の誕生釈迦仏立像がある。両者とも製作年代

は7世紀後半で，国分寺創建以前のものである。武蔵国分寺の例は，全体的に素朴であることから，この地での製作になるかと思われる。これまで東国におけるこの時代の作例として深大寺の銅造釈迦如来倚像が著名であったが，これは畿内からもたらされたとの説も有力で，地方作の本像が伝世品ではなく出土したところに意義の深さがある。石見国分寺の例は，島根県内ではこの時期の誕生仏の出土例として初めてのものであり，この地方の国分寺で灌仏会が行なわれていたことを示唆するものといえる。

廃寺跡出土のものでは，千葉県下総地方に集中した例がある。印旛郡印西町木下廃寺出土の菩薩頭部や香取郡大栄町稲荷山出土の浮彫状の十一面観音立像（3軀）があげられる。付近には白鳳時代の薬師如来坐像（頭部のみ）が伝世したことで著名な竜角寺がある。木下廃寺は竜角寺と同様に山田寺系の単弁蓮華文瓦を出土していることから，かなりの規模を持った造営がうかがわれる。この地域は白鳳時代以来，茨城県霞ヶ浦南岸から利根川流域を含めてかなり広範な仏教文化圏を形成していたとみられるが，その中でも，下総地方は重要な位置を占めていたものと推察することができる。

また，栃木県那珂川上流域にも同様の例がある。那須郡那須町東岩崎出土の如来坐像および誕生釈迦仏立像，同郡烏山町寺下遺跡出土の観音菩薩立像，同町上之宮遺跡出土の聖観音菩薩立像がそれである。東岩崎出土の例は，そこに小規模な寺院が造営されていたことの証左となったものであるが，他の例も恐らく同様の性格のものとみて差し支えないであろう。この地域は，那須国造碑の存在が示すように早くから開けたところで，また持統朝以来，新羅系渡来人が居住していた場所ともみられている。これら小金銅仏の存在は，彼らによる寺院の造営をうかがわせよう。

近年，廃寺跡出土でも，より詳細に出土地の性格がわかる例が増加している。京都府城陽市久世廃寺跡南大門付近出土の誕生釈迦仏立像，滋賀県大津市穴太廃寺跡講堂内須弥壇部出土の押出菩薩像，薬師寺境内西僧坊跡出土の如来立像，福岡県観世音寺南大門付近出土の如来立像などである。このうち穴太廃寺の押出仏は銀製のものとして注目をあつめたが，1面だけの出土であり，講堂の壁面や須弥壇を荘厳していたものとは考えにく

く，むしろ単独像として祀られていた可能性の方が高い。銀という押出仏としては稀な材質も，そのことに関連しているのではないだろうか。薬師寺のものは火中による損傷がはなはだしく，僧坊に祀られていた念持仏が火災の際，持ち出されないまま土中したものかと思われる。出土地と出土仏像の具体的な関連をうかがうことのできる例である。

平安時代の小金銅仏の出土例には，埼玉県大里郡川本町諷光廃寺付近出土の天部立像や，近くに密教系の寺院があったと伝えられる富山県氷見市出土の宝冠阿弥陀如来坐像などがあげられるが，全国的にみても前代の奈良および白鳳時代に比べると，少ない印象を受ける。

2　経塚と山岳出土の例

経塚の現存最古の事例が，その経筒の銘から寛弘4年（1007）に藤原道長が金峯山山頂へ納めたと知られる，法華経の埋納であることは周知のとおりである。経塚の築造はこの頃畿内で始められ，次第に西国に広がり，その後東国へと伝えられたとみなされている。その発生地に関しては異論もあるが，それはともかくとして，金峯山山頂の大峯山寺周辺からは，おびただしい数の経塚遺物が江戸時代以降近年に至るまで発見されている。これは，この山が貴顕のみならず，広く一般の人々からも深い信仰を受けたことを物語っている。また，このなかには多数の鋳銅製の蔵王権現像が含まれているが，これらを経塚の伴出品とするにはなお，若干の検討を要する。このことは後に述べるとして，ここでは金峯山以外の経塚出土の例についてみることにしよう。

和歌山県那智経塚からは多数の仏，菩薩像が出土している。これらには飛鳥時代に遡るかとみられる観音菩薩立像をはじめ，奈良時代の作例が多く，また唐代のものも含まれている。『那智山滝本金経門縁起』に記された大治5年（1130）頃が那智経塚の築造年代を考える上での指標となるが，その場合出土した小金銅仏はその埋納に際して，新調したと考えられる場合と，それまで伝世していたものを埋納した場合とに分けることができる。これは経塚出土の小金銅仏の大きな特色である。

福岡県宝満山経塚は，近在の四王寺経塚出土の長治3年（1106）銘の経筒と同形のものが出土し

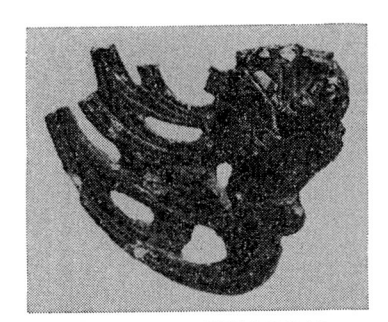

図1 光背残片（檜隈寺跡出土）

図3 菩薩形坐像
（大峯山寺本堂内遺構出土）

図4 阿弥陀如来坐像
（大峯山寺本堂内遺構出土）

図2 誕生釈迦仏立像
（石見国分寺跡出土）

図5 押出如来三尊像（峰崎横穴群出土）

図6 宝冠阿弥陀如来坐像
（野原古墳出土）

<図版出典>
図1 飛鳥資料館『法隆寺金堂壁画 飛天』1989
図2 島根県立博物館『島根の文化財―仏像彫刻篇』1990
図3・4 奈良県教育委員会『重要文化財大峯山寺本堂修理工事報告書』1987

ており，この頃の築造と考えられる。同経塚出土の菩薩立像は7世紀後半に遡るとみられており，伝世していた仏像を埋納したと思われる例である。

康和5年（1103）の埋納である鳥取県一宮経塚からは，菩薩立像と千手観音立像が出土しているが，菩薩像は白鳳時代，千手観音の方は平安時代後期の製作である。また鞍馬寺経塚は出土品中に保安元年(1120)，治承3年(1179)，文応元年(1260)などの紀年銘を有するものがあり，数次にわたる埋納と考えられる。出土した如来および両脇侍像は11世紀の製作とみられ保安元年の埋納に近い時期のものであり，押出観音立像の方は奈良時代の製作である。これらは数の上では少ないものの，那智経塚と同じことがいえる例である。

これに対して，四王寺経塚出土の釈迦および多宝如来立像は築造時に近い時期の製作と考えられているものである。この例に仁平3年（1153）銘

出土の古代小金銅仏一覧表

出　　　土　　　地	名　　　称	時　代	所　蔵　者	備　考
茨城県稲敷郡江戸崎町下君山廃寺	誕生釈迦仏立像	奈良	茨城県立歴史資料館	
茨城県鹿島郡鹿島町鹿島神宮寺経塚	地蔵菩薩立像	平安	鹿島文化研究会	
栃木県下都賀郡国分寺町下野国府付近	如来坐像	平安	個人	
栃木県河内郡河内町	如来立像	平安	個人	
栃木県足利市常盤町助戸遺跡井戸跡	如来坐像	平安	足利市教育委員会	1989年発見
栃木県那須郡烏山町大字大桶上之宮遺跡	聖観音菩薩立像	奈良	個人	
栃木県那須郡烏山町大字白久寺下遺跡	観音菩薩立像	奈良	個人	1909年発見
栃木県那須郡那須町東岩崎	誕生釈迦仏立像	奈良	専称寺	大正末期発見
栃木県那須郡那須町東岩崎堂平遺跡	如来坐像	奈良	個人	大正末期発見
栃木県日光市男体山山頂	菩薩立像	平安	日光二荒山神社	1959年発見
群馬県渋川市八木原有馬遺跡	天部立像	平安	群馬県埋蔵文化財調査団	
群馬県勢多郡粕川村中之沢宇通遺跡	女神坐像	平安	粕川村教育委員会	1987年発見
埼玉県大里郡江南町野原古墳	宝冠阿弥陀如来坐像	平安	埼玉県立博物館	1962年発見
埼玉県大里郡川本町百済木諦光廃寺付近	天部立像	平安	個人	
埼玉県東松山市市ノ川	菩薩立像	平安	個人	
千葉県印旛郡印西町木下廃寺	菩薩立像	平安	個人	昭和初期発見
千葉県印旛郡印西町木下廃寺	菩薩頭部	白鳳	個人	昭和初期発見
千葉県印旛郡栄町竜角寺	如来坐像	平安	個人	大正年頃発見
千葉県香取郡下総町名木廃寺	如来坐像	平安	個人	昭和30年代発見
千葉県香取郡下総町名木廃寺	菩薩立像	平安	個人	昭和50年代発見
千葉県香取郡大栄町稲荷山	十一面観音立像	奈良	個人	1953年発見
千葉県香取郡大栄町稲荷山	十一面観音立像残欠	奈良	個人	1953年発見
千葉県佐原市関峰崎横穴群三号横穴	押出如来三尊像	白鳳	佐原市教育委員会	1987年発見
千葉県市川市下総国分寺付近	誕生釈迦仏立像	平安	市川市立博物館	1930年発見
千葉県千葉市小山町小山遺跡	神像	平安	千葉県埋蔵文化財センター	1985年発見
千葉県千葉市大椎町後沢第一遺跡	神像	平安	千葉県埋蔵文化財センター	1985年発見
千葉県八千代市白幡前遺跡	如来坐像	平安	八千代市教育委員会	
東京都国分寺市国分寺跡付近	菩薩立像	白鳳	国分寺市教育委員会	1982年発見
新潟県見附市不動院経塚１号経塚	阿弥陀如来坐像	平安	不動院	1945年発見
富山県小矢部市埴生医王院裏山	宝冠阿弥陀三尊坐像	平安	医王院	
富山県氷見市中尾	宝冠阿弥陀如来坐像	平安	個人	明治中期発見
(伝)石川県白山山頂付近	菩薩立像	平安	奈良国立博物館	
石川県金沢市三小牛ハバ遺跡	鋳出如来立像	奈良	個人	1951年発見
福井県武生市高森町高森遺跡	薬師如来坐像	平安	武生市教育委員会	1983年発見
愛知県岩倉市石仏町	誕生釈迦仏立像	平安	個人	1904年発見
愛知県丹羽郡扶桑町	誕生釈迦仏立像	平安	顕宝寺	1965年発見
三重県津市鳥居古墳	押出如来坐像など10面	白鳳〜奈良	三重県立博物館	1963年発見
滋賀県大津市穴太廃寺跡	押出菩薩像	白鳳	大津市教育委員会	1984年発見
京都府京都市下京区日吉町東山山麓	観音菩薩立像	平安	東京国立博物館	
京都府京都市左京区鞍馬寺経塚	押出観音菩薩立像	奈良	鞍馬寺	保安元年(1120)
京都府京都市左京区鞍馬寺経塚	如来及両脇侍像	平安	鞍馬寺	銘経筒など伴出
京都府京都市左京区花背別所経塚	毘沙門天立像	平安	福田寺	
京都府城陽市久世廃寺	誕生釈迦仏立像	白鳳	城陽市	
京都府相楽郡笠置町笠置山笠置寺境内	押出如来坐像	白鳳	笠置寺	1983年発見
京都府相楽郡加茂町	観音菩薩頭部	白鳳	東小区	
兵庫県加東郡社町平木清水寺境内	菩薩立像	白鳳	清水寺	
兵庫県神崎郡香寺町極楽寺経塚	阿弥陀坐像、地蔵坐像(土製)	平安	常福寺	
奈良県吉野郡天川村金峯山	蔵王権現立像多数	平安〜南北	大峯山寺	
奈良県吉野郡天川村大峯山寺本堂内遺構	菩薩形坐像(金製)	平安	大峯山寺	1984年発見
奈良県吉野郡天川村大峯山寺本堂内遺構	阿弥陀如来坐像(金製)	平安	大峯山寺	1984年発見
奈良県吉野郡天川村大峯山寺本堂内遺構	観音菩薩立像	平安	大峯山寺	1984年発見
奈良県高市郡高取町	誕生釈迦仏立像	奈良	四天王寺	1875年発見
奈良県高市郡明日香村檜前檜限寺跡	光背残片	中国南北朝	奈良国立文化財研究所	1987年発見
奈良県桜井市山田寺跡	押出如来坐像	白鳳	奈良国立文化財研究所	1982年発見
奈良県奈良市西の京薬師寺西僧房跡	如来立像残欠	白鳳	薬師寺	
奈良県奈良市般若寺町般若寺十三重石塔	如来立像	白鳳	般若寺	

奈良市藤原町横井廃寺跡	菩薩立像	飛鳥	個人	
和歌山県伊都郡高野山金剛峯寺奥院	鋳出三尊像	白鳳〜奈良	金剛峯寺	
和歌山県伊都郡高野山金剛峯寺奥院	菩薩立像	平安	金剛峯寺	
和歌山県東牟婁郡那智勝浦町那智山	仏，菩薩像多数	飛鳥〜平安	東京国立博物館など	1918年発見
(伝)鳥取県東伯郡三朝町三仏寺寺域経塚	如来坐像	白鳳	個人	
鳥取県東伯郡三朝町三仏寺付近	誕生釈迦仏立像	平安	三仏寺	
鳥取県東伯郡東郷町大字宮内一宮経塚	菩薩立像	白鳳	倭文神社	
鳥取県東伯郡東郷町大字宮内一宮経塚	線刻弥勒菩薩立像	平安	倭文神社	康和5年(1103)銘経筒伴出
鳥取県東伯郡東郷町大字宮内一宮経塚	千手観音立像	平安	倭文神社	
(伝)島根県浜田市石見国分寺跡(尼寺)	誕生釈迦仏立像	白鳳	個人	江戸時代発見
島根県浜田市石見国分寺跡(僧寺)	誕生釈迦仏立像	白鳳	浜田市教育委員会	1988年発見
岡山県総社市秦 秦原廃寺跡	押出仏残片	奈良	東京国立博物館	
岡山県倉敷市浅原安養寺裏山	誕生釈迦仏立像	白鳳	安養寺	1937年発見
山口県山口市春日町	誕生釈迦仏立像	高麗	山口県教育委員会	1916年発見
山口県徳山市湯野日尾山山頂	菩薩坐像(金製)	平安	楞厳寺	嘉永6年(1853)発見
香川県綾歌郡宇多津町	菩薩立像	白鳳	宇多津町教育委員会	1981年発見
香川県高松市春日町坂田廃寺	誕生釈迦仏立像	白鳳	香川県教育委員会	1964年発見
香川県大里郡寒川町石田極楽寺跡	如来立像	平安	個人	
香川県木田郡牟礼町六万寺境内	如来立像	三国時代	六万寺	江戸時代発見か
愛媛県松山市堀江北谷地区	誕生釈迦仏立像	奈良	北谷地区	
愛媛県南宇和郡御荘町平城山王社付近	誕生釈迦仏立像	飛鳥	個人	1935年頃発見
愛媛県北条市	誕生釈迦仏立像	白鳳	個人	昭和40年代発見
愛媛県北条市善応寺付近	誕生釈迦仏立像	統一新羅	善応寺	昭和初期発見
(伝)福岡県筑紫野市武蔵寺周辺	誕生釈迦仏立像	白鳳	個人	
福岡県英彦山山頂	如来立像	統一新羅	英彦山学術調査指導委員会	
福岡県太宰府市観世音寺南大門跡付近	如来立像	統一新羅	観世音寺	1988年発見
福岡県太宰府市宝満山経塚	菩薩立像	白鳳	個人	
福岡県粕屋郡宇美町四王寺経塚	釈迦及び多宝如来立像，如来立像(石製)	平安	奈良国立博物館	永久4年(1116)銘経筒伴出
長崎県壱岐郡郷ノ浦町鉢形経塚	弥勒仏坐像(石製)	平安	奈良国立博物館	延久3年(1071)在銘
長崎県南高来郡有馬町日之江城跡	誕生釈迦仏立像	奈良	個人	
大分県下毛郡三光村瑞雲寺跡	誕生釈迦仏立像	奈良	個人	
鹿児島県大口市里神池の畑	誕生釈迦仏立像	奈良	個人	

（一部，石製・土製の作例も加えた）

の経筒と伴出した京都府花背別所経塚の毘沙門天立像がある。また茨城県鹿島神宮寺経塚出土の地蔵菩薩立像や新潟県不動院経塚1号経塚出土の宝冠阿弥陀如来坐像はともに12世紀頃の製作とみられるもので，こうした経塚への小金銅仏埋納が東国においても行なわれたことを示している。

先に触れた金峯山からは20数軀を数える蔵王権現像が出土している。製作年代は平安時代後期から南北朝時代にまでわたっている。蔵王権現は金峯山の地神である金精明神の本地であるが，金峯山からは，これら鋳銅の丸彫像のほかにも鏡像や懸仏などさまざまな形状につくられた蔵王権現の御正体が出土している。これらは礼拝対象として，あるいは奉賽品としてのものであって，経塚埋納の仏像とは別の性格を有していると思われる。また，丸彫像の蔵王権現も同じ性格のものとして，山頂や岩陰，洞窟内といったところに奉安されたものと思われる。

近年，大峯山寺本堂の解体修理の際，発見された金製の阿弥陀如来および菩薩形坐像も，出土状況を見る限り，経塚遺物とは考えにくい。製作年代に関しても，両像とも10世紀を降るものとは思われず，資料の上で知られる平安時代前期以来，貴顕の間で流行した貴金属による造像を，具体的に裏付けるものといえる。両像とも念持仏として造像されたものを金峯山に奉賽したのであろう。

山口県徳山市の楞厳寺（りょうごんじ）に伝来した金製の菩薩坐像は，『日尾山土中出現黄金像正観世音像記』によって，同寺背後の日尾山山頂付近で，嘉永6年（1853）に発見されたことが知られるものである。その製作は11世紀前半頃とみられており，本例も大峯山寺本堂出土の両像と同様の性格を持ったものと思われる。

このほか山頂出土のものには，白山山頂出土の伝を持つ菩薩立像や男体山山頂出土の菩薩立像（報告書では錫杖頭としている）といった平安時代の例に加え，近年発見された英彦山（ひこさん）出土の統一新羅時代とみられる如来立像がある。

3　古墳出土の例

　古墳からも小金銅仏は出土している。三重県津市鳥居古墳の横穴式石室内から一光三尊，如来，菩薩，千体仏をあらわした押出仏が発見されたことが知られていたが，最近，千葉県佐原市峰崎横穴群三号横穴からも如来三尊の押出仏が出土した。製作時期は鳥居古墳のものが7世紀末から8世紀にかけて，峰崎横穴群のものは7世紀後半と考えられている。また出土状況から前者が，古墳築造時の副葬品としてではなく，破損してしまった押出仏を後世一括して石室開口部から投げ入れたものと推定されるのに対し，峰崎横穴群のものは被葬者の頭の方向に曲玉などとともに置かれていたことから，当初の副葬品の可能性があるという。後者の押出仏は，東国から初めての出土例であり，また横穴からの出土としても全国で初めてである。したがってこれが副葬品であることが確かになれば，東国への仏教の伝播やその階層的な意味での浸透といった，当時の仏教信仰のありようを考える上で重要な例となろう。

　つぎに小金銅仏の出土例として，埼玉県大里郡江南町野原古墳出土の阿弥陀如来坐像があげられる。野原古墳は前方後円墳で，昭和初期に「おどる男女」として著名な埴輪を出土した地である。阿弥陀像は，石室内床面より約30 cm ほど上の位置で発見されたという。いわゆる宝冠阿弥陀の形制をあらわしたもので，製作は11世紀と考えられている。蓮華座の反花から框にかけての左右から茎を出した杁状の突起があり，当初はこの部分から茎を出し蓮華座上に両脇侍をともなった三尊形式のものであったとみられる。同様な作例には那智経塚出土品中に2例，富山県小矢部市医王院蔵品などがある。医王院のものは同寺裏山の古墳との伝承をもつ地点から出土したといい，野原古墳と同様な出土地の性格を有していることは興味深い。野原古墳の出土状況やこの種の阿弥陀如来像の製作時期からみて，これらはいずれも追納されたものと考えられる。

4　おわりに

　出土した古代の小金銅仏を概観すると，数の上で奈良時代以前の作例が占める割合がかなり多い。また，作域の上ですぐれたものも少なくな

い。これは木彫仏を中心に展開するわが国の彫刻史が，平安時代以前は小金銅仏の盛行をみていたという大きな流れを反映しているものと思われる。また各地の廃寺跡の出土例は，多くの場合その地の豪族によって営まれた寺院に祀られていたものであろう。この場合，製作が畿内でのものか在地のものかは検討を要するが，なかには懐中に携えて運ばれたものもあったかと想像できる。そうした大きさであるところに小金銅仏の一つの特色があるといえる。わが国への仏教伝来に際してそうであったように，地方へのその伝播に際してもまた小金銅仏は大きな役割を果たしたものと思われる。

　1の寺跡出土の例では，金銅仏の出土により，その地が廃寺跡であったとの伝承の裏づけとなる場合が多い。火災などで突然に，あるいは経年による寺の荒廃にしたがい，やがて土中したとみるべきであろう。その意味でそれらは埋納の目的を持たないものといえる。

　これに対して2および3でとりあげた例は目的を持った埋納である。2の経塚出土例では，永久保存のために小金銅仏が選ばれたのであろう。それには教典を保存する工夫として銅板経や瓦経がつくられたことも関連していよう。経塚の伴出品には鏡，櫛，檜扇などといった身の回りの品々も多くあるが，こうしたものの中には願主や結縁した人々ゆかりのものも含まれていよう。これと同じ意味あいで，年来所持していた念持仏を埋納することもあったと思われる。また，山岳出土の例では本地仏である場合が多く，礼拝対象や奉賽品として山頂，岩陰といった場所に安置されたり埋納されたりしたものであろう。そして，ここでも小金銅仏が選ばれた理由は，経塚の場合と同じであろう。

　3の古墳出土例ではなお，検討を要するものの，副葬品の場合と追納品の場合が考えられた。また，野原古墳出土のような三尊形式の宝冠阿弥陀像は，東国の経塚から多く出土しており，この独特な形制をもった造像は，その出土地の性格を含めて，特殊な信仰形態が東国に存したことをうかがわせ，今後に問題を残している。

　おわりに出土の古代小金銅仏の一覧表を掲げ参考に供したい。手元の資料によったもので誤謬や遺漏も多いと思うが，大方のご指教を戴ければ幸いである。

墓域の形成

> 人にとって終焉の地＜墓＞は，古代の都市
> 域とどのような空間領域の認識によって定
> められたのだろうか。実情を探ってみよう

古代都市と墓

古代都市と墓 ━━━━━━━━━━━━

橿原考古学研究所
■ 前園実知雄
（まえぞの・みちお）

律令制の導入に伴って定められた葬地に営まれた墳墓は在地性を
失い，都市とのかかわりの中でさらに加速度的に変化していった

　人間が死者を埋葬することをはじめた旧石器時代以来現在に至るまで，各々の時代の特色を反映しながら，墓地は「死」を端的に表現する空間として常に人々の意識としての視野の中にあった。ある時は畏敬の対象として，またある時は死霊の住む畏怖の地として，また来世の生活の場として人々の心と深く結びついていた。

　古墳時代という，墓が本来の機能をはるかに越えた政治的な意味さえもつ存在であった時代が，わが国では4世紀初頭から7世紀後半までのほぼ400年間にわたって続いた。大前方後円墳で構成された大古墳群や，小規模な円墳が数十基，数百基密集して存在する群集墳が築かれた地と，被葬者達の生前の生活空間，または築造者達のそれとのかかわりについては，まだ明確な解答は出されていない。

　小論ではこの墓地と居住地の関係を，古墳時代の終末期である飛鳥時代から平安時代初頭頃の都とその周辺の実態を通して考えてみたい。

1　古墳の終末期

　いわゆる古墳時代の終焉の時期をどこに置くべきかという問題については，近年議論が煮つまってきた。その過程で明らかになったことは，古墳

時代の終末期には築造を規制する幾度かの波があり，それを画期と呼ぶならば少なくとも二度の画期が認められる。まず第1期は，古墳の象徴的な墳形であった前方後円墳の築造が終わり，6世紀代に各地に広がっていた群集墳の多くが造墓活動を終える6世紀末から7世紀初頭にある。これらは大和を中心とした政権と諸豪族の間の支配秩序の崩壊をあらわしている。第2の画期は，天智朝にはじめたとされる国家による個別人身支配のために必要な戸籍（庚午年籍）の作製などがおこなわれた7世紀第3四半期頃に認められる。

　このように見てゆくと，古墳時代の終焉には新しい制度として採用しつつあった律令制度が深くかかわっていることが明らかになってくる。森浩一氏は，群集墳の出現の根底には中央また地方の政治権力が介在するであろうが，「制限され限定された土地の原則を認めることができる」とされ，「群集墳の終焉も国家権力による土地制度の変革に関連のある現象」[1] と考察されているが，土地の私有が禁じられ，公の土地，公の民といった形で整理されていく過程で，広い土地を永久的に必要とする古墳の築造は物理的に不可能になったといえる。

　ここまで古墳の終末期について少し詳しく説明

したのは，これが本論のテーマに直接かかわってくる問題だからである。

持統8年（694）完成した藤原京は，大陸の制度にならってわが国で最初に造られた都城である。工事が完成し都が機能しはじめると，新しく都で生活を開始する役人や庶民が移住してくる。この時期からはっきりと都市に伴う葬地があらわれたと考えてよかろう。さらに遡って7世紀前半代の飛鳥諸宮の段階でもその可能性は考えられるが，具体例はまだあげがたい。そこで比較的地理的，歴史的にもひとつのまとまりとして把握しやすい斑鳩地方の7世紀初頭から中葉にかけての状況を検討してみたい。

2 斑鳩と終末期古墳

奈良盆地の西北部にある斑鳩は，法隆寺，法輪寺をはじめとする飛鳥時代に創建された古代寺院が林立する地としてつとに著名であるが，昭和60年（1985）からの藤ノ木古墳の調査以来さらに注意をひく地となった。

斑鳩がはじめて文献に登場するのは用明元年（586）に聖徳太子が上宮から斑鳩に居を移したという『日本書紀』においてである。太子は推古12年（604）斑鳩宮を造営し，彼の後半生をこの地で送るが，それに伴って仏教文化が花開いたと考えられる。飛鳥時代の政治史の中で斑鳩の評価は意見の分かれるところで，さらに今後の研究が必要である。しかし，法隆寺東院下層の建物群を斑鳩宮と考え，現在の西院伽藍の境内東南一画にある若草伽藍跡を創建時の法隆寺とみれば，ともに主軸が北から20度西に振れるという共通点をもっている。またこの方位をもつ道路が飛鳥から斑

鳩まで断片的に残り，一般に「筋違い道」とか「太子道」と呼ばれ，聖徳太子が通った道であるとの伝承をもっている。明らかに現行条里に先行するもので，同じ方位の条里遺構が斑鳩の各地にも断片的に痕跡を留めている。正確な範囲については発掘調査による確認はできてはいないが，斑鳩宮を中心として東西に約2km，南北約1kmの範囲を想定できる。この先行条里は，斑鳩宮造営時に設けられたものか，すでに存在していたのかその上限は明らかではないが，下限は再建法隆寺まで下らないことから，7世紀末以前ということはできよう。

斑鳩の終末期にはきわめて特徴的な古墳が存在する。3基（1〜3号墳）で構成された竜田御坊山古墳群で，竜田神社（新社）の北方丘陵上において昭和39〜40年（1964〜65）に土砂採取中に確認された。なかでも3号墳は横口式石槨内に漆塗陶棺を納め，ガラス製筆軸，三彩円面硯を副葬し，琥珀の枕をした青年男性が葬られていた。副葬品は中国からの舶載品で，7世紀中葉の時期が想定されている。

御坊山古墳群の西南約500mの春日神社境内には3号墳と同じ花崗岩製の横口式石槨の一部が露出している。地元では神代古墳と呼んでいる。

御坊山古墳群，神代古墳は，他の地域に多くの例をもたない終末期古墳で，それも下限が7世紀中葉を下らない点から，まさに斑鳩宮の存続期間に重なる時期に営まれた古墳といえる。

聖徳太子の斑鳩進出と藤ノ木古墳の関係についてもふれておくと，藤ノ木古墳に象徴される先進文化が育くまれつつあったこの地に太子が積極的に進出したと解釈するのが妥当であろう。そしてその新来の文化を基盤にして斑鳩宮を中心とした新しい都市づくりがはじまったと考えられる。太子の没後この地は山背大兄王に引き継がれ，やがて皇極2年（643）の上宮王家の滅亡につながる。おそらく太子の遺志を大兄王は実際は実行できなかったであろうが，その建設途中の都市遺構が現在断片的に残る斜行条里と考えられる。

聖徳太子は没後，蘇我氏系の墓所である大阪府太子町磯長に葬られる。それでは斑鳩の終末期古墳の被葬者はどのような人々であろうか。6世紀末か

図1　斑鳩宮と古墳群

ら7世紀前半の有力者の葬地をみると，崇峻を除けば用明・推古・孝徳天皇は聖徳太子と同様に磯長に，舒明は桜井市忍坂にと都とは結びつかない本貫の地に葬られている。斉明，天智，すなわち7世紀第3四半期以降は当時の都と深くつながりのある地に葬られるようになる。

斑鳩は山背大兄王の即位が実現しなかったため都になる機会を失なったが，時代の先端をゆく文化をもつ地であった。上宮王家とその周辺部の限られた豪族達という制約はあったにしても，この地で新しい試みはなされたであろう。孝徳朝の難波京，天智朝の大津京周辺では天智の山科陵以外顕著な終末期古墳は知られていない。やがて藤原京時代になると京の南に陵墓群ともよべる終末期古墳が集中して営まれるようになるが，斑鳩の西部丘陵地帯の終末期古墳群をその萌芽期の所産とみることはできないであろうか。

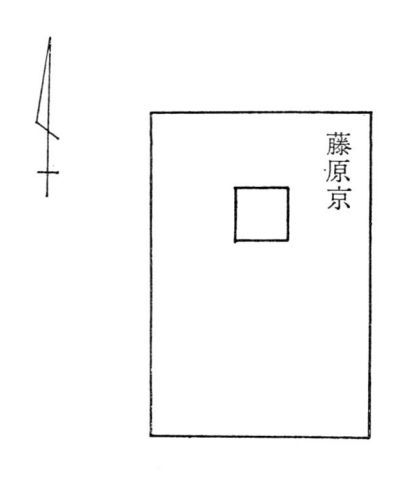

図2　藤原京と京南の終末期古墳

3　藤原京と終末期古墳

藤原宮の大極殿の南延長線上に，天武・持統の野口王墓古墳（桧隈大内陵）が位置していることは以前から注意されていたが，高松塚古墳，中尾山古墳と相次いで終末期古墳の調査が進む過程で，これらの古墳の立地に関心が向けられるようになった。現在までに一部でも調査がおこなわれ，その築造時期が推定できるようになったこの一帯の古墳は，上記のほかに束明神古墳，マルコ山古墳，峯牛子塚古墳，キトラ古墳などがあげられる。いずれも7世紀第4四半期以降と考えられ，藤原京の造営期と深くかかわってくる。さらにその分布は，野口王墓古墳を北東隅の基点として南西部一帯に広がりほぼ藤原京（東西2km，南北3km）の面積に匹敵する。おそらく政権中枢に近い人々が都の制度とともに墓についても中国で見られる陪葬制を考慮し，天武・持統を頂点とする墳墓群を来世の都を念頭にこの地に築いたのであろう[2]。

大化2年（646）の薄葬令や浄御原令にも存在していたであろう墳墓の規制などによって，古墳は急速に減少し，限られたものになってゆく。藤原京時代の葬地と推定される地区は二上山周辺，桜井から宇陀にかけての一帯にも存在する。いずれも都から東西に数kmはなれた主要道路近くに存在するという共通点と，後期古墳群と重複しないという大きい特徴をもっている。

4　平城京と葬地

和同3年（710）都は平城京に移った。東西八坊（約4.3km），南北九条（約4.8km）にさらに東に東西1.6km，南北2.1kmの外京を加えた壮大な都であった。奈良時代になると高塚古墳はほとんど姿を消し，火葬墓やわずかに墳丘をもつ小規模な墓があらわれる。奈良時代前半の喪葬の規定については，養老令（757年施行）によって推察しなければならない。その中の喪葬令に記された墓に関する規定は，まず皇都および道路の側近には墓を作ることを禁止している。また三位以上および別祖と氏の長は造墓をゆるされるが，その他のものは禁じられている。さらに墓には皆碑を立て官姓名を記さなければならない規定になっている。

これらを総合すると，造墓は三位以上の上流貴

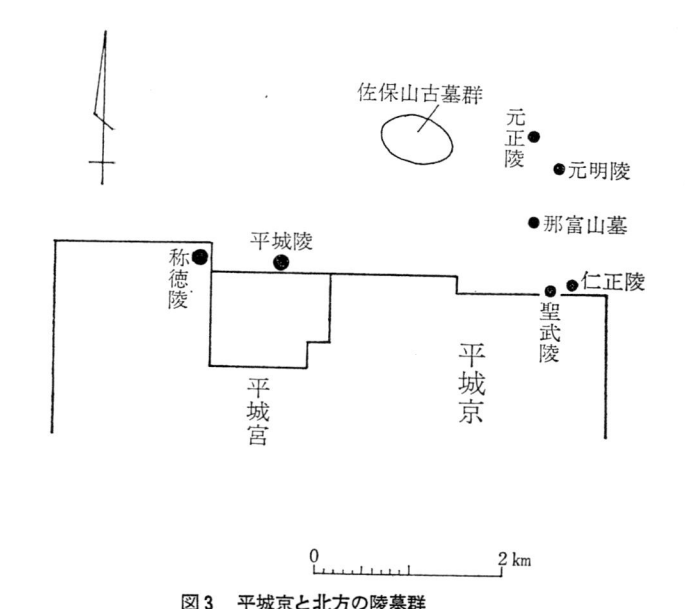

図3　平城京と北方の陵墓群

族と皇族にしか許されていなかったようである。しかしこの墓とは墳丘をもつ高塚古墳の系譜上にあるものをいうのであろう。墓誌をもつ墓はいずれも外部表象をほとんどもたないこと，位階を示す例の大部分が四位以下であることからも規定の枠外にあったとみるべきであろう。

平城京時代の喪葬記事には京の北の佐保・佐紀丘陵の一帯で元明・元正天皇，藤原不比等，武智麻呂，宮子など皇族・貴族の火葬・埋葬があったことが記されている。現在も聖武，元明，元正天皇陵，仁正皇后陵などが残り，この一帯が皇族・上流貴族の葬地であったことが知られる。

いっぽう平城京の東方の奈良市田原，西方の生駒山東麓では，光仁天皇陵，春日宮天皇（志貴皇子）陵，太安萬侶墓，行基墓，美努岡萬墓をはじめ奈良時代の火葬墓が存在する。これらも令に記された皇都から離れた地に葬地を求むべきという規定に合致すると考えてよかろう。ただわずかに判明する被葬者像から類推しても，やはり葬地に格差が存在したことはいなめない。都の北郊に第一等の葬地を設けたのであろう。

文献にも記されず，墓誌ももたず，外部表象もない墓については，偶然の機会の調査例をまつしかない。平城京周辺ではそういった例も増加しつつあるが，昭和58年（1983）の佐保山遺跡群の調査は大きい成果をもたらした[3]。3ヵ所の東西にのびる丘陵の南斜面に計42基にのぼる奈良時代中期から平安時代初期までの古墓群が営まれてい

た。火葬墓を中心としたもので，下級官人層の古墓群と考えられるが，整然とした立地は一定の規則のもとに築かれた墓とみてよかろう。都の北郊の丘陵地は，このように皇族や上級貴族のほかに下級官人の葬地もその一画に設けられていたのであろう。

いっぽう庶民の墓についてはほとんど知ることはできないが，奈良山の渓谷で髑髏に出会った元興寺僧道登の話（『日本霊異記』巻12）や，平城京南郊の稗田遺跡の川跡から，コモにくるまれた2体の人骨が出土していることなど[4]，わずかな資料であるが，京の周辺の山川藪沢の可耕地外に簡単に埋葬もしくは遺棄していた例も知られている。

5　平安京の埋葬地と葬地

延暦3年（784）に都は長岡京に，さらに10年後には平安京に遷った。これら京都盆地に存在した都と墓について，森浩一氏の詳細な分析がある[5]。それによれば，8世紀中頃には地域集団が利用する埋葬地は紀伊郡—深草山，愛宕郡—神楽岡，葛野郡—宇多野といった盆地周辺の山地形の地域に一郡一処的あり方を示している。これを「深草山型埋葬地」と呼んでいるが，この埋葬地内に古墳時代後期の群集墳を見い出しえない点は奈良盆地周辺の葬地とも共通している。このほかに各々の家の側に葬る例もあった（「家側型葬地」）が，これは家地または附近の園地を利用したと考えられ，あまり大きい土地問題とはならなかった。この二つの埋葬型式も8世紀末から9世紀の長岡京，平安京の造営に伴う人々の移動とも関連して，埋葬地は政府の強い圧力によって京南辺の河原地形に移動していった。貞観13年（871）には葬地制限の太政官符が出され，紀伊郡は上，下佐比里など，葛野郡は荒木西里に移動したことが想定される。これらを「佐比河原型葬地」と呼んでいるが，葬地は放牧地としても利用され，それ以前に自然発生的に占有していた葬地が否定されてゆく過程を文献から追うこともできる。このように埋葬地，葬地の変遷は，政府の土地管理の状況を端的に表現しているといえよう。

6　まとめ

小論では飛鳥時代から平安時代初期の都市と墓について概観してきたが，終末期古墳の様子と平

69

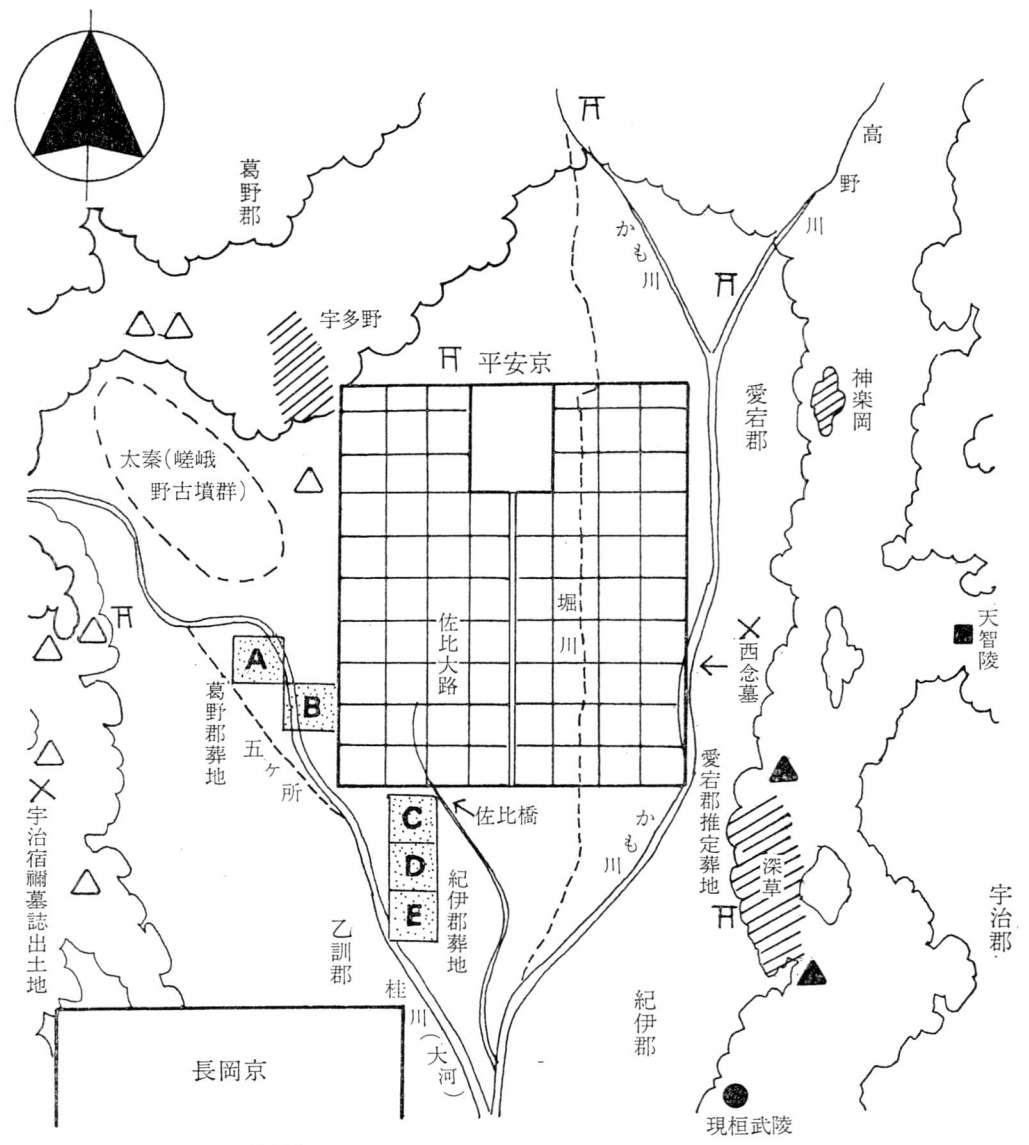

図4　平安京と埋葬地・葬地の分布（森浩一「古墳時代後期以降の埋葬地と葬地」古代学研究，57，1970より抜粋）

A〜Eは貞観13年の太政官符にあらわれた葬地の推定地（A：荒木西里，B：久受原里，C：上佐比里，D：下佐比里，E：下石原西外里）

安時代初期の葬地の変遷をながめることによっ
て，古墳時代が終息してゆく姿がより鮮明に浮か
びあがってきた。

　律令制の導入とともにはじめられた新しい規定
に沿った墳墓の造営は，土地の占有を意図した古
墳とは全く性格のことなるものであった。そして
定められた葬地に営まれる墳墓は在地性を失なわ
ない，律令社会を具現した都市とのかかわりの中で
さらに加速度的に変化していったことがうかがえ
るのである。

註

1)　森　浩一「群集墳と古墳の終末」『岩波講座日本
　　歴史』2，1975

2)　河上邦彦「凝灰岩使用の古墳―飛鳥地域に於ける
　　終末期後半の古墳の意義―」『末永先生米寿記念献
　　呈論文集』坤，1985

3)　伊藤勇輔「佐保山遺跡群」奈良県観光，330，1984

4)　中井一夫「稗田遺跡」『奈良県遺跡調査概要』19
　　76年度，1977

5)　森　浩一「古墳時代後期以降の埋葬地と葬地―古
　　墳終末への遡及的試論として―」古代学研究，57，
　　1970

瓦 の 重 要 性

古来役にたたないものを "瓦礫" という。しかし瓦は年代の決めて，建物の性格を考えるうえで重要である。実例をみてみよう

寺の瓦と役所の瓦／瓦の見方

寺の瓦と役所の瓦 ───■

奈良市教育委員会
中 井 公
（なかい・いさお）

──古市廃寺の出土瓦を中心に──

古市廃寺では宮や官寺で使用された瓦と近似した文様の瓦が採用されているが，これは氏族と造営官司とのかかわりを示している

奈良時代の屋瓦の瓦当文様をながめていると，国々あるいは地域によって種々様々なものが見受けられるが，なかには国々や地域で同笵ないしは同系統の瓦がまとまって見られることがしばしばある。しかも，これらの瓦を出土する遺跡が，仏教寺院と，国府・郡衙などの役所との双方に及んでいる場合もまたしばしばある。寺院と官衙という性格を異にした両者の所用瓦が接点を有するこうした様相は，各遺跡での出土状態や出土総量に占める特定の瓦の割合，組合せ関係，製作技法差などを詳しく検討することで，国々や地域での瓦生産のあり方を考える重要な手懸りのひとつとなる。

筆者は，平城京と周辺の遺跡調査に従事しているが，最近発掘調査を実施した京外近郊の一寺院址から出土した瓦を素材にして，かかる寺院と，この場合は平城宮の宮殿・官衙との所用瓦のあり方について，一事例を紹介したいと思う。

1 古市廃寺と出土瓦の概要

主題となる瓦が出土した寺院址は古市廃寺（奈良市古市町字高井戸所在）と称する。横井廃寺や山村廃寺などとともに，奈良春日山西麓の古代寺院

を代表するひとつで，平城京の東郊約2.4kmに位置する。古瓦が出土することから，昭和の初め頃から寺院址であることが知られ，高井戸廃寺と呼ばれたこともある。はじめて発掘調査が行なわれたのは昭和35年のことで，この時には塔址と金堂址とみられた土壇の一部が調査された。推定金堂址では，礎石3カ所と礎石据付痕跡9カ所および基壇縁の石積が確認され，桁行7間（26m），梁行4間（13.6m）の規模の建物であったことが判明した。また推定塔址では，基壇端が不明確で正確な規模などは知られなかったが，基壇築造が2時期にわたることなどが報じられている。そしてこれらの遺構配置から，南大門，中門，塔，金堂，講堂が南北に一列に並ぶいわゆる四天王寺式伽藍配置の寺院であると推定された。出土瓦の大半は奈良時代のもので平安時代のものも若干あるが，飛鳥時代のものがわずかにあり，創建の時期は飛鳥時代であるとされた。また，平瓦の中に「野」とヘラ書きされた文字瓦があったことなどから，和珥氏のうちでこの地域に勢力をもったとみられる春日部小野氏の建立した氏寺かと考えられてきた[1]。

最近（平成元年），発掘調査を行なったのは昭

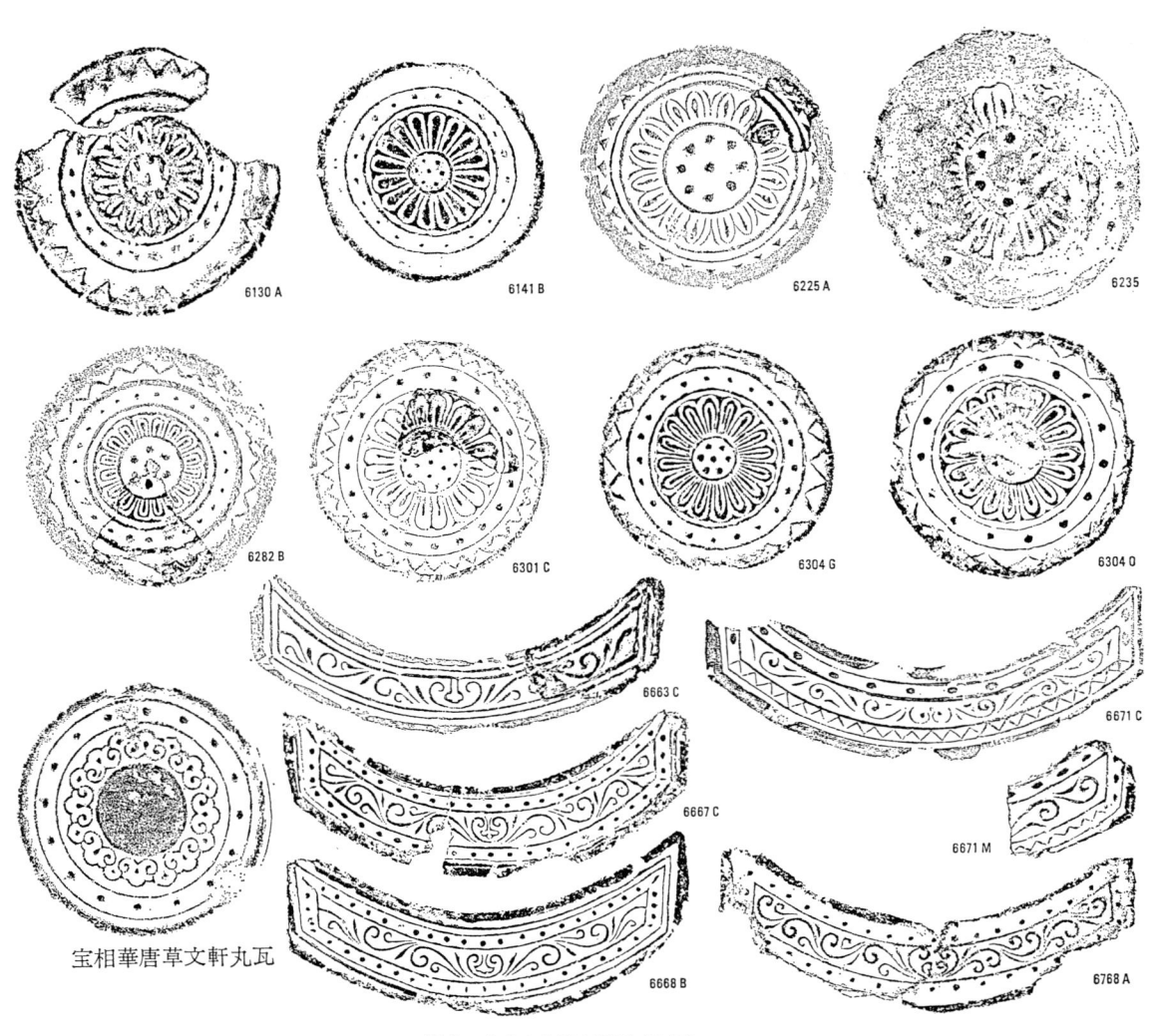

宝相華唐草文軒丸瓦

図1　古市廃寺出土軒瓦（約⅙）

和35年調査地の西隣で，前述の伽藍配置をとるとすると，西面回廊が予想される場所であった。しかしながら，回廊の遺構は検出できず，規模の大きな奈良時代の掘立柱建物数棟が建ち並ぶ事実が判明した[2]。建物の性格づけは課題であるが，調査区からはおびただしい数量の瓦が出土している。軒瓦は昭和35年調査で既出の型式の奈良時代のものが大多数であったが，まとまった数量が得られたので，先の調査分を合わせ，主体となる型式や組合せ関係などについてひととおりの見通しがついたことは成果であった。

　これらの奈良時代の軒瓦は，軒丸瓦47点が8型式9種に，軒平瓦81点が5型式6種に分類できる[3]。

（1）　軒丸瓦

6130 A　間弁が独立するA系統の単弁12弁蓮華文瓦。外区は珠文＋線鋸歯文縁。蓮子は1＋7。2点出土。

6141 B　間弁のないC系統の単弁16弁蓮華文瓦。外区は珠文＋素文縁。蓮子は1＋6。10点出土。古市廃寺のほかに同笵例はない。

6225 A　A系統複弁8弁蓮華文瓦。外区は二重圏線＋凸鋸歯文縁。蓮子は1＋8。1点出土。なお6225型式はほかに種別不明のもの2点がある。

6235　いわゆる東大寺式のA系統複弁8弁蓮華文瓦。外区は珠文＋素文縁。蓮子は1＋6。6235型式に属すが種別不明。1点出土。

6282 B　間弁が圏線状にめぐるB系統の複弁8弁蓮華文瓦。外区は珠文＋線鋸歯文縁。蓮子は1＋6。1点出土。

6301 C　いわゆる興福寺式のA系統複弁8弁蓮華文瓦。外区は珠文＋線鋸歯文縁。蓮子は1＋5

+10。2点出土。なお6301型式はほかに種別不明のもの2点がある。

6304 G・O B系統複弁8弁蓮華文瓦。外区は珠文＋線鋸歯文縁。蓮子はGが1＋6，Oは数・配置不明。Gが13点，Oが1点出土。Oは古市廃寺のほかに同范例はない。

宝相華唐草文瓦 主文に宝相華唐草文を飾る特殊なもので，唐草文8単位が輪花状に均等にめぐる。中房素文で，外区は珠文＋素文縁。12点出土。古市廃寺以外に同范例はない。

（2） 軒平瓦

6663 C 二重圏線文縁の3回反転均整唐草文瓦。1点出土。なお6663はほかに種別不明のもの5点がある。

6667 C 珠文縁の4回反転均整唐草文瓦。5点出土。

6668 B 珠文縁の3回反転均整唐草文瓦。24点出土。古市廃寺のほかに同范例はない。

6671 C・M いわゆる興福寺式の3回反転均整唐草文瓦。上外区，脇区が杏仁形珠文，下外区が線鋸歯文縁。C,M各1点出土。Mは古市廃寺以外に同范例はない。なお6671はほかに種別不明のものが1点ある。

6768 A 珠文縁の4回反転均整唐草文瓦。43点出土。

（3） 主体となる型式と組合せ

上述の軒瓦で数量的にまとまりをもつのは，軒丸瓦では 6141 B（21.3％），6304G（27.7％），宝相華唐草文瓦（25.5％）の3型式，軒平瓦では6668B（29.6％），6768A（53.1％）の2型式である。このことから，奈良時代に古市廃寺で主体的に使用された軒瓦の組合せは，前期の 6304 G—6668B，後期の6141B・宝相華唐草文瓦—6768Aの2組であったと判断できる。宝相華唐草文瓦については従来これと組合う軒平瓦が判然としなかったが，胎土・焼成が6768 Aと同一であることと出土割合から判断して，6768A と組合うものとみなした。

2　平城宮・京内官寺での 同范・同型式瓦所用例

さて，主体的な所用瓦が決したが，次いでこれらと同范あるいは同型式の関係にある瓦がまとまって出土する場所をほかに求めてみよう。

まず，6304G—6668B についてみよう。6304 G は，古市廃寺以外では平城京左京四条一坊[4]，左京五条一坊[5]，右京八条一坊[6] で数例が出土してはいるが，平城宮はじめほかに同范例は知られない。すなわち，まとまった供給先が判明した例では古市廃寺が初例ということになる。ところが，異范だが文様が近似した6304の同型式瓦となると，平城宮，薬師寺，大安寺から多量に出土することが知られている。

平城宮例は6304A・B・Cの3種で，内裏東外郭地域からまとまって出土している[7]。同地域では出土軒丸瓦1753点中，6311が28.8％で第1位，6304が10％でこれに次ぐ。6311・6304に組合うのは，軒平瓦1698点中32.6％の6664で，そのほとんどを占める D・F の2種である。これらは神亀元年（724）の聖武天皇即位を目指した内裏新造のための瓦と考えられており，平城宮軒瓦編年第Ⅱ期（721〜745）の早い時期のものとみられる。また，第1次大極殿院東楼地区でも6304 Cがまとまって出土している[8]。ここでは6284C—6664Cの第1位の組合せを補完して，6664K と組合う。

薬師寺例は6304Eである。薬師寺出土の奈良時代と前代の軒瓦には，軒丸瓦876点，軒平瓦1537点がある[9]。うち軒丸の51.8％と軒平の84.7％までが平城京造営前のもので，圧倒的多数を占める6276A（44.1％）—6641G（52.7％）・H（22.5％）の組合せは，藤原京本薬師寺から運ばれた再使用の瓦と考えられる。平城遷都後に新京で製作・供給されたのは，残る軒丸48.1％と軒平15.4％であるが，大多数を占めるのが 6304 E（32.4％）—6664O（5.0％）の組合せである。この一組は，本薬師寺からの搬入瓦の不足を補完するために新規作製されたいわば平城薬師寺創建瓦なのである。薬師寺の移建着手は養老2年（718）で，一応の伽藍が整ったのは天平年間前半までとみられている。したがって，この瓦の製作・供給時期は軒瓦編年第Ⅰ期（708〜721）後半から第Ⅱ期（721〜745）前半に求められる。

大安寺出土例は6304Dである。大安寺では南大門・中門地区，講堂地区，西僧房地区，東北僧房地区で，奈良時代と前代の軒丸瓦277点，軒平瓦493点がある[10]。このうち6231A・B・C（9.8％）—6661A・B・C（11.8％）の組合せは，藤原京大官大寺からの搬入・再使用瓦である。前述の薬師寺に比べ搬入・再使用瓦の割合が少ないのは，大官大寺が焼亡していることに起因する。したがっ

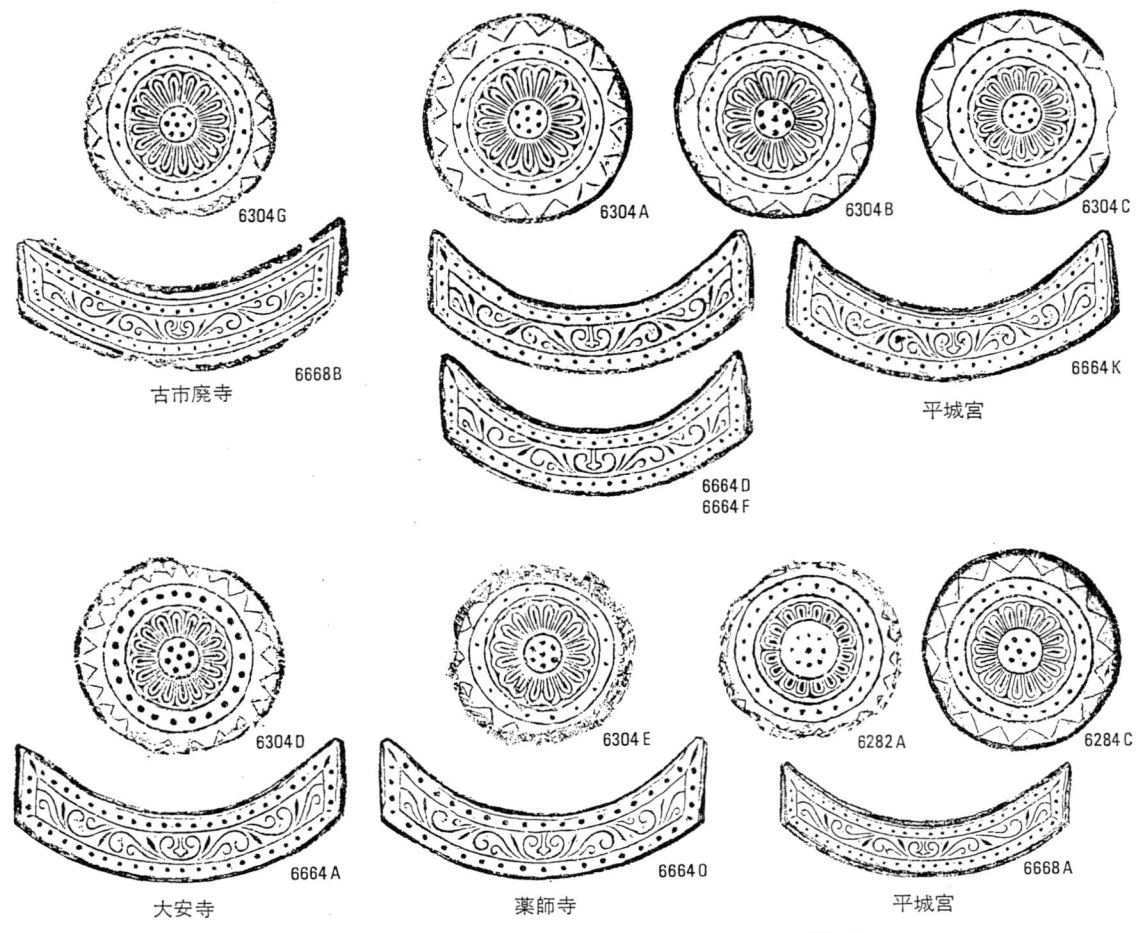

図2　古市廃寺の所用瓦と平城宮・薬師寺・大安寺の所用瓦（約1/6）

て，所用瓦の大部分を平城新京で製作しなければ
ならなかったわけだが，中でも最も早い時期の一
組が6304D（22.0％）―6664A（9.7％）である。
ただ，大安寺で一番数量が多いのは，後出の大安
寺式と呼ばれるこの寺独特の軒瓦で，軒丸の64.3
％，軒平の70.6％を占めており，6138C（22.4％）
・E（16.3％）―6712A（43.4％）の組合せが圧倒
的に多い。すなわち，大安寺創建の軒瓦はこれら
の二組である。大安寺移造着手は霊亀2年（716）
とされ，塔院を除く伽藍の大部分は資財帳を勘録
した天平18年（746）頃までには整っていたとみ
られる。この間，天平元年（729）に道慈による
いわゆる大安寺改造がはじまるが，後者6138C・
E―6712Aはこれを契機とした造営の瓦であると
理解するのが妥当であろう。つまり軒瓦編年第Ⅱ
期（721〜745）後半に位置づけ得よう。前者6304
D―6664Aは，それ以前の同第Ⅰ期（708〜721）後
半から第Ⅱ期（721〜745）前半に置かれる。
　さて，各遺跡ごとに同型式瓦のあり方を概観し

たが，これらはただ范型が異なり，文様の細部に
微妙な差異があるだけではない。製作技法上にも
顕著な相異が認められるのである。すでに指摘さ
れたことではあるが[11]触れておこう。6304各々の
瓦当裏面を比較すると，平城宮例は全般に一定の
厚さで平坦につくられる。これに対し，薬師寺例
は丸瓦接合部から下端にかけて次第に薄くなる傾
向がみられ，大安寺例では瓦当厚が前者2例の倍
ほども厚い。古市廃寺例には平城宮例に近いもの
と薬師寺例に近いものとの両者がみられるが，と
もに丸瓦部が瓦当に斜めに（玉縁がわが低く）取付
く特徴がある。こうした相異は，少なくとも瓦の
素地を扱う工房が別個であったことを示すものだ
ろう。
　ところで，古市廃寺で6304Gに組合うのは6668
Bである。この組合せは前述の三例と関係を異に
している。とはいっても，6668と6664との文様の
差異は中心飾りの形状がやや異なる程度のこと
で，全体の構成に大差があるわけではない。6668

Ｂは古市廃寺のほかに同范例が知られないことは先述したが，異范同型式の6668Ａは平城宮から出土する。すなわち，第1次朝堂院南門地区では，軒丸106点，軒平123点のうち，藤原宮式のものが軒丸・軒平あわせて85点あるが，これに次ぐのが6284（30.4％）―6668Ａ（31.7％）の一組である[12]。また，第一次大極殿院南門地区では，第1位の6284Ｃ・Ｅ―6664Ｃの組合せを補完して，ここでは6282Ａと組合う[13]。6668Ａは平城宮創建期の瓦のひとつで，軒瓦編年では第Ⅰ期（708～721）に置かれる。ただ，6668Ａが段顎であるのに対して，古市廃寺の6668Ｂはいずれも曲線顎であるので，6668Ｂは時期的に幾分か下がるとみなければなるまい。つまるところ，古市廃寺の6304Ｇ―6668Ｂの一組も，前述3遺跡の6304―6664とほぼ同じ時期に位置づけることが可能であろう。

　次いで，6141Ｂ・宝相華唐草文瓦―6768Ａについてみよう。このうち軒丸瓦は先述のとおり両者とも古市廃寺以外に同范例がみられないので，軒平瓦6768Ａを取り上げてみよう。6768Ａは，平城京左京二条二坊[14]，法華寺[15]，法華寺阿弥陀浄土院[16]，音如ケ谷瓦窯[17]で同范例が出土している。音如ケ谷瓦窯は，天平宝字3年（759）に光明皇后によって発願された法華寺阿弥陀浄土院の創建に関係した瓦窯とみられ，この時に前者から後者に供給された軒瓦のひとつが6768Ａである。しかしながら，阿弥陀浄土院・音如ケ谷例は製作技法などの点で古市廃寺例とは異なる。すなわち，前者2例が顎部のみにケズリまたはナデを施し，平瓦部凸面に縦位縄叩き目を残すのに対し，後者は全体に厚く作られ，顎部・平瓦部凸面全体をケズリまたはナデて，叩き目は残さない。焼成も異なり，前者2例は須恵質で堅緻，後者は軟質である。加えて古市廃寺例には，前者2例にはみられない范傷の進行が認められる。したがって，古市廃寺の6768Ａは，音如ケ谷以外に製作地を想定せねばならず，製作順序ではこれに遅れることがわかる。とはいっても，軒瓦編年第Ⅳ期（757～770）の年代幅を下ることはあるまい。

3　おわりに

　上述のとおり，奈良時代の古市廃寺での所用瓦の様相がかなりはっきりとした。

　前期で主体的に用いられる6304Ｇ―6668Ｂの一組は，ともに平城宮所用瓦と同范の関係にはない

が，文様が極めて近似した同型式の瓦であった。しかも，軒丸瓦6304については，平城宮との関係に加えて，大安寺と薬師寺とに同様の関係をみることができる。

　いうまでもなく，造宮の瓦生産を担ったのは造宮省，造宮職，木工寮，修理職などの配下に組織された造瓦工房である。一方，大安寺・薬師寺などの官営の大寺院造営に際しては，各々造寺司が設置され，瓦生産はこれに付属する工房で独自に行なわれたとみられる。各遺跡から出土した軒丸瓦6304の製作技法に相違が認められる事実は，造宮と造寺とで瓦生産組織を別個にした実態を反映するものであろう。ところが，このように別個の生産組織をもちながらも，平城京造営時には，平城宮と大安寺・薬師寺とにみられるがごとく，ほぼ同時期に極めて文様の似通った軒瓦が生産されている。かかる事実は，瓦当文様の決定あるいは范型の製作，供給などといった側面で，官による造寺への関与があったことを示唆する一事例と解される[18]。

　では，京外の官寺でもない一寺院にも同様の関係がみられる事実はいかなる事由によるのであろうか。古市廃寺が小野氏建立の氏寺であると考えられていることは先述したが，この点にいくらか注意してみたい。というのは，記録に残る小野氏の人物群は必ずしも豊富ではないが，平城宮や京の造営にかかわった人物が散見されるからである。まず，和銅元年（708）には，造平城京司次官4人が任命されており，この中に小野廣人，小野馬養の2人がみられる。次いで天平2年（730）には，小野牛養が，平城宮造営の督促官司とみられる催造司の監に就任する。時期が下っては，天平勝宝7年（755）に小野小贄が造宮少輔に，翌8年（756）は小野石根が造宮大輔に相次いで任じられている。こうした人事記録からは，小野氏の少なからぬ造営官司へのかかわりが推察できるのである。古市廃寺において宮や官寺で使用された瓦と近似した文様の瓦が採用された理由は，こうした氏族の動向と無関係ではなかろう。すなわち，これらの所用瓦は，氏族の造営官司とのかかわりを背景に，官の生産組織から直接供給されたものか，あるいは従来の在地の工房で官の影響の下に生産されたものかのいずれかではあろうが，後者の場合でも，文様の決定や范型の製作・供給など，官による関与が顕著であったことが窺い得

よう。

　ところで，古市廃寺の所用瓦が官の瓦と関係をもつことは，また後期の軒平瓦6768Aによっても知られる。6768Aは官寺である法華寺阿弥陀浄土院の創建瓦のひとつと同笵関係にある。阿弥陀浄土院へ6768Aを供給したのは官瓦窯の音如ヶ谷瓦窯であるが，古市廃寺所用の6768Aは，先述のとおり音如ヶ谷瓦窯から阿弥陀浄土院への供給がなされた後の製品で，生産工房も別の場所であったと思われる。両工房の間には瓦笵の移動を想定することができるが，こうした関係からは，古市廃寺に6768Aを供給した工房も官による生産組織の系列下にあっただろうことが推察できる。しかしながら，古市廃寺においてこの6768Aと組合うとみられる宝相華唐草文軒丸瓦は，ほかに類例のないこの寺特有のもので，蓮華文系の軒瓦とは系統を異にする瓦である。かかる異質な文様の瓦が古市廃寺に突然出現する理由は明確にし難いが，小野氏が造営官司とかかわりをもつ一方で，遣唐使，遣新羅使，遣渤海使など外交官に起用された人物を多々輩出したことを背景に求める考え方がある[19]。ともかくも，ここでは，一方で官の生産組織との関係をもちつつも，他方では独自の文様の瓦を採用する柔軟性をも兼ね備えた造瓦工房のあり様が垣間見られるのである。

　関係資料の実見にあたっては，奈良国立文化財研究所平城宮跡発掘調査部の小澤毅氏に御配慮をいただいた。また，口絵に使用した写真の多くは同研究所から提供いただいた。最後にあらためてお礼を申し上げます。

註
1)　中村春壽「古市廃寺の発掘調査」昭和35年 4 月19日付『朝日新聞奈良版』1960
　　中村春壽「古市廃寺の調査」奈良県観光，43（奈良県観光新聞社）1960
2)　奈良市教育委員会「古市廃寺の調査　第 1 次」『奈良市埋蔵文化財調査概要報告書　平成元年度』1990
3)　記述には奈良国立文化財研究所が設定した型式番号を使用する。型式番号の設定方法などの詳細については，奈良国立文化財研究所『平城宮出土軒瓦型式一覧』1978,『同補遺篇』1984,　奈良市教育委員会『平城京出土軒瓦型式一覧I』1985,　などを参照されたい。
4)　奈良市教育委員会『平城京出土軒瓦型式一覧I』1985
5)　奈良国立文化財研究所『平城宮出土軒瓦型式一覧（補遺篇）』1984
6)　奈良国立文化財研究所『平城京右京 八条一坊十三・十四坪発掘調査報告』1989
7)　奈良国立文化財研究所『奈良国立文化財研究所基準資料II　瓦編 2 解説』1975
8)　奈良国立文化財研究所『平城宮発掘調査報告XI』1982
9)　奈良国立文化財研究所『薬師寺発掘調査報告』1987
10)　奈良国立文化財研究所および奈良市教育委員会が平成元年までに実施した，南大門・中門地区，講堂地区，西僧房地区，東北僧房地区での発掘調査で出土した軒瓦点数を集計した数値である。
11)　森　郁夫「平城京における宮の瓦と寺の瓦」古代研究，8,1976
12)　奈良国立文化財研究所『昭和54年度平城宮跡発掘調査部発掘調査概報』1980
13)　註8)に同じ。
14)　奈良国立文化財研究所『平城京左京二条二坊十三坪の発掘調査』1984
15)　奈良県教育委員会『重要文化財法華寺本堂・鐘楼・南門修理工事報告書』1956
16)　奈良国立文化財研究所『奈良国立文化財研究所年報1973』1974
17)　奈良県教育委員会『奈良山III　平城ニュータウン予定地内遺跡調査概報』1979
18)　註11)に同じ。
19)　近江昌司「古瓦の孤例から多例へ」日本美術工芸，550,1984

図3　古市廃寺址と平成元年調査地の遠景（西から）

図4　平成元年の調査で検出された掘立柱建物群（北から）

瓦 の 見 方

京都国立博物館
■ 森 郁 夫
（もり・いくお）

古代の寺院は当時の最新文化の受け皿であったが，とりわけ同系統の瓦を調べることによって国家建設の動きをよみとることができる

歴史考古学を研究する上で，瓦が重要な資料となっていることは，誰れもが感じていることである。寺院遺跡はもとより，宮殿・都城・官衙などの遺跡の発掘調査の際に出土するいろいろな遺物の中で，大量に出土するのは土器と瓦である。発掘調査が絶え間なく続く中で，出土瓦の整理が追いつかず，悲鳴をあげる寸前というのが実状ではなかろうか。

しかし，大量に出土する瓦だからこそ，資料的価値が高いのだということができ，瓦を通じての歴史の復原が可能なのである。ここでは，瓦をどのように見ていったら資料として活用 できるのか，といった面を述べることにする。

1 一般的な特徴

瓦に限らず，資料を扱う場合まず時代や年代が気になる。ごく一般的なことを述べよう。

丸瓦はジョイントをもつものと，もたないものとがある。ジョイントの部分を玉縁（たまぶち）と呼ぶので前者を玉縁式と呼ぶ。後者を行基式と呼ぶが，なぜそのように呼ぶのかわからない。行基式丸瓦は一方に向かって次第に細く作られる。わが国で初めて造営された飛鳥寺では，創建時の丸瓦は行基式であった。しかし，間もなく玉縁式の丸瓦が作られ，これが主流となった。もっとも，地方によっては平安時代になっても行基式丸瓦が作られているので注意を要する。

玉縁のとりつけ方は，初期のものでは円筒形に丸瓦部本体を作って，別に作った玉縁部をさしこむ。玉縁部凹面には布目圧痕が見られない。間もなく，7世紀前半中に玉縁も同一粘土で一体として作るようになる。したがって，凹面の布目圧痕が玉縁部にまで通して見られる。丸瓦凹面の，玉縁部への段は7世紀代はきちんとして 見 られ るが，次第になだらかになる傾向がある。

平瓦は百済から，桶形の成形台で円筒を作ってこれを分割する方法が伝えられたが，約100年を経た奈良時代に，かまぼこ形の成形台を用いて1枚ずつ作る方法が考案された。前者を「桶巻作り」あるいは「四枚作り」，後者を「一枚作り」と呼んでいる。これも全国一斉に製作方法が変わったのではなく，どうも平城宮造営という，瓦を大量に製作する必要性から考え出されたものらしい。したがって，地域によっては平安時代以降も桶巻作りによる平瓦生産が行なわれている。

いずれの方法でも成形台に巻いたり，載せたりした板状の粘土を叩き板で叩きしめる作業工程がある。その際，強く叩きしめることができるように，あるいは粘土離れが良いように，叩き板に平行線や方格を彫刻したり，細い縄を巻きつけたりする。だから瓦の凸面にその痕跡が残る。叩き板に彫刻を施したものは瓦生産が始まった当初のものにあり，7世紀の前半代のものはほぼこの類のもので占められる。7世紀半ばになると叩き板に縄を巻きつけるようになり，以後これが主流となるようである。

桶巻作りと一枚作りそれぞれの製品の特徴を述べておく。桶巻作りの場合，桶形に粘土板を巻きつけたり，粘土紐を巻き上げたりするので，粘土板の合わせ目や，粘土紐の痕跡を凹面に見ることができる。桶形は円錐台形のため，これに巻きつける布は合わせ目で「く」の字形になる。それが瓦凹面に圧痕として残る。円筒形に作った生瓦を分割した際，分割面を調整しないことがあり，それによって桶巻作りであることが知られる。調整を加えた場合でも，分割面は平瓦の円弧によって復原した円の中心に向く。

一枚作りに際しては，成形台に平瓦一枚分よりやや大きい布を成形台に置くが，作業時にこの布がずれることがあったようで，平瓦凹面四隅のどこかに布端の圧痕をとどめることがある。また，一枚作りの平瓦は曲率が桶巻作りより弱いものが多い。

軒丸瓦では，蓮弁の中に何の飾りももたない素弁の文様がまずあり，640年代に蓮弁の中に子葉をもち，外縁に重圏をめぐらすものが作られる。

660年代になると，複弁蓮華文が現われ，外縁には鋸歯文をめぐらすようになる。この頃，軒丸瓦の直径が18 cm 前後になる。要するに7世紀後半代の軒丸瓦は大ぶりなのである。7世紀末近くには，外区が内・外縁に分かれ，内縁に珠文を，外縁に鋸歯文をめぐらすようになる。8世紀には再び瓦の大きさが飛鳥時代と同じ16cm 前後になる。基本的な文様は複弁蓮華文である。以上の他に獣面文や重圏文を飾ったものがあるが，文様の主流は蓮華文である。

軒平瓦が一般的に使われるようになるのは7世紀半ば頃，山田寺造営の頃のことであり，重弧文軒平瓦が出現する。もっともこれ以前に，パルメットを飾った軒平瓦が若草伽藍と坂田寺で使われたが，これは特殊な例である。7世紀後半，670年代から680年代にかけて法隆寺で忍冬唐草文が，本薬師寺で偏行唐草文が軒平瓦に使われる。7世紀末葉には大官大寺で均整唐草文が使われる。これ以後，均整唐草文が軒平瓦の瓦当文様の主流となる。

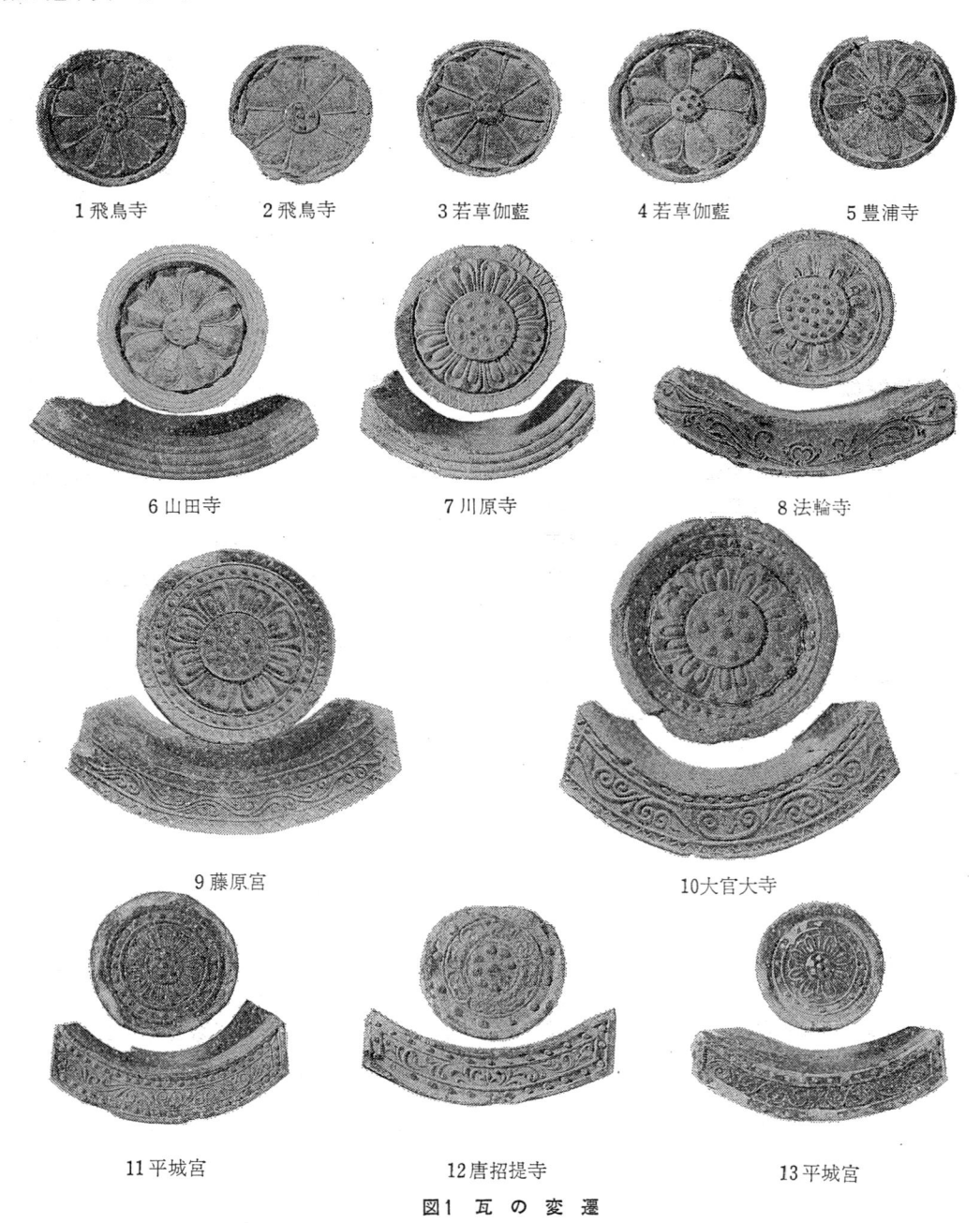

1飛鳥寺　　2飛鳥寺　　3若草伽藍　　4若草伽藍　　5豊浦寺

6山田寺　　　7川原寺　　　8法輪寺

9藤原宮　　　　　10大官大寺

11平城宮　　　12唐招提寺　　　13平城宮

図1　瓦　の　変　遷

2 年代の決めかた

瓦は建物の屋根に葺きあげるものであるから，本来的に大量生産される。年代を知る手がかりになりやすい軒先に用いる瓦も数百枚必要とする。生産された瓦が良質であればあるほど永もちする。これは稀有な例であるが，奈良市元興寺の極楽坊本堂と禅室の屋根の一部には今なお飛鳥時代と奈良時代の瓦がのっている。飛鳥時代の瓦は，飛鳥寺創建時に作られたものである。

瓦の寿命は70〜80年ぐらいであり，その頃に屋根の葺き替え工事が行なわれ，使用に耐えられそうなものはそのまま使い，使えないものは廃棄される。その際補足用の瓦が作られるのだが，その時代の新しい形のものが作られるかというと，必ずしもそうばかりではなく，最初に屋根に葺かれた瓦に倣ったもの，すなわち復古瓦が作られることが多い。さきにあげた元興寺極楽坊の奈良時代の瓦というのは，行基式丸瓦であり，飛鳥寺の何らかの堂舎を奈良へ移建した際に，不足分の瓦を飛鳥から運んだ行基式瓦に合わせて作られたものである。地上から屋根を見上げているだけではなかなか見分けにくい。そのような，瓦に対する十分な観察が必要となる。このようなことを念頭において年代を考える場合，生産の年代，使用の年代，廃棄の年代というものが関わってくる。

ある程度まとまった量の瓦が出土した場合には統計処理が必要である。出土比率の高いものが創建時の製品である場合がままある。もちろん，その寺なり堂舎が数百年間存続した場合には，幾度か修理工事が行なわれるので，そうした際の瓦の出土比率も高く表われる。したがって，出土瓦からその寺の経営の一端を知ることができるといえよう。また，古代においては寺の造営工事は長年月を要している。寺域を広い範囲で発掘した場合には，統計処理によって堂塔の造営順序という面も知ることができよう。

3 同范・同系の瓦

軒瓦は，瓦当范に粘土を詰めて作るので，全く同じ文様の瓦が何十・何百と作られる。これを同范瓦と呼んでいる。また大規模な造営工事が行なわれる際には瓦を大量に必要とするので，瓦当范も複数作られる。その場合，全く異なった文様のものが作られることは少なく，同じ系統の文様が用いられる。だから，よく似た瓦が大量に作られることになる。これを同系瓦と呼んでいる。

瓦当范は，本来的には造営工事の都度作られるので，それぞれの寺・官衙・宮殿で独自の文様の瓦が作られる。しかし，古代にあっては，瓦生産を含めて造営技術者の数に限りがあるので，特定寺院の瓦当范で作った瓦が他の寺院へ供給される場合が少なくなかった。古い例では，飛鳥寺と法隆寺若草伽藍とで同笵の軒丸瓦が使われている。また，若草伽藍と四天王寺との間でも別の瓦で同笵品が見られる。同笵瓦について検討しなければならないことは，先行するのはどちらかという点と，同笵品が何故あるのかという点である。

わが国古代の瓦当范は，ほとんど木製であるため，瓦を大量に作っていく過程で瓦当范に傷がつき，それが瓦当面にあらわれる。したがって両者の瓦を比べて文様がシャープな方が先行し，范傷があらわれている方が遅れて作られたことになる。また，蓮子の数を増やすとか，外縁の線鋸歯文を凸鋸歯文に彫りかえるといった，瓦当文様の一部をかえることも行なわれる。当然のことながら，文様変更の製品が後出のものである。このような場合，さらに検討しなければならないことは，瓦そのものがA寺からB寺へ運ばれたのか，瓦当范が移動してB寺の窯で生産されたのか，あるいはC窯で生産した製品をまずA寺へ運び，しかる後にB寺へ運んだのかといったいろいろな場面である。

次に同笵瓦が何故存在するのかという点である。これについては，造営当事者間での関係がその背後にあることに注意すべきであろう。その関係はすぐれて政治的な面に帰せられる。飛鳥寺と法隆寺若草伽藍との間で言えば，蘇我馬子と聖徳太子との関係である。一般に蘇我氏と上宮王家とは親密ではなかったようなイメージがあるが，そのような状況になったのは，推古天皇後の皇位継承問題にからんで蘇我馬子と山背大兄王との間が険悪になってからのことである。

飛鳥寺出土のその瓦は飛鳥寺創建時のものではないが，造営工事が始められてほどなくして作られたものである。しかし出土量は少なく，出土した飛鳥時代の瓦の中での比率は5.06％（16点）である[1]。それに対して法隆寺若草伽藍ではその軒丸瓦は創建時のものであり，29％（78点）を占めている[2]。このことは，飛鳥寺用として作られた

瓦当范の1つが若草伽藍造営に際して斑鳩の工房に送られたと考えることができ，蘇我氏が上宮王家の造寺活動を援助した表われと見ることができよう。斑鳩の地域は交通上要衝の地であり，ここに仏教文化に基づいた一大都市建設を目指した聖徳太子の考え，ひいては朝廷の意志に蘇我氏が協力したものと考えることもできる。もっとも，蘇我馬子自身政権の中枢部に居たわけであり，斑鳩でのそのような構想そのものが馬子の発想だったのかもしれない。いずれにしても，単に同范の瓦が出土したということではなく，背後に潜む，当時の情勢をうかがうことができる。

同系統の瓦が出土することも全国各地で見られる。そうした現象が生じる要因は必ずしもひとつではなく，時代によって，あるいは地域によって異なる。

奈良時代，国家的事業として国分寺の造営が進められた。国分寺の瓦の中には畿内直結の文様をもつ国がある。たとえば平城宮朝堂院所用の軒瓦とよく似た文様をもつ瓦が用いられた国分寺がいくつか見られる。このことは，それらの国々が国分寺造営時に，奈良朝政府から積極的に技術を導入したか，造営工事が遅れていたために政府が梃入れしたかのどちらかであろう。備中や美作などでとくに見られる傾向なのであるが，国分寺以外の寺々からも平城宮朝堂院の瓦と同系統の瓦が出土する。このようなことから考えられることは，国分寺造営時に国内の諸豪族と言おうか，郡司階層がその工事に力を貸したであろうということである。したがって，造営の遅れていた国々への政府の梃入れと見ることができるのである。

7世紀後半，全国的に寺造りが盛んになり畿内系の軒瓦が広く分布する。そうした中で法隆寺西院創建時の軒瓦との同范品，あるいはよく似た文様構成をもつ瓦，すなわち法隆寺式瓦が西日本に分布している。これは古代の史料との関連で述べられているのであるが，「法隆寺伽藍縁起并流記資財帳」に見える法隆寺の田畑・山林・山丘などの所領や庄倉の所在地と，法隆寺式瓦の分布と一致するところが多い点に着目し，法隆寺経営に関わった地方豪族層が建立した寺院に法隆寺式瓦を用いたのであろうと考えられている[3]。

7世紀後半には他に山田寺式や川原寺式瓦が各地に分布し，そうしたものから派生した文様をもつ瓦がそれぞれの地方独特の文様として分布する

ことが多い。7世紀後半では，郡（評）をこえて同范品や同系統の瓦が使用されることはさほど多いとは言えないが，東国の瓦に注目すると，たとえば上野あたりではその当初から郡を越えて瓦が供給されていることがある。

東国に限らず全国どこでも，最初に寺院を建立することができたのはその地域で強力な力をもち，かつ中央政府と密接な関係をもっていた豪族であった。したがって上野でも同様であり，山王廃寺造営者が隣郡に築いた窯での製品，これは整った文様構成の複弁蓮華文軒丸瓦であるが，これを用い，寺井廃寺にもその瓦を供給している。寺井廃寺は川原寺式瓦をも用いており，山王廃寺にわずかに遅れて造営された。また，上野国内では上植木廃寺をはじめとして相次いで畿内系の技術が入っていることが知られている。

このような傾向は他の国々でも見受けられ，中央政府が有力豪族に対して寺造りを援助し，その豪族を介して他の豪族へ技術援助を行なうという形が考えられているのである。では，何故7世紀後半代に全国的に寺造りが盛んになるのか。それは当時の寺の性格によるのだろう。寺は，単に僧侶が居て仏をまつり読経するという姿ではなかったのだ。寺は当時としての最新文化の受け皿であった。最新の文化とは中国大陸や朝鮮半島の文化であった。政府は唐へ使いを派遣し，僧侶や学生を送りこみ，中国の制度をも学ばせた。10年，20年，30年という長い年月をかけて彼の地で学びもち帰ったもの，それらをもとにして国家体制を新たなものに変えていこうと努力していた。すなわち，律令体制の確立をはかっていたのだ。中央政府だけがこれに対応できても何の役にもたたない。全国広い範囲に，これに対応できる者，新たな制度が理解できる者を育てねばならない。そのための受け皿が寺であった。寺を数多く造る必要がここにあったのだ。とりわけ同系統の瓦を見ることによって，当時の国家建設の動き，その一端を眺めることができる。

註
1) 奈良国立文化財研究所「飛鳥寺発掘調査報告」奈良国立文化財研究所学報，5，1958
2) 法隆寺『法隆寺防災工事・発掘調査報告書』1985，森郁夫「若草伽藍の瓦」法隆寺編『法隆寺発掘調査概報Ⅱ』1983
3) 石田茂作「法隆寺式忍冬唐草文字瓦の分布」『伽藍論攷』1948，鬼頭清明「法隆寺の庄倉と軒瓦の分布」古代研究，11，1977

法隆寺昭和資財帳の成果

法隆寺執事長

■ 高 田 良 信

（たかだ・りょうしん）

　法隆寺は無尽蔵ともいえるわが国仏教美術の一大宝庫であるといわれている。ところが最近まで法隆寺の代表的な宝物以外のほとんどのものは，未整理の状態でお堂の天井裏や土蔵の奥深くに眠っていたというのが実情である。

　法隆寺に伝わる宝物の総目録は天平19年（747）に「法隆寺伽藍縁起并流起資財帳」を作成して以来，本格的な総目録を作成したという記録はない。しかし，各時代の寺僧たちは「法隆寺に伝わる寺宝はすべて聖徳太子への信仰の尊い遺産であり，それを散逸することなく，後世に伝えることが寺僧たちに課せられた一大使命である」との認識のもとに，それを大切に護り伝えることにその生涯を捧げてきたのであった。それは，「金堂」「綱封蔵」「舎利殿」「護摩堂」など，とくに重要な殿堂に附属する宝物については，目録を作って，その管理を厳重に行なっていることからも知られよう。

　そのような涙ぐましい労苦の結果，多くの宝物が現存していることを忘れてはならない。寺僧たちはつねにそうした宝物の総目録を作らねばとする強い念願を抱きながら，ついにその実現を見る機会を得ないまま近年に至ったのである。

　ところが明治維新の廃仏思想が高まるなか，法隆寺の再興を願い，優れたリーダーシップを発揮した法隆寺の住職千早定朝師は明治5年（1872）8月に政府機関による社寺の宝物検査の一環として大々的に行なわれた法隆寺での「古器物検査」（宝物目録を作成）以来，一層，寺宝の保護対策に力を入れている。

　明治8年には，先の宝物目録をベースとした「伽藍堂舎本尊仏像並堂付資財等目録」を作成したり，明治12年には，その前年に行なわれた宝物の献納によって空白となった綱封蔵などの宝物の補充を積極的に行なっている。それは，明治12年に千早定朝師が作成した「法隆寺古器物古文書目録端書」に，

　「去る明治十年件の宝物古器及び旧記に至るまで余すこと無く，これを聖朝に献納す。然る処，辱なくも金壱万円を賜う。是に於て該恩賞金の利分を以て年々漸々に伽藍堂宇並蔵庫に至るまで，これを修補し，且つ古器名画など遂次に購求し，以てこれを宝庫に蔵して，兼ねて天平の古式に倣ひ当寺流記資財帳を編集せんと欲するの志念あり。由つて両三箇年以来，処々に散在するを徴収し，或いは買得し，又は寄主を募り云々」

と記されていることからもわかる。

　そのような経緯のもとに，ついに昭和の大修理が一段落した昭和56年に東京大学名誉教授太田博太郎氏を中心とする各界の学者の絶大なる協力と法隆寺当局の一大決意のもとに悲願の宝物目録作りに着手することとなり，それを「法隆寺昭和資財帳の編纂」と名づけたのである。早速，法隆寺では聖徳会館内に「法隆寺昭和資財帳編纂所」を設置し，その作業をスタートしたのであった。

　ところが，この調査に着手するや予想を遙かに上回る新発見が相次ぎ，世の人々はもちろんのこと，担当している私たちでさえも，あっと驚くような優れた宝物の数々が出現したのであった。そのなかには，唐代の「海獣葡萄鏡」をはじめ，飛鳥時代の「戊子年銘幡」（一応，688年と考えられているが，628年の可能性も残されているという）や「褥」「蜀江綿の大幡」などの新発見があり，奈良時代に造顕された「百万塔」も45,755基が現存していることを確認したのである。その他に，鏡2,430面，武器・武具類約10,000点など，想像を絶する量の発見が相次いでいる。

　それらの調査結果は新聞やテレビを通じて詳しく報道され，「法隆寺昭和資財帳」作りの意義を学界はもちろんのこと，多くの人々にも理解していただく結果となり，この調査の前途に大いなる

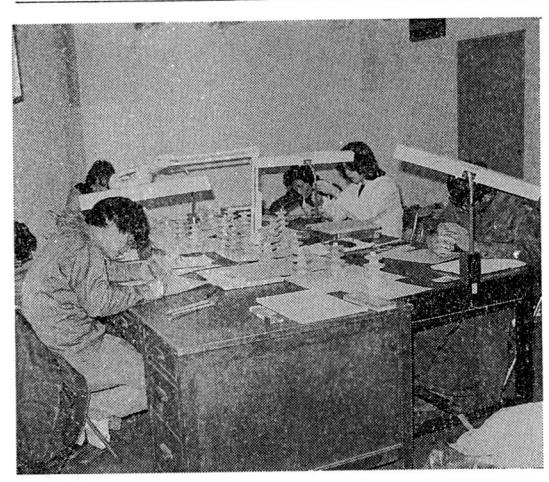

法隆寺昭和資財帳百万塔調査風景
（奈良国立文化財研究所提供）

期待がもたれることとなった。

そのような経緯を経て「仏像」「絵画」「工芸」「書籍」「建築」「考古」など各分野の調査が順調に進行し，各部門において新発見が相次いでいるというのが現状である。その中でも，とくに工芸部門と考古部門の量が最も膨大である。

工芸の部門では，新たに発見されたものの中に，明治11年に法隆寺から皇室に献納した宝物（法隆寺献納宝物という）と本来一具であったと見られる「佐波理鋺」「佐波理承盤」「佐波理小鋺」「金銅灌頂幡残欠」「金銅伎楽面宝冠」や飛鳥・奈良時代の「染織類」「白氈」「蓆」なども多数含まれていることを確認している。それ以外にも「荘厳具」「供養具」「梵音具」「堂内具」「法会儀式用具」「僧具」「装束，楽器」「密教法具」「鏡，櫛，笄」「収納具」「食器生活具」など多数の寺宝類を発見している。

考古の部門では，百万塔に残されている墨書銘から明らかにされつつある製作過程をはじめ，境内から出土した瓦や土器などの調査によって，7世紀のはじめから現代に至る，わが国の考古学編年史上の新しい研究成果に多くの期待が寄せられている。

このように，現在進行しつつある「法隆寺昭和資財帳」の調査と研究によって法隆寺に伝わる宝物の全体像が一層明らかとなり，わが国の仏教文化史上画期的な成果を収めることであろう。この「昭和資財帳編纂」はまさに国家的大事業であり，おそらく調査が完了した時点では新たに国宝や重要文化財に指定されるものが多数含まれているものと見られている。

その結果，法隆寺は単にわが国仏教文化の宝庫であることに留らず，世界文化が集まる一大メッカとして再認識される日も近いことが予想される。それは，今回の調査で発見された寺宝の中に，遠くペルシャからシルクロードを通ってもたらされた多くの文物をはじめ，東アジアの文化の影響を強く受けたものがあり，少なくとも東アジアの中における「法隆寺」といった見地からも見直されるものと考えられるからである。しかも，それらの寺宝の中には年代的に見ても正倉院より一時代古いと見られるものが多数含まれていることと，飛鳥時代から現代に至る各時代の寺宝が編年的に存在しているところに法隆寺の一大特徴があるからである。まさに1400年を生きた寺であり，これからも生き続けるであろう「法隆寺」は世界的視野の上からも他に例を見ない無類の存在であるといわねばならない。このような法隆寺の寺宝は1400年の永きにわたる険しい道のりとそこで展開したであろう学問の研究や信仰の姿を私たちに語りかけてくれているように感じられる。

しかし，このような多くの寺宝が現在に無事伝世してきた陰には数知れない寺僧たちの労苦があることを忘れてはならない。おそらく各時代の寺僧たちは聖徳太子への信仰の遺産である宝物を守り伝えることにその生涯をかたむけ，いかに破損したものであっても後世に伝えねばならないとする強い使命のもとに勤しんでいた様子がしのばれるからである。

私は，そうした使命感が一つの不文律の寺訓として歴代の寺僧たちの間に受け継がれていたように思われてならない。私たちは，この無尽蔵ともいえる宝物を前にして，太子のご遺徳をしのび，多くの寺僧たちの労苦に改めて敬服するのみである。そして，法隆寺にとって永年の悲願であったこの「資財帳の編纂」が完成する時期に居合わせることができたことの幸せに感謝しつつ，私たちも先輩たちから無言の内に受け継いだ寺訓を後世にしっかりと伝えることを誓わずにはおれないのである。

相対する旧石器遺跡——鹿児島県榎崎（えのきざき）B遺跡・西丸尾（にしまるお）遺跡

鹿児島県教育委員会

榎崎B遺跡・西丸尾遺跡は，一般国道220号鹿屋バイパス建設地内に所在し，鹿児島県教育委員会が建設省から委託され，平成2年度に発掘調査を進めている。

1　遺跡の立地と環境

榎崎B遺跡・西丸尾遺跡の2遺跡は，大隅半島のほぼ中心部の鹿屋市街地から北へ約4km の鹿屋市郷之原榎崎と同市白水町西丸尾に在り，高隈山系の山々から南に延びた標高約110m の台地に位置している。

また，両遺跡は，高隈山系に源を発する高須川をはさんで直線距離にして，約300m を隔てて相対しており，両遺跡の先端部は急崖となり高須川と接し，川との比高は約30m である。

2　榎崎B遺跡の細石器文化

本遺跡は，旧石器時代（細石器文化），縄文時代早期・晩期，古墳時代，平安時代からなる複合遺跡である。

現在発掘調査中で，各時代の出土遺物および検出遺構については詳細な検討に着手していないため，これらに関する論考などについては発掘調査報告に委ねることとし，本稿では現時点で終了した旧石器時代（細石器文化）について，以下，紹介する。

現在までの発掘調査終了面積は約600m² で，いわゆる薩摩火山灰層下のⅦ層（茶褐色粘質土層）が旧石器時代の遺物包含層である。

(1)　出土遺物

出土遺物には，細石刃核・細石刃，局部磨製石斧，円盤型石核などの石器類が約800点ほどあるが，石器類の大半は剥片や砕片で占められており，石器の数は少ない傾向にある。

遺物は，調査区のほぼ全面に点在するが，主にH～I－7～8区に比較的多く分布する傾向を示し，グループあるいはユニットとしての集中個所は認められない。なお，旧石器時代の生活面は平坦ではなく，H－7・8区で小谷となり，さらに7区から8区へかけて緩やかな傾斜面を呈す。

細石刃核・細石刃の素材には，黒曜石（大半を占める）や頁岩を使用している。

細石刃核の形態は，「野岳・休場タイプ」の他に，良質の黒曜石の小角礫を素材に，石核整形を施さないものも

ある。

(2)　遺構

礫群9基やピット21個，配石遺構などが検出されている。

礫群　9基の礫群は，平坦部や緩やかな傾斜面に弧状に分布する。各礫群は，12個～100個前後の握り拳大の自然石を使用し，比較的まとまりのあるものや，小範囲に散在しているものまであり，形状は一定ではない。各々の石は熱を受けて赤化し，脆くなっているものや，割れているものもみられる。なお，礫群内外には，焼土や灰・木炭・掘り込みなどは検出されていない。

ピット群　調査区のほぼ中心部の緩やかな傾斜面に，あたかも礫群に囲まれるようにして，15個のピットが集中して検出されている。検出面でのピットの径は10cm から20cm 前後で，円形や楕円形を呈し，深さは5cm から25cm 前後のものである。また，掘り方は垂直のみならず，斜めに掘り込まれたものもある。

本遺跡の特色としては，細石刃核や細石刃に伴って局部磨製石斧や円盤形石核を出土することや，9基もの多くの礫群・ピット群（住居址などが考えられる）が検出されたことである。今後，南九州における細石器文化を考える上で，貴重なデータを提供できる遺跡の一つに数えられるものと考える。

3　西丸尾遺跡の細石器文化

本遺跡は，旧石器時代（ナイフ形石器文化，細石器文化），縄文時代早期，奈良・平安時代の複合遺跡である。調査地は，東方向に傾斜する地状を呈し，台地先端部は急崖な地形となる。現在，調査対象区の東側半分約900m² で調査を終了している。

Ⅶ層（茶褐色粘質土層）の中位が，細石器文化の遺物包含層である。

(1)　出土遺物

遺物の分布は，台地末端部の崖に近い緩傾斜面に集中している。分布状況は，2～3のユニットに区別でき，約1,200点が出土している。

遺物は，細石刃核・細石刃・スクレイパー・剥片・チップなどで，水晶・頁岩・黒曜石などを素材としてい

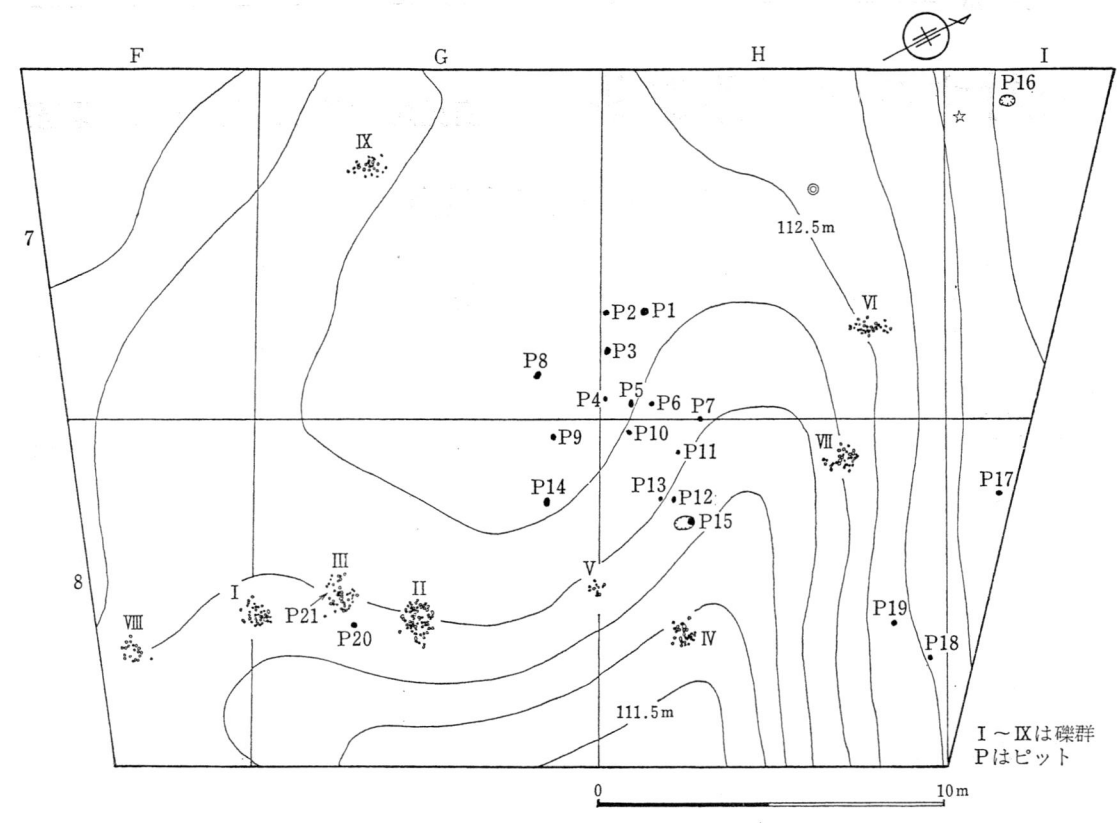

◎：円盤型石核　☆：局部磨製石斧
榎崎B遺跡礫群・ピット群配置概略図

る。細石刃核は約30点出土しているが，黒曜石製2点，頁岩製3点を除き，他はすべて水晶製のものである。

　細石刃核の形態は，角柱形のもの，傾斜する打面を有するものなど，いわゆる「野岳・休場タイプ」のものである。とくに水晶を素材とする細石刃核は，水晶がもつ特性を最大限に利用しながら，折断面を打面とし，尖端部をそのまま下縁に，ほとんど整形を施していないものもみられる。

　(2)　遺　　構
　礫群が6基検出されている。礫群は礫の集中度が高いものや，そうでないものがある。石は握り拳大のものを用い，火を受け，赤化やヒビ割れなどがみられる。

4　西丸尾遺跡のナイフ形石器文化

　細石器文化とほぼ同じ区域に検出されているが，とくに台地の東側先端部に遺物の集中がみられる。Ⅷ層を遺物包含層とする。

　(1)　出土遺物
　出土遺物には，ナイフ形石器，尖頭器，スクレイパ

ー，剥片，砕片など，約2,500点が出土している。石器の素材は量的に多いものから順に，粘板岩・頁岩・黒曜石・玉ずいなどである。

　ナイフ形石器には，縦長剥片を用い先端部の片側の一部に刃潰しを加えたものもある。

　(2)　遺　　構
　遺物包含層の最下部からⅨ層の上面にかけて，礫群6基が検出されている。細石器文化のものより礫のまとまりが良好で，やや大きな礫を使用し，礫群の半数は掘り込みを伴っている。

　本遺跡の特徴としては，細石器文化とナイフ形石器文化の二時期の文化層が検出されたことである。

　南九州では，細石器文化とナイフ形石器文化の二時期の文化層が同一遺跡から検出された例は少ない。また，両文化層からは，それぞれ礫群も検出されており，今後の旧石器文化の研究に寄与する基礎的なデータを提供できるものと考える。

（文責　青崎和憲・宮田栄二）

鹿児島県榎崎 B 遺跡・西丸尾遺跡

川をはさんで約 300 m を隔てて相対する鹿屋市榎崎 B 遺跡と西丸尾遺跡で鹿児島県教育委員会による発掘調査が行なわれ，旧石器時代と縄文，平安時代ほかの複合遺跡であることがわかった。両遺跡の調査は進行中であるが，榎崎 B 遺跡では細石刃核や細石刃，局部磨製石斧などに伴って，礫群や住居跡と考えられるピット群などが発見された。さらに西丸尾遺跡では細石器文化とナイフ形石器文化の 2 時期の文化が同一遺跡から検出され注目される。

　　写真提供／鹿児島県教育委員会

礫群とピット群
細石器文化に伴う礫群と，礫群に囲まれて検出された15個のピット群

鹿児島県榎崎 B 遺跡

礫群 I

細石刃核（黒曜石製）

細石刃

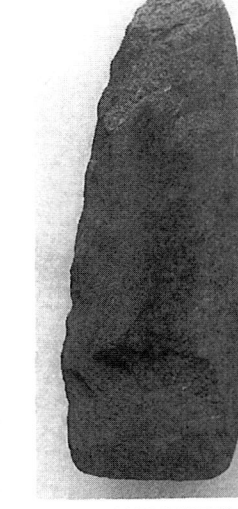

局部磨製石斧（左）

長さ10.2cm，刃部幅3.2cm，厚さ1.9cmを測り，刃部が最大幅となる。左側面の表裏と，刃部の片面に剥離面がみられる。刃部はていねいに磨かれ，刃先はゆるやかな丸刃となる。

円盤形石核（右）

両面ともに全周辺から求心的に打撃が加えられ，両面の中央部には自然面が残されている。

水晶製の細石刃核と細石刃

ナイフ形石器と尖頭器
（左端のナイフ形石器の長さは約10cm）

東京造形大学宇津貫校地内遺跡A地区G25A・B・C窯跡（北から）

平安時代の須恵器窯跡が発見された
東京都東京造形大学宇津貫校地内遺跡

多摩丘陵の西部北縁に位置する同遺跡は南多摩窯跡群の中核を占める御殿山窯跡群に含まれる。最近の調査で8基の須恵器窯跡が発見され，多量の遺物，原材料である粘土の採掘場，木製品など豊富な資料がえられた。窯跡はすべて半地下式の登窯で，全長は5～6.5m。周溝を伴う例が多い。

構　成／遠藤政孝　　写真提供／東京造形大学宇津貫校地内遺跡調査団

A地区粘土採掘坑遺物出土状態（北から）

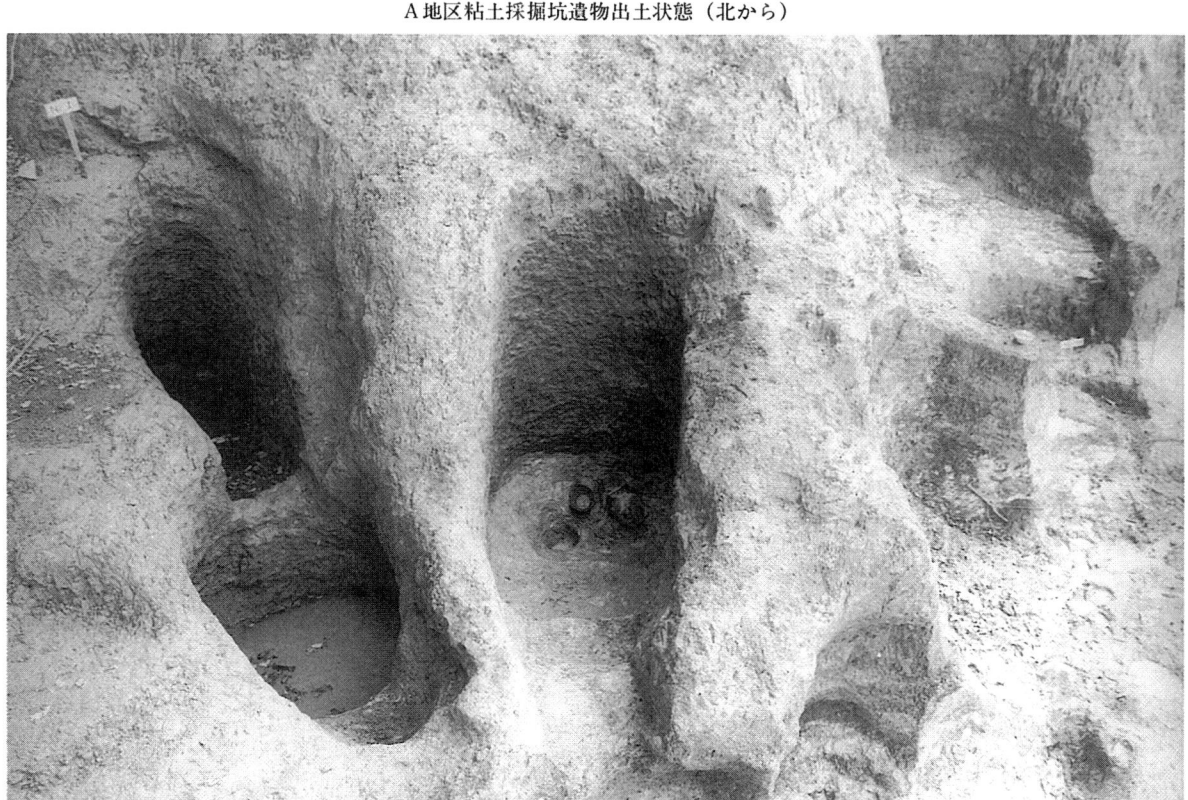

東京都東京造形大学宇津貫校地内遺跡

粘土採掘坑群出土遺物

G28窯跡出土風字硯

A地区粘土採掘坑鋤出土状態

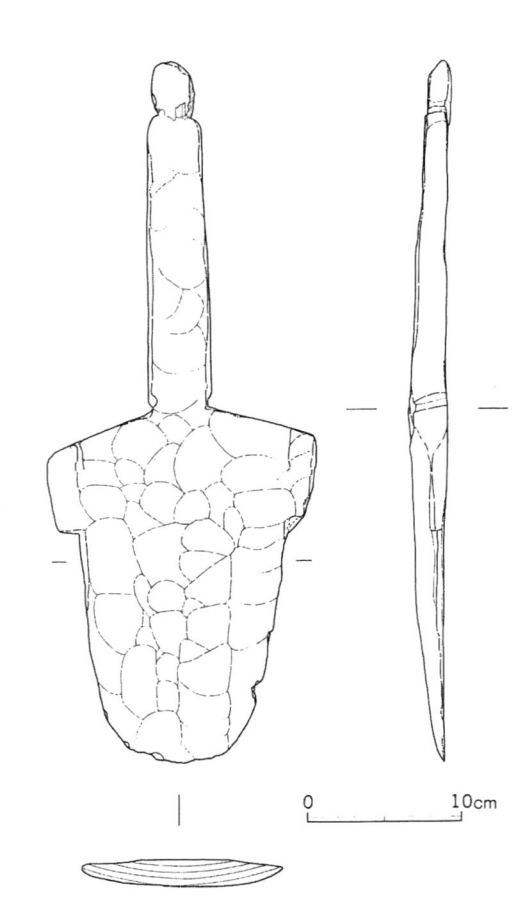

0　　　　　10cm

粘土採掘坑出土鋤実測図

南多摩窯跡群の調査——東京造形大学宇津貫校地内遺跡

遠藤政孝 東京造形大学宇津貫校地遺跡調査団

1 窯跡の位置と調査

本窯跡は八王子市の南部，町田市に接する宇津貫町に所在し，多摩丘陵の西部北縁に位置する。当該地域は多摩川および境川に注ぐ小支流により複雑に開析された樹枝状の谷戸地形が発達し，この地形を利用した古代窯跡として古くから知られてきた。本地点を含む御殿山窯跡群は，多摩丘陵に広がる南多摩窯跡群の中核を占めている。

調査は桑沢学園東京造形大学宇津貫校建設に伴う事前調査として実施された。調査区は3つの谷戸からなり，昭和54年に実施された分布調査により，各谷戸でそれぞれ（A地区）G25号，（B地区）G27号，（C地区）G28号各窯跡の存在が知られていた。

確認調査は，昭和63年10月にA地区より着手し，B・C地区へと移り，平成元年3月に終了した。引き続き，本調査はC地区より実施し，B・A地区の順に行ない平成元年11月に終了した。

平成2年度にいたり建設工事が開始されたが，その掘削作業に伴い，確認調査の及ばなかったA地区谷奥部分の埋没谷の底近くで，新たに窯跡が検出され，同年5月より6月にかけて調査を行なった。

2 遺構の概要

A地区においては，窯跡5基と粘土採掘坑群および水場跡を検出した。5基のうち，G25A・B・C号窯跡は北面する斜面を共有しながら，ほぼ等間隔に占地しており，遺存状態は比較的良好であった。G25D号窯跡は，谷奥寄りの東面する斜面に位置し，遺存状態は悪く，焚口部および煙道部は削平を受けていた。G25E号窯跡は，谷奥部分，南面斜面に移行する斜面下位に位置し，削平を受けて焚き口部は欠失しているが，窯体内の遺物の遺存状況は良好で，焼台として転用された製品が多数原位置を保って検出された。

各窯跡に伴う灰原は，規模が小さいながらも遺存していた。しかし，表土が浅く，谷筋の流路の影響を受けていたため，窯跡相互の先後関係を明確にすることができなかった。

粘土採掘坑群は，A地区の谷を囲むように広範囲に分布しており，窯跡が構築された御殿山礫層の上層に堆積した白色粘土を採取するために掘り込まれたものである。採掘坑は，その規模，形態ともにさまざまであり，複雑な切り合い関係を有するものも多く，無作為に粘土を採掘した結果と考えられる。大型の採掘坑は，斜行部と採掘のための竪坑部からなり，斜行部には階段状のステップを数段造り出したものも見られた。採掘坑内には，遺物を出土する例も多く，坱を主体に，坏および甕などが見られ，谷奥部分で確認した採掘坑内においては木製鋤が検出された。それらの内には，明らかに採掘後意識的に置かれたものもあり，採掘に伴う何らかの祭祀との関連が想起される。

水場跡は，谷奥部分G25E号窯跡に近接して検出され，谷頭の湧水部を利用している。明確な施設は確認することができなかったが，4×5mの範囲に木製品を含む遺物の散布が認められた。出土遺物は，木製品では，曲物・槽，ほかに須恵器蓋，坏，瓦などが認められた。出土遺物などから，窯の操業時に機能したものと考えられる。

B地区においては，窯跡2基と竪穴状遺構が検出された。窯跡は谷奥の東面する斜面に占地し，中段にG27A号，その北側上段にG27B号窯跡が検出された。斜面が急傾斜なため灰原は完全に流失しており，下側谷部分の調査でも遺物の量は僅少であった。

竪穴状遺構は，窯跡の上段尾根部分のわずかな平坦面

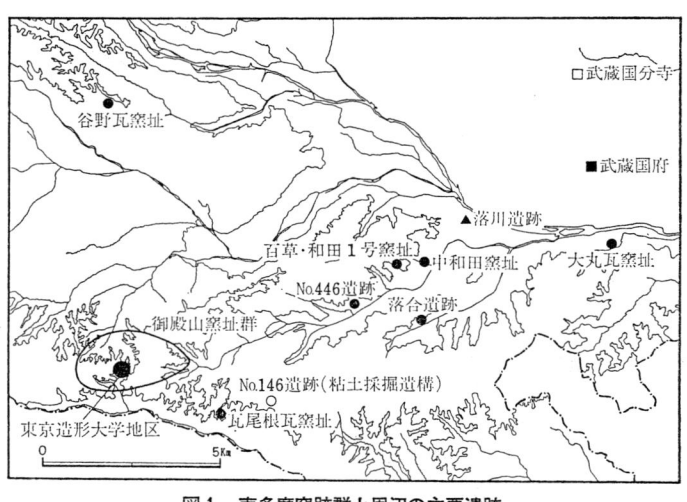

図1 南多摩窯跡群と周辺の主要遺跡

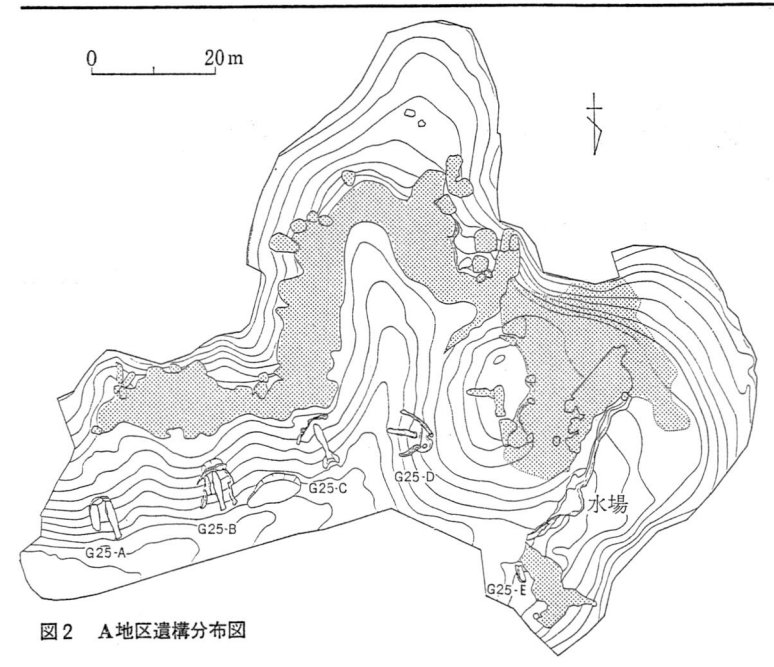

図2　A地区遺構分布図

を利用して構築されたもので，出土遺物から，近接する
G27A号窯跡と同時期の所産と考えられ，窯の操業に伴
う何らかの施設と思われた。

C地区においては，窯跡1基が検出された。G28号窯
跡は，谷入口寄りの東面斜面の地山シルト層を掘り込ん
で構築したもので，窯体・灰原ともに遺存状態が極めて
良好であり，遺物量も豊富であった。窯跡の南側上段に
は窯尻のレベルにあわせて平場を造り出し，その中央に
は，2.1×1.3 m の平面楕円形を呈し，深さ1.7 m ほど
の土坑が掘り込まれていた。遺物の出土状態から，この
平場は操業時には機能していたものと考えられる。灰原
は窯体下側斜面から，谷部分にかけて広範囲に及び，最
大で厚さ 1.5 m を測った。

今回調査した窯跡は，すべて半地下式の登窯で，ほと
んどが地山の御殿山礫層を掘り込んで構築されており，
排水施設と考えられる周溝を伴う例が多かった。全長は
5〜6.5m，窯底は30度ほどの角度を有する例がほとんど
で，唯一G25E号窯跡のみは全長約3mの小型のもので
あり，窯底も20度ほどの傾斜しか有さず，他例とは異な
るものであった。窯構造は，平面長方形を呈する燃焼部
に紡錘形の焼成部が接続する形が基本であった。窯底面
は薄く粘土を貼って構築しているが，奥半部は地山がそ
のまま被熱している例が多かった。窯壁はスサを混入し
た粘土を，10〜20 cm の厚さで貼って 構築しており，
アーチ状を呈していたものと考えられる。G25C号窯跡
には，窯壁内に補強材の痕跡と考えられる径 約 2 cm の
孔が確認され，構築方法を探る手がかりを提供している。

各窯跡において，窯体の截ち割り調査を行なったとこ
ろ，窯壁部分には数度の補修痕が確認されたが，窯底面
については操業回数を特定する痕跡を
認めることはできなかった。

3　遺物の概要

検出された遺物は8基の窯跡，とく
にG28号窯跡を最多に膨大な量に達し
た。それらのなかの大部分は，供膳具
としての坏であり，ついで埦・皿，貯
蔵具としての甕・壺などが あげられ
る。特殊な遺物として，G28号窯跡出
土の風字硯・鉄鉢状埦・高坏・コップ
形鉢・分銅形土製品，G25A〜E号窯
跡出土の風字硯・突帯付四耳壺・水
瓶・小瓶などが特筆される。

南多摩窯跡群において初見の風字硯
を始め，仏器的様相の濃い器種の確認
は，本窯跡群の性格を考えるうえで重
要な手がかりといえよう。

また須恵器のほか，瓦も少量ではあるが検出され，と
くにG25E号窯跡およびG28号窯跡において顕著であっ
た。ともに構築材として使用された痕跡は認められず，
焼台などに使用するために運んで来たものと考えるには
多すぎるような気もする。とくにG25E号窯跡において
は，縄目叩きの痕跡を残すのみの無文の軒平瓦も出土し
ており，いわゆるさし瓦などの少量の需要を満たすため
に，瓦を併焼していた可能性を否定することはできない。

粘土採掘坑および水場跡で検出した木製品はその遺存
例が極めてまれなものであり，とくに鋤の発見は，粘土
採掘の実態を具体的に物語る好資料となった。

現在，遺物の水洗い作業が終了した段階で，まだ充分
な検討を加えていないが，ほぼ各窯跡の操業順序が想定
され，G27B号窯→G27A号窯→G28号窯→G25A〜D
号窯→G25E号窯という遺物の変遷が捉えられる。な
お，G25C号窯が南多摩窯跡編年におけるG25号窯にあ
たり，このたび調査した8基は，G25C号窯式を中心とす
る極めて限られた時間内での操業と判断される。

このたびの調査は，3地区8基の須恵器窯跡を始めと
して，多量の遺物，原材料である粘土の採掘場，木製品
など豊富な資料を得ることができた。とくに南多摩窯跡
編年に直接に係わるG25C号窯跡を含む多量の出土遺物
は，今後の編年研究に多くの資料を提供することになっ
た。さらに一つの谷の中で，窯と粘土採掘場が一体とし
て存在するというきわめて特徴的な窯場の構造が明らか
にされた成果は注目されるであろう。

最後に格別の協力を願った桑沢学園東京造形大学およ
び八王子市教育委員会，調査に尽力してくれた調査員各
位に対して感謝の意を表させていただきたいと思う。

90

連載講座
縄紋時代史
8. 縄紋土器の型式(3)

北海道大学助教授
林 謙作

これまで三回にわたって，縄紋土器の型式について述べてきた。型式がどのような意味を持つのか，その問題を検討して，型式についての説明に区切りをつけることにしよう。ただし，その前に型式の大別・細別をめぐるいくつかの問題，土器の製作・使用・廃棄と型式のかかわりについて考えておく必要がある。

1. 「型式」の尺度（スケール）

型式は，遺物（＝土器）の特徴の部分集合だ，といえよう。われわれが，型式を手段として，何を説明しようとするか，その目的にしたがって集合のなかにとりこむ要素は違ってくる。縄紋土器の研究の歴史のなかでは，土器の変遷をたどる，という目的が主流となってきている。われわれが普段なじんでいる型式は，土器のさまざまな特徴のうち，年代・分布による変化を敏感に反映する要素の集合だ，といえる。型式には，時期・系統・分布という属性がある，という杉原荘介の発言[1]は，縄紋土器の「型式」が，どのような役割をはたしているか，はっきりしめしている。

ところで，型式と時期・分布は，杉原のいうように切り離すことのできないものだろうか。「属性」という以上，時期も分布も型式を構成する要素で，これを取り去れば型式は型式でなくなる。しかし，型式を構成する要素は，われわれが観察したいくつかの特徴とその関係である。これらの要素のまとまりを時間の流れのなかにおけば年代が，空間の拡がりのなかにおけば分布があきらかになる。年代と分布は型式の時間・空間の座標のなかでの位置，型式を時間・空間という次元に投影したすがた，というべきだろう。このように考えなければ，搬入品・伝世品のように通常の分布

範囲や存続期間をこえた資料はひとつの独立した型式として扱われねばならぬ，ということになりかねない。型式の内容・年代・分布はたがいに深いかかわりがあるが，それぞれ独立している。

しかし今のところ，型式の内容・年代・分布を区別せず，おなじ名称をもちいている。この慣行は便利ではあるが，不都合な面もある。草創期後葉のある時期を「井草期」とよぶとすれば，「南関東に井草式が拡がっていた時期」という意味に理解することができる。この場合，井草式とはまったく違った型式（たとえば表裏縄紋土器）が分布している地域にこの名称を用いても，不自然かもしれないが，筋がまったくとおらないわけではない。しかし「井草期」という名称は，「南関東の井草式のような型式が拡がっていた時期」という意味に理解することもできないわけではない。この場合，表裏縄紋土器の分布圏に「井草」という名称をあてはめるのは，不自然なばかりでなく，無理があるし誤解のもとになるだろう。

このような混乱を完全に避けようとすれば，型式の内容・年代・分布範囲をあらわす名称（とりわけ内容と年代）を分離しなければならない。地史学の分野でも，ひとつの名称がいくとおりもの意味にもちいられ，混乱がおきた。その結果，岩相層序単元 Rock-stratigraphic Unit・生層序単元 Bio-stratigraphic Unit など，いくつかのカテゴリーを区別し，呼びわけるよう提案されている[2]。年代・時期をあらわす名称を，近畿地方の弥生時代のように，序列に置き換え，数字で表現するものがもっとも簡便な方法かもしれない[3]。しかし大別型式の範囲・細別型式の範囲と序列が確定しないうちに無理をすれば，型式名を時期名に流用しているよりもひどい混乱が起きるだろ

う。

　早期から晩期までの区分も，もともとはいくつかの細別型式をまとめた大別型式の名称であったが，「尖底を有する本格的に古い土器群」・「広義の諸磯式とその並行型式」という定義ではとらえ切れぬ型式が増加するとともに，大別型式としての意味はほとんどなくなり，時期区分になってしまった。下総考古学研究会による勝坂式の研究成果[4] を例にひいて，型式の大別と細別・型式設定の条件などを説明しよう。

　広い意味の，つまり大別型式としての勝坂式（以下たんに勝坂式という場合，大別型式の意味でもちいる）は，五領ケ台式の後・中峠式の前に位置し，五つの細別型式（勝坂Ⅰ～Ⅴ式）に区分される。勝坂Ⅰ式からⅤ式までの各型式のあいだには，いくつもの違いがあるが，

① 三種類前後の深鉢・二種類前後の浅鉢・有孔鍔付土器の組合わせを基本とする。

② 口頸部紋様帯の発達するもの（横割区画文土器・図1―1・2）が多数を占め，これに口頸部紋様帯の発達の微弱なもの（縦割区画文土器・図1―3）がともなう。

③ 横位・縦位の区画は浮紋で表現され，さらにいくつかの単位に分割されている。横位の

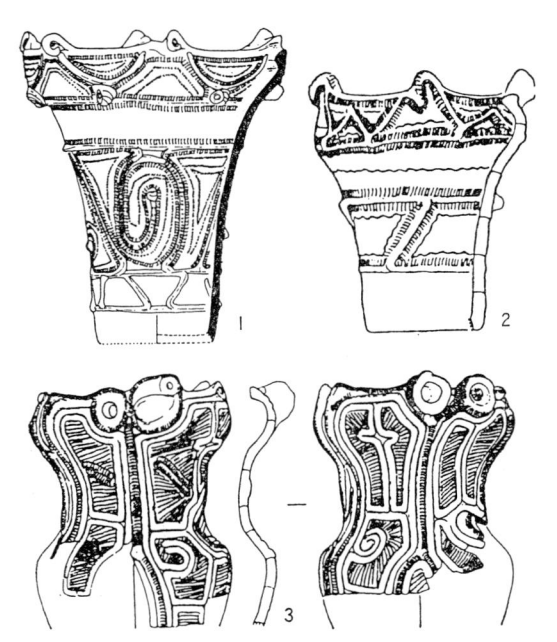

図1　横割区画文土器（上）と縦割区画文土器（下）
　（1：勝坂Ⅱ式，2・3：勝坂Ⅲ式，1～3：東京・神谷原）（註4による）

区画は多層化する傾向がめだつ。

④ 深鉢の施文範囲は口端から体部にひろがり，浅鉢では口唇部・口頸部にかぎられる。

⑤ 把手・突起が発達し，紋様帯の縦方向の分割線は把手・突起の位置に対応する。五領ケ台式・阿玉台式に多い四単位の突起や把手を避ける傾向がめだつ。

⑥ 三叉・渦巻などの図形紋様のほか，蛇身・人面などの具象紋様があり，単位紋様の種類がきわめて豊富である。

⑦ 紋様の輪郭を浮紋で表現し，そこに沈紋の縁どりをくわえる。

⑧ 縄紋の施文範囲はかぎられ，紋様帯の縄紋地紋・磨消縄紋などはきわめてまれである。

などの点が共通し，勝坂式の特徴——勝坂Ⅰから勝坂Ⅴまでの諸型式が一つの系統に属し，連続性をたもちながら変化を重ねてきたことをしめしている[5]。このように，きわだった断絶がなく，系統的な変遷がたどれる複数の型式[6]をまとめたのが大別型式で，細別型式の共通点が大別型式の特徴となる。したがって，大別型式は広い地域・長い期間にわたる土器の変遷を説明するのに有効な手段となる。さきに触れた岡本勇の「型式群」・小林達雄の「様式」は大別型式にほかならない。

　ただし，前後のつながりが確認できただけでは，大別であれ細別であれ，型式を設定することはできない。下総考古学研究会は，阿玉台（あたまだい）・新崎（にんざき）／上山田・北屋敷など「隣接型式との共通性（同時代性を示す）と差異（型式の分離を示す）」をとらえたうえで，勝坂Ⅰ～Ⅴ式が「多少の伸縮は持ちながらも，ほぼ同一の分布圏を示すことを確認」し，前後関係だけではなく，分布の面でも勝坂式が分離できることを確かめている。「並行隣接型式との分離を科学的に保証するのが分布」であることは，型式設定のうえで重要な，しかしともすれば忘れがちな事実の指摘である[7]。

　勝坂Ⅰ～Ⅴ式の細分の結果は，型式を構成する要素の動きがかならずしも一様ではない，ということをしめすよい材料ともなる。突発的で不連続な動きをしめす要素と，漸移的でなしくずしの動きをしめす要素がいり混じっている。

　桶形土器とよばれる寸胴（ずんどう）の鉢は勝坂Ⅰ式にしかともなわず，吊手土器は勝坂Ⅳ期以前にはない。これらの器種は，不連続な動きをしめす要素といえる。勝坂Ⅲ期には，縦割区画文土器が多くな

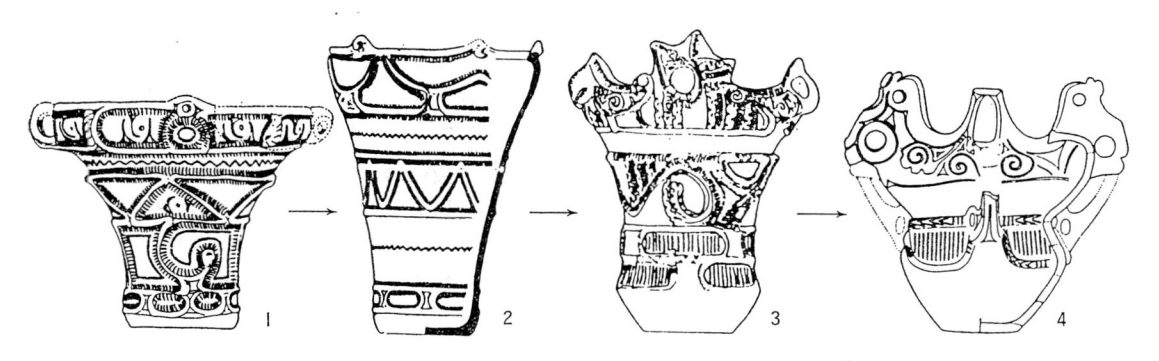

図2　「屈折底」の変遷（1：勝坂II式，神奈川・荏田10，2：勝坂III式，東京・日野吹上，3：勝坂IV式，東京・井の土池，4：勝坂V式，東京・西上）（註4による）

り，五領ケ台式以来の「半楕円・三角形区画文」も姿を消す。口頸部紋様帯の縮小がこの変化のひきがねとなっている。しかし，勝坂IV期にはふたたび口頸部の紋様帯は拡大し，それとともに縦割区画文土器も少なくなり，口頸部には新しい種類の区画紋があらわれる。この変化も，前後の脈絡のない，不連続な現象である。

　その一方，深鉢の「屈折底」（図2）のように，勝坂II期にあらわれ，V期までひきつづき顕著になっていく要素もある。勝坂式では，浮紋を縁どる沈紋がほかの型式の地紋に似た役割をしている。沈紋の工具と手法は，新旧の要素が併存し，二〜三型式のあいだに完全におきかわる。なしくずしの変化という点では屈折底の動きと似ているが，ひとつの要素のすがたが変わるのではなく，べつの要素にいれかわるのだから，区別すべきだろう。沈紋に挟まれ，あるいは沈紋が重なる浮紋も，断面が三角のものからカマボコ形のものに次第におきかわっていく。

　勝坂III期の口頸部紋様帯の変化に注目すれば，勝坂式を古・中・新に区分することもできる。沈紋の変化でも三分することができる。吊手土器の有無に目をつければ，勝坂I〜III式・IV〜V式をそれぞれひとつにまとめ，二分することもできよう。前回取り上げたように，派生器種の有無を手掛かりとして，縄紋土器の動きを観察しようとすれば，吊手土器をともなう勝坂式・ともなわぬ勝坂式をおなじものとみることはできない。しかしこの区分は，勝坂I〜V式の変遷のなかでおこったできごとの意味，つまり勝坂式のなかの系統的な変遷を説明している勝坂I〜V式の区分とはべつのことがらを説明することに目的がある。遺物を分類する基準は，その結果からどのような説明をひきだそうとするか，その目的によって際限もなく変化する。そのかぎりでは，一般的な意味での型式が乱立するのも当然であり，目的の違う型式をことさら整理する必要もない。

　ひとつの細別型式の範囲をさだめたとしても，その範囲のなかで，新旧・地域による区別があきらかになったり，区別をつける必要が生まれる。細別の細別である。土器の変遷の過程・あるいは地域的なまとまりをきめ細かにとらえようとすれば，細別を際限なく続けることになる。しかし，「いつまで編年を続けるかと聞かれれば，考古学の続くかぎり，と答えよう」という佐原眞の言葉のように，そこから新しい説明が生まれるかぎり，細別を打ち切る必要はない。

　ただし，大別・細別の区分は，説明の尺度・範囲は変わるとしても，時間・空間のなかの土器の動きを説明する手段であることに変わりはない。だから，大別（親）・細別（子）・細々別（孫）の区別を意識し，扱っている区分がどれにあたるのかはっきり説明する必要がある。孫型式にあたる区分を，一般に「段階」とよんでいる。子型式である「型式」と，孫型式である「段階」の区別をあきらかにしていない場合をまま見受ける。

　現在では，子型式の名称で，土器の特徴の集合・特徴を共有する土器の時間的な位置・空間のなかの分布を同時にしめすことになっている。「段階」という用語を，これとおなじように使うことができるだろうか。「段階」には，土器の特徴の集合・その特徴を共有する土器の空間のなかの拡がりという意味合いはほとんどなく，時間の区分単位の側面だけが浮びあがってくる。子型式を型式，孫型式を段階とよぶのは首尾一貫しない。型式の細分は時間の刻みばかりでなく，分布の範囲

をも細分する結果になるはずである。具体的な案を持ちあわせているわけではないが，現在の「型式」にあたる土器の特徴の集合・集合の時間的な位置・空間のなかでのひろがりをしめす用語に適当な区別をつける必要がある。さもなければ，本人以外の人もこの区別を理解できるように，記述のしかたを工夫すべきだろう。

2. 製作・使用・廃棄と型式

型式を設定する根拠となる特徴は，土器ができあがってくるまでに，文字通り刻みつけられる。型式というのは，製作の型式だ，といえるだろう。われわれは，生産物としての土器のまとまりを仮定し，そこに観察されるはずの共通の特徴を探っていることになる。しかし，その資料となる土器は，それぞれの用途をはたし，廃棄（埋納）の過程をへて，われわれの手許にあつまる。われわれは，廃棄／埋納・使用という2枚のフィルターを通して，土器の製作されたときのすがたをとらえようとしているわけである。

生産物としてのまとまりと，生産物が分配・流通の過程をとおって，道具・財貨としての機能をはたしているときのまとまりとは，一致するわけではない。街頭や中古車売場には，ある範囲にはおさまるにしても，いくつものメーカー・おなじメーカーでもいくつもの年式の自動車がいり混じっている。メーカーの工場や集荷場には，そのメーカーのもっとも新しい年式の製品しか見当たらないだろう。街頭や中古車売場とメーカーの集荷場の自動車の型式を集計してみれば，ふたつのデータはまったく違ったまとまりをしめすはずである。一方は流通・分配をうけて道具・財貨としての機能をはたしているもののまとまり，他方はそれ以前の生産物としてのまとまりである。事物のうつりかわりを説明する手段として，漸移法グラフ（セリエイション）を用いることがある。ここからじかに読み取れるのは，道具・財貨のうつりかわりであって，生産物の変遷ではない。この点を見落すと，なしくずしの変化こそが事物の変遷の自然な姿であるような錯覚にとらわれることになる。

生産・流通・消費の過程がそれぞれ独立した機構として組織されていることが，流通／分配をうけた道具・財貨としての自動車のまとまりと，生産物としての自動車のまとまりを分離する原因となっている。われわれは，縄紋土器の生産物とし

てのまとまり・流通／分配をうけた道具・財貨としてのまとまりを区別してはいない。「型式」は生産物としてのまとまりをしめす概念ではあるが，あるひとつの年代／地域でもちいられていた土器の特徴はつねにこの範囲におさまるわけではない[9]。搬入土器・異系統土器がべつの「型式」であることを否定する人はいないだろう。いまのところ，搬入土器・異系統土器をふくめた土器のまとまり，つまり流通・分配をうけた什器・財貨としての土器のまとまりをさす概念は確立していない。さしあたり，「土器組成」（セラミック・インヴェントリー），あるいは「組成」とよぶことにする。

われわれが型式と土器組成の区別を意識していないのは，生産・流通・消費の過程が分離していない状態を無意識に仮定しているからにほかならない。たしかに，縄紋土器の生産や消費の過程と流通・分配の過程がわかれていると考えるのは無理だろう。しかし，十分な吟味をくわえた積極的な根拠があるわけではない。

胎土分析などの結果にもとづけば，縄紋土器の作り手と使い手は一致していたようである。だからといって，消費の過程にまでべつの生産単位から供給された製品が入りこんでこないと断定するのは，搬入土器・異系統土器の問題を考えにいれれば，いき過ぎだろう。場合によると土器だけではなく，人が介入している可能性もある。滋賀・滋賀里の異系統土器のうち，北陸系の土器は北陸地方の沿岸部から搬入されたものであり，亀ヶ岡系の土器は現地周辺で製作されたものと判断されている[10]。滋賀里遺跡の住民が，亀ヶ岡式土器を模倣している可能性もあるが，北陸系の土器を持ちこんだ人々，それ以外の人々が渡り職人のような役割をはたしている可能性も否定できない。異系統土器の裏には，財貨としての土器の動きだけでなく，人の動きもからんでいる可能性がある。

亀ヶ岡式土器のように派生器種が定着している場合は，派生器種（精製土器）の器種組成から細別時期を確実に判定できる[11]。器種組成は，土器組成を復元する手掛かりにもなりそうである。関東でも東北でも「ケの器」（うつわ）（粗製土器）と「ハレの器」（精製土器）[12]の比率は7：3から6：4のあいだにあり，本州西南部・九州では粗製土器の比率が1割ほど高くなる[13]。東日本・西日本ともに縄紋終末期には粗製土器の比率が高くなるが，その幅も1割前後におさまる。ところが，少数で

はあるが，この傾向からハミだす例がある。青森・ドウマンチャや岩手・曲田Ⅰの住居址埋土からでた土器群では，いずれも精製土器が粗製土器よりも多い[14]。兵庫・口酒井にも精製土器（浅鉢）の比率が高くなる層準がある[15]。

ドウマンチャは面積約25 m²，厚さ15〜20cm前後の貝層をほぼ完掘している。後期後葉・晩期中―後葉の土器がごくわずか混ざるが，大洞BC期の単純遺跡とみてよいし，捨ててある土器は全部回収したと考えてよい。精製土器365個体・粗製土器247個体，精・粗の比はおよそ3：2になる。曲田Ⅰのうち，EⅢ-011住居のなかに投げ込まれた土器群では[16]，精・粗の比はおよそ3.5：1。ここでも後期末から晩期初頭の土器片がごくわずか混じっているが，完形土器には後期初頭の壺1点をのぞけば，大洞BC期後半以外のものはない。

ドウマンチャ・曲田Ⅰの資料は，いずれも長期間に累積したものではなく，短期間に大量の土器をもちい，それをまとめて処分したものと推定される。ドウマンチャの堆積の期間は，長く見積もっても1シーズンの漁期（2〜3ヵ月）を超えないだろう。粗製土器の主流を占める深鉢は，魚を処理するのにもちいた可能性が高い。曲田Ⅰの土器群は，1回のマツリにもちいた土器をまとめて処分したのだろう。

さきに，東日本でも西日本でも，後・晩期の土器の精製・粗製の比率はほぼ一定している，と述べた。この比率と，ドウマンチャ・曲田Ⅰのような，かたよった組成の関係はどのように理解すればよいのだろうか。藤村東男は，口縁部破片を基礎として割りだした「累積組成比率」は，破損・補充された個体をもふくむから，ひんぱんに破損し補充をうける深鉢の比率が実際より高くなると指摘している。藤村の意見では，「使用時の組成比率」では深鉢の比率は1/3〜1/4程度にひき下げるべきであるという[17]。煮炊き用の土器は，食器・祭器よりも消耗率が高い，という佐原眞の指摘もおなじ趣旨である[18]。

曲田Ⅰ・ドウマンチャの資料は，いずれも長期間にわたる集積の結果ではないらしい。さきにあげた粗製土器が精製土器をうわまわる組成は，藤村のいう「累積組成比率」にあたり，十を単位として数えるほどの，廃物となった土器のまとまり（投棄単位）をふくんでいる。累積組成比率のな

かで，粗製が精製をうわまわっているのは，粗製を主流とする（粗製優占型）投棄単位が，精製が主流となるもの（精製優占型），精粗なかばするもの（平衡型）よりも頻繁に形成されたからだ，といえるだろう。粗製優占型は日常生活のなかから，精製優占型は非日常的な活動の場から生まれる，といえるだろう。とすれば，精製土器をハレの器・粗製土器をケの器とする見通しにも，ある程度のうらづけができる。

生産物としての土器のまとまりをとらえることはできるだろうか。1回の生産量をたしかめることは無理だとしても，破損するたびに補給していたのか，ある程度の消耗を見込んでまとめて生産していたのか，推測はできないだろうか。小林達雄は，土器の「廃棄パターン」の吟味をてがかりにして，ひとつの見通しをつけている。小林は，まず土器の廃棄は「縄紋人の意志に基づく行動の一つである」とする。そして「破損して使用に耐えなくなった」土器が「住居跡の凹みやほかの特定の場所から集中して出土」したり（パターンC1・D），破損した土器を補修して使いつづける一方で，「殆んど無傷の土器が（中略），大量に一括廃棄されていることも少なくない」（吹上パターン・平和台パターン）ことに注目する。廃棄が意図的な行動であるからには，「土器の一括廃棄の裏には，土器を大量に製作する時もまた存在して」おり，完形品の廃棄・土器製作は周期的に行なわれていた，というのが小林の解釈である[19]。

さきにあげた曲田Ⅰの事例も，小林のいう「一括廃棄」の一例である。小林は，使用に耐える土器を廃棄する理由をアメリカ先住民やアイヌの習俗をひいて推測するが，決定的な解釈は控えている。精製優占型の投棄単位が非日常的な活動のなかから生まれてくるとすれば，マツリにもちいた土器の処分が，一括廃棄の原因の一つであることはたしかだろう。

土器の廃棄と生産が周期的に行なわれていたとすれば，その周期はどの程度の長さだったのだろうか。小林は「土器の製作，廃棄等が毎年行われていたのかどうかは未だ決し得ない」が，廃棄・生産の季節は「春に先駆けた頃」と推定する。岡村道雄の教示によれば，宮城・里浜では2〜5 m³の「大規模ラミナ」と，1 m³以下の「小規模ラミナ」が観察され，大規模ラミナの体積あたりの遺物の量は，小規模ラミナよりも多いとのことであ

る[20]。小林の推定を裏づけるように、大規模ラミナの貝殻の成長線は春に集中しているという。「縄紋人の春の大掃除」というのが岡村の解釈である。このような機会に新旧の土器を交換した、と推定することもできる。ただし、土器作りの季節はまたべつの問題である。

　土器作りは、小林が指摘するように、周期的・計画的な作業だったのだろう。縄紋人が毎年土器作りをしていたとしても、土器を作れぬ季節・困難な季節がある。冬の北海道・東北々部、梅雨期の東北南部以南の地域での土器作りは、正気の沙汰ではなかろう。後藤和民は、汗の滴りは土器作りの大敵だという[21]。中村浩は、気象条件や農村の作業周期にもとづいて、大阪・陶邑の須恵窯では、10月から12月に焼成作業を行なっていた、と推定している[22]。外国の例を一つあげておくと、K.M.アレン・E.B.W.ズブロウは、北アメリカ東北部では、気象条件と生業サイクルを考慮すると、中型の土器をまとめて作るには6〜8月（とくに7月）、大型の土器を作るには12月が最適だろうという[23]。土器作りは、凍結の心配がなく、しかも適当な早さで乾燥が進む季節の作業だった。

　土器作りが季節を選ぶ周期的な作業だ、ということは、土器の移りかわりの進行のしかたにもかかわってくる。小林は「余談ながら」という控目な注釈をつけて、「縄紋土器がめまぐるしい型式変化をみせているのは、（中略）古い土器を伝世せずに一括廃棄して、新しく製作された土器と取り換え」[24]たからではないか、と推測している。縄紋土器の多様な変化の原因は、小林の考えるように、縄紋人が古い土器の処分・新しい土器の導入をきり離さず、結びつけていたからだろう。

　土器を大量に廃棄するかどうかによって、土器の変化の速度は変わるはずである。廃屋となった住居・土坑・捨て場など、まとまった量の土器を処分した場所から出る土器は、いくつかの種類をふくんでいる。それぞれ用途・機能のちがう土器をまとめて処分したのだろう。さきにあげた曲田Iでは、粗製の深鉢・壺・鉢の比率がほぼ4：2：1になり、精製土器も、鉢・深鉢／台付鉢／壺・浅鉢がおなじ比率になる。粗製鉢が6個体・精製浅鉢が12個体出土しているから、6組の調理用具・12組の食器をまとめて処分した、と解釈できよう。

　6組の調理用具・12組の食器のセットをまとめ

て処分してしまえば、一世帯の手持ちの土器はなくなってしまうだろう。いくつかの世帯が土器を持ち寄っていたとしても、事情は変わらない。小林の指摘するように、まとめて補充する必要が生まれる。その時に新しい装飾・形態をとり入れたとしても、それなりに釣合のとれたセットが生まれるわけである。古い装飾・形態のセットのなかの破損したものを新しい装飾・形態の土器で補充すれば、補充した土器だけがめだち、セットの釣合はやぶれる。セットの一部を補充する場合には、補充する土器の装飾・形態には新しい要素のとり込みを抑え、ほかの土器と釣り合いを保つだろう。ここでセットとよんでいるのは、土器組成の活きた姿にほかならない。土器の廃棄と生産がどのようなかたちで行なわれているか、それによって土器組成、ひいては型式の姿も左右される。

　後半期の多縄紋土器以後、土器の生産は一括廃棄＝一括補充を前提としていた。「漸移的な型式論的変遷」は、型式の一部の要素には認められるにしても、型式全体のすがたとはならない。したがって「土器群は、一時にではなく、少しずつ（中略）、廃棄され」、『最低限必要とされる個体数を充たさなくなった時点で新たに製作され、従来使われていた土器に加えられて、ともに使われ」るという、大井晴男の主張は、縄紋「土器の型式論的変遷の実態から乖離」[25]している。

　ただし、一括廃棄＝一括補充が行なわれていれば、どのような場合でも土器の変化が早いテンポで進む、というわけでもなさそうである。藤村東男は、損耗率の高かったはずの深鉢に型式の変化がとぼしく、率が低い壺・注口などのほうが変化の速度が早いことを指摘している[26]。さきに引用したアレンとズブロウの指摘を参考にすれば、大型の煮炊き用の土器と小型の食器・祭器の製作の季節がズレている可能性があり、生産＝補充のサイクルも別だったかもしれない。鳥浜・寿能・忍路土場などの低湿性遺跡の煮炊き用の土器には、口端から体部なかばまで煮零れがこびりついており、紋様をつけたとしても装飾としての効果はまったく期待できない。このような事情も、型式の変化の規模や速度とかかわりがあるだろう。

　さきに「漸移的な型式論的変遷」を主張する大井晴男の意見をひき合いにだした。北海道・香深井では、平行線の意匠を描いた土器のなかに、それぞれ十和田式・江ノ浦B式の指標とされてきた

円形刺突紋・刻紋が混在している，という解釈が大井の主張のひとつの根拠となっている。大井は，その解釈が縄紋土器にあてはまるという。自衛の手段をとらねばならない[27]。

大井のあげている「紋様要素」は，上に触れたように，管・箆などの工具の刺突や刻みである。さきに紹介した勝坂式を構成するさまざまな要素のうちの沈紋にあたり，稲田孝司のいう施文具形態紋様，より細かな単位に分解できない性質のものである。これをかりにクォーク要素とよぶことにしよう。勝坂Ⅰ〜Ⅴ式では，いくつかのクォーク要素が併存し，二〜三型式のあいだにつぎつぎに置き換わっていく，ということを指摘した。勝坂式の特徴となる要素の一部は，大井の期待にそった動きをしめしている。しかし勝坂式・勝坂Ⅰ〜Ⅴ式の特徴がこれにつきるわけではない。

施文具形態紋様をクォークにたとえるなら，口頸部紋様帯・器種は，高分子あるいはそれ以上に複雑なものにたとえられよう。かりにこれらを高分子要素と呼ぶことにしよう。高分子要素が，クォーク要素にくらべてはるかに短い期間に，はるかに規模の大きな変化をしめしていることも指摘した。大井は，装飾モティーフ・紋様帯構成などの高分子要素についてはなんの説明もしていないし，香深井の報告書にも，施文具・施文手法の説明や考察は一行もない。縄紋土器も大井のえがく図式にしたがって動いている，という主張には根拠らしいものがまったくない。

セット，つまり活きている土器組成の一部だけを補充する場合，補充する土器の新しい要素は抑えられ，セット全体を更新する場合には新しい要素が前面にでる可能性があることを指摘した。ふたつの場合には，それぞれべつの方向の釣合が必要になる，といえよう。ひとつの土器のなかにとり込まれている要素にも，釣合という立場からの取捨選択が働いているのだろう。そう考えれば，縄紋土器がこれだけめまぐるしい変化を続けながら，甲乙いずれの型式とも判断のつかぬ土器は少数で，大多数の土器の型式を判定できる理由も理解できるだろう。

3. 型式の意味

杉原荘介の『原史学序論』は型式解釈論のなかでいまだに生きのびている。しかし「『原史学序論』を構成する型式論は，（中略）その理念にお

いてのみ意味を持つものであり，現在私たちが当面している問題をとくための武器にはなりえない」という岡本勇の評価は正当である[28]。

つづいて岡本は「一個の土器が存在するうらには，それを製作し，使用した人間のあることはいうまでもない」が，「土器の型式は，（中略）研究者の経験的な認識によって設定されたものであり，いわば相対的な認識の産物」であり，しかも「年代上の単位という観点から認識されたものである」から，「直接土器の型式から『人間の集団』をひきだそうとするのは誤りである」が，「型式が『なにか』を反映していることは疑いなく，しかもそれは客観的に実在した『なにか』である」ことを指摘している。岡本の指摘からほぼ30年，ふたたび「型式の意味」をめぐる発言が活発になってきており，心理学・情報工学の研究者に「型式」の意味を解説しようという努力まではじまっている[29]。岡本が問題にした「なにか」を模索する動きはまだつづいている。

大井晴男は，おなじ趣旨の型式解釈論を，再三にわたって繰り返している[30]。大井の「われわれは，彼らの残したすべての遺跡によって，ある人間・人間集団を確定すること，つまり，筆者のいう『型式』の認定に達しうるに違いない」という発言は，「すべての遺跡」を「土器型式」におきかえれば，杉原荘介の「土器型式＝限定者」とおなじ内容になる。そして「すべての遺跡」を「型式」に組みなおす手段，そこで必要となる各級の概念は，「同一の生活圏のうちにある，同種のほかの遺跡（中略）の調査結果と比較・検討」[31]することのほかには，なにも説明していない。大井の主張が実現すれば，型式解釈論は岡本の指摘以前の水準に逆もどりする。

堀越正行は，土器型式の「存立基盤」は地縁の原理にもとづいて，「自律意志」を持ちながら結合している単位集団の結合した姿である，と主張している[32]。堀越は「生業経済」・「交換経済」・「精神」・「社会」などの領域での「行動様式」と土器型式の結び付きを検討し，「生業経済」・「交換経済」の領域では土器型式と人間の「行動様式」の結び付きはまったく認められず，「精神」と「社会」の領域，とりわけ「社会的行動様式」は「型式」とつよく結びついていると判断する。

堀越にかぎらず，土器型式から人間の行動や関係の限られた局面を読み取ろうとするのが，最近

の型式解釈論に共通する方向である。われわれの扱う資料にも，われわれ自身の読み取りの能力にも，固有の特性と限界がある。どのような資料からどのようなことを読み取ることができるのか，われわれはまだ模索をつづけている。堀越の意見にはいくつかの点で賛成できないが，まず土器型式からなにを読み取ることができるのか確認しようとする方針は，無条件に正しい。資料の範囲を「すべての遺跡・遺構・遺物」に拡大しさえすれば，「全的な人間・人間集団」としての「型式」をとらえることができる，という大井の主張は，量の拡大は，必然的に質の充実という結果をもたらす，という幻想にすぎない。

谷口康浩は，婚姻後の居住規制をひいては親族組織を読み取ろうとする。谷口は，様式の分布圏・型式の地域相・遺跡群など，上下の関係にあるいくつかのカテゴリーの「土器様式の分節体系」が「部族社会における分節体系」とよく似ていることを指摘し，「土器様式の背後に分節的部族社会の存在を想定」する。谷口は，土器の地域性という社会の地縁的な側面のなかで生まれる現象を，小林達雄の「物語性の文様」の仮説によって「血縁集団」のなかにうつし替え，「外婚制と父処居住規則とが型式とその現象を具現した社会背景になっている」という結論をひきだす[33]。

谷口の社会人類学の用語・データの取り扱いに問題がないわけではない。「夫（妻）方居住」のほうが実情をしめしており，「父（母）処居住」はすでに廃語になっていることは，親族組織の教科書にも解説がある[34]。谷口の解説を読むと，すべての「夫方居住制」の部族社会では婿養子をとらず，「妻方居住制」の社会では嫁入りがないような印象をうける。しかし，内婚／外婚の区別・居住規制・系譜の継承システムは，実際にははるかに柔軟に運営されているらしい[35]。

「集団表象としての土器型式」の中身は，ついに説明されぬままにおわる。個々の土器にあらわれる特徴が「型式」としてまとまり，「集団表象」となる理由は，土器作りに必要な知識や技術の再現・伝習に，集団がかかわっていたからだ，といえば，素朴にすぎるだろうか。「第一世代（母）から土器製作の知識と技術を会得した第二世代の女性（娘）は，やがて婚姻とともに（中略）夫方に転居し，そこで土器作りの腕前を披露し，また第三世代（孫娘）にその技術を伝授する」[36]という

説明から，集団の存在は読み取れない。谷口の説明にしたがえば，「集団表象としての型式」とは，個人的な知識と技術のバラツキの平均値になってしまう。羊頭（集団）を掲げて狗肉（個人）を売る，それが谷口論文の最大の難点である。とはいうものの，谷口の論理の構成や関連分野の成果の利用などが，これまでの型式解釈論のなかで，出色のできであることは認めるべきだろう。

谷口論文には，論文の性格からして当然のことながら，資料の分析手段・記述の方法について，目新しい発言は見当らない。羽生淳子，田中良之・松永幸男，松永幸男，中島庄一らの論文に，この方面で注目すべき内容がある[37]。中島は，「伝統的」な紋様分析の手法に「文様類型」・「文様群」などの新しい概念をひきいれて関東・東北地方中部の中期後葉～後期前葉の土器の地域性と交渉を説明している。

羽生は関東・中部地方の諸磯式，田中と松永は本州西南部・九州の縁帯紋土器・指宿式，とりあげる対象はまったく違う。しかし，分析の土台を属性分析に置いていること，記述の手段として漸移法を活用することは共通する。ともに従来の縄紋土器研究ではなじみが薄い。これらの方法をもっともよく理解されているのは，三氏のはずである。いずれ，功罪とりまぜて，適切な解説をされることを期待している。

註
1) 杉原荘介『原史学序論』pp.40-42（葦牙書房，1943）
2) GSUS Commission for Stratigraphic Nomenclature, *Advices on Stratigraphic Nomenclature*. Denver. 1968
3) 山内清男は，早期の著作のなかで，時期区分を数記号で表記している。須藤隆は東北地方晩期の型式の表示に数記号をとりいれている。大別型式の序列・確定した時期区分を数記号で表記することは可能だが，子型式・孫型式までの適用は無理だろう。
　　山内清男『日本遠古之文化』p.14, p.15
　　須藤隆「北上川流域における晩期前葉の土器」p.270, 312 など（『考古学雑誌』69: 265-315, 1983）
4) 下総考古学研究会「特集・勝坂式土器の研究」（『下総考古学』8, 1985）
5) この記述は，上記文献 pp.51-82, p.86によっているが，一部文言を変更しており，原著の意図とははなれる部分があるかもしれない。
6) 岡本勇は，このような関係にある型式を「漸

移型式」，不連続な関係でとらえられる「発展型式」とよぶことを提案している。「五領ケ台式の細分」（『貝塚』3:1-3, 1968）

7） 「勝坂式土器の研究」pp.87-88, pp.89-95, p.98

8） 同上・p.87

9） 古代の都城，中・近世の都市で用いられていた焼物の種類と産地を考えてみればよい。

10） 清水芳裕「縄文式土器の岩石学的分析—滋賀里遺跡出土の北陸・東北系土器について」（田辺昭三編『湖西線関係遺跡調査報告書』225-32, 1973），「縄文土器の自然科学的研究法」（岡本勇編『縄文土器大成』1:152-58. 講談社, 1981），「先史時代の土器の移動」（芹沢長介先生還暦記念論文集刊行会編『考古学論叢』2:211-24, 1989）

11） 須藤　隆「土器組成論—東北地方初期農耕社会成立過程の研究のための基礎的研究」pp.73-84（『考古学研究』76:62-89, 124, 1973）
　　　林　謙作「亀ケ岡文化論」pp.181-82（東北考古学会編『東北考古学の諸問題』169-203, 1977）

12） 同上・p.186
　　　佐原　眞「縄紋土器　2」pp.21-28（坪井清足監修『日本の原始美術』2，講談社, 1979）

13） 坪井清足「熊本県五領貝塚」pp.51-52（『石器時代』8:42-52, 1967）

14） 江坂輝彌・渡辺　誠・高山　純「大間町ドウマンチャ貝塚」pp.131-36（九学会連合下北調査委員会編『下北—自然・文化・社会』129-44, 平凡社, 1967）
　　　嶋　千秋・鈴木隆英「曲田Ⅰ遺跡発掘調査報告書」1-2（『岩手県埋文センター文化財調査報告書』87, 1985）

15） 浅岡利夫「伊丹市口酒井遺跡の凸帯文土器」pp.148-67（高井悌三郎先生喜寿記念事業会編『歴史学と考古学』123-184, 1988）

16） 註14）・1:45-85

17） 藤村東男「縄文土器組成論」pp.245-46（加藤晋平・藤本　強・小林達雄編『縄文文化の研究』5:237-49, 雄山閣, 1983）

18） 佐原　眞「日本人の誕生」pp.93-96（『大系日本の歴史』1，小学館, 1987）

19） 小林達雄「縄文世界における土器の廃棄について」p.2, pp.7-8, p.12, pp.10-11, p.1（『国史学』93:1-14, 1974）

20） 宮城・中沢目，東京・伊皿子などでも堆積層の規模に規則的な変化が観察される。国立歴史民俗博物館の調査した千葉・荒海でも大規模・小規模のラミナが観察され，遺物の組成と量には顕著な違いがある。おなじ傾向は中沢目でも観察される。
　　　須藤　隆編『中沢目貝塚』（東北大学考古学研究会, 1985）
　　　金子浩昌・鈴木公雄編『伊皿子貝塚』（日本電信電話公社・港区伊皿子貝塚遺跡調査会, 1987）

　　　西谷　大「荒海貝塚の調査成果—貝層の堆積」（荒海貝塚調査研究会・口頭発表, 1990）

21） 後藤和民『縄文土器を作る』p.120（中央公論社, 1980）

22） 中村　浩『和泉陶邑窯の研究』pp.80-82, 261-63（柏書房, 1981）

23） Allen, Kathreen M., Zubrow, Ezra B., Environmental Factors in Ceramic Production: The Iroquois. (Kolb, Charles C. ed., *Ceramic Ecology. 1988*. BAR International Series 513, 1989)

24） 註19）・p.11

25） 大井晴男「土器群の型式論的推移について—型式論再考・上」p.350（『考古学雑誌』65:340-64, 1982）

26） 藤村東男「東北地方における晩期縄文式土器の器形組成」pp.652（『史学』50:645-54, 1980）

27） 註25）pp.342-51, 「同・下」pp.482-86（『考古学雑誌』66:482-501, 1982）

28） 岡本　勇「土器型式の現象と本質」p.1（『考古学手帖』6:1-2, 1959）
　　　なお，杉原の型式論が実質的な意味をもたぬことは，林「考古学と科学」p.130に指摘した（桜井清彦・坂詰秀一編『論争・学説日本の考古学』1:101-43, 雄山閣, 1987）

29） 上野佳也『縄文コミュニケーション』（海鳴社, 1989）

30） 大井晴男「型式学的方法への試論」（『考古学雑誌』55:163-84, 1970），註25）・27），「学説史日本考古学における方法・方法論」pp.37-40（『論争・学説日本の考古学』1:13-100）

31） 「型式学的方法への試論」p.180

32） 堀越正行「土器型式の事象と論理—その相対的側面」p.22（『史観』1:1-24, 1973）

33） 谷口康浩「縄文時代の親族組織と集団表象としての土器型式」p.151, 149（『考古学雑誌』72:137-57, 1985）

34） Keesing, Roger M., *Kin Groups and Social Structure*. pp.150-51. Holt. Reinhart and Winston, 1975

35） 石川栄吉ほか編『文化人類学事典』pp.367-69（弘文堂, 1987）

36） 註32）・p.141

37） 田中良之・松永幸男「広域土器分布圏の諸相—縄文時代後期西日本における類似様式の並立」（『古文化談叢』14:81-117, 1984）
　　　羽生淳子「諸磯ｂ式土器」（『季刊考古学』21:40-44, 1987）
　　　中島庄一「土器文様の変化の類型化について」（『貝塚』36:1-14, 1985）
　　　松永幸男「土器様式変化の一類型—縄文時代後期の東南九州地方を事例として」（横山浩一先生退官記念事業会編『生産と流通の考古学』1:21-42, 1989）

書評

大和久震平 著

古代山岳信仰遺跡の研究

名著出版
A5判 640頁
12,000円 1990年7月刊

日本の古代信仰は，在地系と渡来系と両者混交系に大別される。在地系は古来よりの伝統的な信仰の形態に系譜が求められ，渡来系は朝鮮半島などより渡来した仏教および道教的思惟をもつ外来のものである。在来系信仰に渡来系信仰が受容された結果，独自の信仰が生みだされたのが混交信仰として理解することができる。

かかる三系の信仰形態については，文献史学をはじめ宗教学・民俗学，さらに神道史学・仏教史学がそれぞれの研究目標を設定して追究されてきたが，その対象資料は，古文書古記録を主体に伝承を加味する方法が主体的であった。

このような研究の方向性は，形而上学的な信仰を対象とするとき，きわめて有効性を発揮するものであったことはいうまでもない。しかし，古代信仰に関する文献的資料は数量的に制約され，また，伝承はその性質上，限界のあるところであった。

古代山岳信仰の研究も同様であったが，大場磐雄などによって考古学的な研究視角，すなわち形而下の物質的資料による研究の方法が確立されるにいたった。大場などによる古代山岳信仰の考古学的研究は「神道考古学」の確立によって不動の有効な一方法として関係の学界に受容されてきたのである。

本書の著者大和久震平博士は，考古学者として学界に令名をもつが，とくに山岳修験の研究に主目標を設定して関係の山山を20余年にわたって踏査してきた。その研究を志向した直接の動機は，男体山を中心とする日光山地の研究に端を発したものであったという。

日光山地の諸山における古代信仰のあり方についての研究を多角的に進める一方，男体山の山頂遺跡の有する特異性に着目して，山頂に形成された遺跡の実態を悉皆踏査することによりそれの性格解明を意図することになったのである。

その成果として執筆されたものが本書であり，著者の学位論文でもある。浩瀚な本書は，第1部山頂遺跡の大要，第2部男体山頂遺跡成立に関する考察，より構成されている。第1部は，さらにⅠ日光山地の山頂遺跡と，Ⅱ各地の信仰の山と山頂遺跡よりなり，男体山を主とする日光山地における山頂遺跡の実態について鳥瞰し，そのあり方を汎全国的展望より把握するために，東北地方5，関東地方15，中部地方8，近畿・中国地方13，四国・九州地方8の計49の山頂遺跡の調査結果による所見を披瀝する。

第2部は，本書の中核をなし，男体山頂遺跡の形成にまつわる歴史的側面を主として文献史料に依りながら説き，日光修験の実態および男体山の開山に関する事柄をまとめている。開山の勝道上人についての事跡を記した空海選文の「沙門勝道歴山瑩玄珠碑」（いわゆる「二荒山碑」）を一等史料として活用に値するものと判断して，勝道の男体山頂の登頂などについて触れる。そして男体山の山頂遺跡よりの出土遺物の年代を検討し，奈良時代の遺物に優品が多いことを確認する。さらに山頂出土の遺物中に古墳時代（5世紀代）に遡るものの存在に注意し，かねてこれら古墳時代遺物の伝世を考える所見に関連し，山頂出土の手捏土器に注目して，古墳時代の山頂祭祀の可能性を説いている。

男体山の存在する下野国は，蝦夷地の陸奥国との国境であった，という理解より，勝道上人の男体山の登頂を蝦夷問題と関連させる視点を提起するが，その確証を求めることは難事である。また，日光修験の成立と男体山頂遺跡とのかかわりはないものの，他の日光連山の山頂遺跡は日光修験の峰行と並行するものとの意見を述べる。

著者がもっとも力を入れた男体山の山頂に形成されている遺跡の性格については，西の沖の島祭祀遺跡のあり方と対比する方向を示し，同類の遺跡はほかに見出すことが困難である，と結論づけるのである。ここにおいて，古代における男体山の位置づけが浮上してくることになる。その地が国界としての意識によって公的な祭祀が執行されたとする見解は興味深く，今後，各方面よりそれぞれ改めて検討されることであろう。

本書は，古代の山岳信仰の実態について，豊富かつ特異な遺物を出土した男体山を中心とする日光連山に地域的資料を求めて研究の歩を進めた労作であり，今後における古代山頂遺跡のあり方を把握する手掛りを具体的に提出したものといえよう。とくに，山頂遺跡を全国的に踏査し，その結果を100余図の図版をもって収録したことに対して敬意を表するにやぶさかではない。著者の面目躍如といったところであろう。

山頂遺跡の研究を遂行するためには自ら踏査してみることが肝要であるがそれを実行した著者の所見は千金の重みをもっている。識者の繙読を期待して紹介の筆を止めたい。

（坂詰秀一）

書評

石野・岩崎・河上・白石 編

古墳時代の研究 10
地域の古墳Ⅰ（西日本）

雄山閣出版
B5判 238頁
3,500円 1990年11月刊

雄山閣による『古墳時代の研究』（全13巻）のシリーズの刊行が始まった。既刊の『日本の旧石器文化』から縄文，弥生と引き続く各時代考古学の大部の出版は，企画・編集を含めて大変な努力であろうと敬服している。

ここで取りあげる西日本編は，既刊の9月刊の東日本編と共に「地域の古墳」Ⅰ・Ⅱとして対になるものであり，東西日本の古墳の具体的な様相を述べたものということができる。とはいえ，西日本では河上邦彦氏，東日本では岩崎卓也氏の問題史的な総論が冒頭に掲げられていて，共に単なる地域的叙述のみではないものがうかがえる点は興味がもたれる。それと共に，各地域の古墳の執筆者はそれぞれ若手の研究者が当てられており，随所に新しい調査成果も加えられているのは好感をもてた。勿論，記述の内容などに若干の差異があるのはこの種のものでは避けられないところでもあるが，時には問題意識のよくうかがえるものもあり，今後の研究への示唆に富むものかと思えたところである。

通観したところでは，九州でも従来古墳の出現の時期がどちらかといえば遅れるとする見方が有力であった南部地域にも，畿内の庄内・布留式系の土器の流入があり，これまでよりもさかのぼって古墳の出現をたどる傾向となってきたとみられた。実は，その点では東日本の場合にも同様の傾向があり，しかも古く位置づけられる古墳の発見が相継いでいるといえるのである。そして，それらの地域には古い土師器の存在もあとづけられてきている。私見では，古墳文化の出現の背景には，各地域におけるこのような文化的統体の存在を考えるべきであり，古墳のみで問題を考えようとすることは片手落ちだろうと思っている。いうまでもなく，九州南部の北郷泰道氏らも述べている如く，古墳の周辺における集落遺跡が極めて過疎であるという嘆きはあろうが，現調査段階で不明であることが絶対的意味をもつものであるとする論拠は無いのであり，より緻密な意識的追求が要請されるところであろう。そのような古墳時代初期の様相を考える点では，東日本で岩崎卓也氏が指摘している古式古墳の中・小型中国鏡の出土などは極めて注目され，全国的にみても三角縁神獣鏡に目をうばわれて見逃している構造的理解への警鐘を含むものかと看取した。

それと共に，本巻でも古墳時代の地域性の問題が課題としてうかがえる。とくに，九州南部の板石積地下室墓や地下式横穴墓などの明確な地域相と副葬品の関係などはいうまでもないが，各地における地域的な古墳のあり方が目につくところである。どちらかといえば統一的な定形化された古墳という理解が通念となってきていたのではないかと思うが，現実に各地域の調査が進んできた段階で知られるところでは，古墳のそれぞれにも原理的なものと地域的なものが認められそうである。そうみることは，なにも古墳文化の「統一的」あり方を否定するものではないが，全く少差を無視して画一的にのみ見るわけにはいかない側面が指摘できるということをいいたいのである。従来画一的とみてきたものへの反省が要請されよう。当然のことながら，そのような地域性の課題は大きい地域圏のみではなく，大和盆地の中にもあることは自明である。

地域性の背景には，その地域での古墳造営と関連する人間の課題がある。例えば，工人集団の移住などが指摘されていたところがあったが，古墳の各要素の特徴が他地域との関連もある点で，そのような移住もあるかも知れない。また，被葬者に関連しては在地的な土器と非在地的な土器のあり方などが問題となる。これら土器の波及の背景に人間集団の移動を考えるのは妥当と思うが，それらの詳細な検討は必要である。ある地域にはある種のものがあり，他地域にはそれが欠如しているということが事実とされるならば，その各々の地域の差異はかなり大きいだろう。東日本でも栃木・茨城などで在地弥生文化からの伝統の断絶と，東海・北陸などからの土師器の流入を指摘するところが多くなってきている。同じ問題は西日本でもいえるだろう。

実は，このような動向は古墳出現期のみの問題ではなく，その後の展開の中にもみていくべき動態であろう。とくに畿内を中心として政治的動向との関連は論じられてきているところであるが，それらの点は各地域でも考慮すべきものであろう。

後期古墳については，概して印象が薄かったように思われる。群集墳の発生などの背景は，単純に階層分化などとはいえず，もし古墳が政治性を強くもつものとすればその多様化なども考慮し，あるいはその質的変化を問うべきものかと思われる。地域によっては伝統的な墳墓形式も継承されている節があるので，今後は，深化した地域古墳文化の解明が必要であろう。そのためにも，今回の『地域の古墳』の刊行は裨益すること大であろう。

（伊藤玄三）

岡村道雄 著

日本旧石器時代史

雄山閣出版
A5判　212頁
3,200円　1990年11月刊

日本の旧石器時代研究は，西欧諸国に比べれば日も浅く，方法論的基盤もまだ確立しているとは言いがたいが，近年の大規模発掘を契機として，調査研究方法には日進月歩の進展がみられる。すなわち方法論は徐々に整備されつつあり，多角的な視点，問題意識のもとに，自然科学，理化学的手法を取り入れた微視的な研究が行なわれるようになった。

とくに地域研究が活発化し，その成果をもとに地域的な旧石器時代史が構築されようとしている。しかし蓄積された膨大な資料に禍いされてか巨視的な視点で全国的視野に立った旧石器時代史の構築が試みられていない。このような時機に，岡村道雄氏が全国的視野に立った『日本旧石器時代史』をまとめられた。まさに旧石器時代研究者待望の書であり，その刊行を心からお祝いしたい。

本書は『季刊考古学』誌上に9回にわたり連載された講座「日本旧石器時代史」をもとに修正・加筆されたもので，新しく執筆された4つの章を加えて，12章から成る。序文からも読みとれるように，章ごとに取り上げられた話題には著者の旧石器研究に対する視点，問題意識が明確に打ち出されており，方法論的な示唆に富む。そのような意味では本書は格好の入門書であり，かつ研究書でもある。旧稿を少なからず補訂し，随所に新稿を盛り込んだ本書は読みごたえがあり，著者の学問に対する姿勢と意気込みが感じられる。

著者は，これまで主に前期旧石器時代の研究に精力的に取り組んでこられ，宮城県を中心とした地域研究のなかで座散乱木遺跡を世に出し，日本における前期旧石器研究の突破口を開いたパイオニアの一人でもある。本書に提示された遺跡群・石器群の分析法や視点，そこから帰納される論理的な解釈の組み立て方は，著者の長年にわたる旧石器時代遺跡の発掘，あるいは縄文貝塚の発掘などで培われ思考された方法論の一端を表わしていると言えよう。

さて本書は12章より構成されているが，評者なりに分類すれば，5つのテーマに大別されそうである。以下，内容を紹介したい。

（Ⅰ）旧石器時代研究の基本は，石器包含層（主に火山灰土）の認識に始まる。それには火山活動のメカニズムを熟知し，火山灰土の中から旧地表面（生活面）を認定すること，広域テフラを遺跡間対比に利用すること，年代測定法を活用することが必要であると説く（第1章）。ついで岩宿の発掘以来40年の課題である日本旧石器時代の概念と時代・時期区分，呼称問題を論じ，著者の編年観を提示する（第2章）。ところで石器研究の基本に「珪岩製旧石器」に代表されるような人工か自然かという問題がある。著者は豊富な経験を踏まえて，この問題が石器に限らず，木器や骨角器にも少なからず存在するとして，その問題点を指摘する（第3章）。

（Ⅱ）金木や丹生，早水台に始まる日本前期旧石器時代存否論争は，座散乱木以後その論争に終止符を打った。本書では座散乱木以後の豊富な資料を駆使して前期旧石器の仮称器種分類を提示し，製作技術（石材・剥片生産・加工法）を概観し，石器群の変遷を論じる（第4章）。また自然環境の知見から，陸橋の有無や動物の渡来が古人類の移動・流入とその文化伝播の契機となりえる事を指摘し，馬場壇A遺跡や中峯C遺跡の発掘成果から，単位集団・小集団などの概念を導入して，前期旧石器時代の集団構成にまで論を展開する（第5章）。

（Ⅲ）著者は列島における現代型ホモ・サピエンス（新人）の出現に焦点をあて，後期旧石器文化の成立が3万年前のマンモス動物群と石刃技法あるいは現代型ホモ・サピエンスの北ルートでの流入に起因する可能性を指摘する。また移行期問題にも言及する（第6章）。

（Ⅳ）日本列島でナイフ形石器が盛行する時期には数多くの器種が製作され，型式も明確になる。本書ではこの事実を踏まえて，ナイフ形石器文化期の器種と型式分類，器種・型式が用いられた時期・地域を概説する（第7章）。併せて全国的視野に立ったナイフ形石器文化の編年と地域差を論じ，著者の編年観を提示する。さらに石器群の地域差について，集団の移動を視点に，文化圏の意味，石材の分布と文化圏の係わりを論じる（第8章）。また原石産地遺跡の問題を詳細に論じ（第9章），分布論と遺構にも言及する（第11章）。

（Ⅴ）列島最後の後期旧石器文化である細石刃石器群の編年と地域差を論じ（第10章），さらに土器出現期の様相を神子柴系石器群および草創期土器群の変遷から考察する（第12章）。

岡村氏は本書を卒業論文のつもりで書いたと言う。それが氏の語る危機感に起因するか否かはわからないが，本書に盛り込まれた話題は，今後さらに各方面で議論され，止揚される時がくると思う。とくにこれから旧石器研究を始めようとする若い人々に，本書は熟読玩味されてしかるべきであろう。

（戸田正勝）

論文展望

（敬称略　五十音順）選定委員
石野博信
岩崎卓也
坂詰秀一
永峯光一

植木　弘

土偶の形式と系統について

埼玉考古　27号
p.27～p.76

縄文時代後期前半に著名な土偶には、ハート形土偶がある。これと同様の形式内容を具えた土偶型式は、東日本のほぼ全域に分布を広げる。一方、これとは形式を異にする、所謂筒形土偶、板状土偶も同時に一部で分布を重複して存在する。この三形式の並存のあり方や系譜については、形式の内容を理解する必要がある。

形式の概念的な構造については、土偶が第二の道具であり、マツリを通して役割を果たすものという前提に立ち、土偶の機能や取り扱われ方に関係する内面形式と、内面形式の実体化過程で特定の土偶型式や系統が獲得する3次元プロポーションに象徴される外面形式とがある。これにより、異なる土偶型式間の関係を理論的に理解しようとするのである。

三形式に分類した外面形式のうち、ハート形形式には、7型式の土偶があって4段階の変遷が明瞭であり、立石タイプaの中には後続の山形土偶への系譜を示唆するものも含まれていた。

板状形式は、三形式中最も系譜が明らかであり、中期までの板状形式の影響を根強く残している。しかし、存続期間は比較的短く、ハート形形式立石タイプbの中には赤坂タイプに下肢を付けたような土偶が認められ、永い板状形式の伝統が、四肢を具えたハート形形式の出現によって急速に失われていく様子が窺える。

筒形形式は、第1段階の上川久保タイプが出現期の型式であり、以後の変遷の経過を見ても、多く

の研究者が指摘したように、中期の円錐形土偶には、その出自が求められないことが追認された。

本稿が目指した土偶の「かたち」の理解については、形式概念の導入によって、一応の方向性が示し得たと思う。同時に、後期前半における三形式の土偶のあり方は、中期から後期以降へと、新たな縄文社会の体制への変化の過程を象徴すると言っても過言ではないだろう。

（植木　弘）

西　健一郎

北部九州弥生社会における 政治組織の検討

九大九州文化史研究所紀要　35号
p.205～p.243

本稿はこれまでの北部九州弥生社会の研究成果に立ち、仮説に託して北部九州弥生社会の政治組織について、筆者の思いを具体的に述べてみたものである。

政治組織の復原を試みる場合、まして中国の歴史書と比較検討する場合はなおさら、北部九州弥生時代の暦年代をいかに考えるかを明確にすることがきわめて大切である。筆者の場合はこれまでの研究成果に依拠しつつ、①現在考えられる弥生時代暦年代のほぼ上限を採用、②『魏志倭人伝』の邪馬台国の時代を北部九州弥生時代の終りより後と考えた、という想定が基盤となっている。まだ証明が十分とはいえず問題が多い点は十分承知しているが、これまでの弥生時代後期と邪馬台国の関係についての見解より、整合性が高いのではなかろうかと考えている。

北部九州弥生社会の政治組織を考える場合、その基盤となる身分制の象徴が鏡であろうと考えられてきた。筆者は鏡の大小、数量、舶載か仿製かなどを基準に、3～

4段階の身分制を考え、この身分制に支えられた政治組織を考えてみた。このような政治組織のある範囲が「倭」であろうと考えており、倭は弥生の終末に向って拡大すると考えている。しかし、ことはさほど単純とは思えず、また弥生時代全体を通じて論じねばならない。今後はこのような想定の基盤となった、①暦年代、②副葬遺物よりみた身分制と政治組織、③石器や金属器の生産と交易、などを中心に弥生社会の考古学的解明を目指したいと考えている。

弥生時代に限らず社会構造などを問題にする場合、直接資料の乏しい考古学の成果からでは、例え飛躍であっても具体的な想定をしなければ踏み込んだ論議をし難い。その点に少しでも寄与できたならば幸いである。

（西健一郎）

高橋　徹・小林昭彦
九州須恵器研究の課題
古代文化　42巻4号
p.28～p.43

岩戸山古墳は、森貞次郎が1956年に「筑後風土記逸文にみえる筑紫君磐井の墳墓」と題する論文を発表して以来、529年を没年とする磐井の墓として定説化した。したがって出土した須恵器は実年代比定の基準となった。この場合の須恵器とはおもに墳丘から出土した2種類の器台を指すものであった。しかしながらこれらの器台については、型式学的な検討に基づいて位置付けがなされたとは言い難く、十分な裏付けがないままに実年代のみが付与されたというのが実態である。

このような状況を踏まえ、岩戸山古墳出土須恵器の再検討を試みたものである。この検討は、須恵器編年について畿内と九州相互の

比較作業，これをうけて問題となる器台の型式学的な検討，という手順で進めた。九州須恵器編年については，畿内地方との須恵器の様式がほぼ一致することを確認した。このような様式上の平行関係から見て，5〜6世紀代において付与されている各実年代についても両地方の差異はないものと考えた。

器台については，高杯型をA，筒型をBと分類し，これをセットとしてとらえ7様式に大別した。

岩戸山古墳の器台は本稿器台編年のⅦ期に比定でき，田辺MT85や小田Ⅲ-Aの後半段階から田辺TK43，小田Ⅲ-Bにあたることになる。

このように岩戸山古墳出土器台はA，Bとも従来の見解よりも新しくなる。九州須恵器編年との関係ではⅡ期とされてきた器台が実はⅢ-B期のものであることの意味は大きいであろう。またこれが陶邑編年のTK10式以降に平行した場合，6世紀末葉の飛鳥寺下層出土須恵器の評価にも影響が及ぶことになる。いずれにしても事は，6世紀代須恵器の年代比定に係わる問題のみならず，筑紫国造磐井の墳墓とみなされてきた岩戸山古墳それ自体の再検討が必要なことを示すものと言えよう。

（高橋　徹・小林昭彦）

花田勝広
畿内横穴墓の特質
古文化談叢　22集
p.163〜p.195

この論文は畿内横穴墓の成因と特質を解明するため，横穴墓の時期・構造を中心にその実態を検討し，北九州からの系譜を考察したものである。畿内における横穴墓の分布は総数700基のうち河内・大和（龍王山）に80％が集中し，他は10基前後の小群からなる。これら2群は横穴式石室を内部主体とする河内の平尾山古墳群，大和の龍王山古墳群に付属または混在した群集形態を取る。横穴墓は家形模倣のAタイプ，ドーム天井のBタイプ，片袖式のCタイプ，羽子板状の平面形でアーチ天井のDタイプなどに構造が分類される。造墓時期は上限が6世紀前葉（陶邑TK10型式）であり，A・Bタイプが同時期の横穴式石室を模倣しない。一方，Dタイプは無袖式石室の模倣と考えられ，造墓も6世紀末以降のものである。したがって形態の差異は，造墓時期と系譜が異なるからである。初期横穴墓は北九州を中心に発生し，Aタイプが初期横穴式石室，Cタイプが横口式石棺系，Dタイプが竪穴系横口式石室の影響（模倣）によって成立したものと考えた。当初より4タイプあり，Ⅲ期の段階で定型化するAタイプが主流になるものと思われる。その上限は羽野1号墓がTK208型式で最古である。横穴墓の普及はⅠ期が豊前を中心に，Ⅱ期が北部九州と周防，Ⅲ期に河内と山陰地方に葬法が伝播する。畿内横穴墓の墓域は6世紀の高井田型，7世紀の龍王山・堀切・狐谷型の類型があり，2つの造墓段階を設定した。前者は大型群集墳（石室墳）に付属したものであり，物部氏と擬制的同族関係を結ぶ下位の集団（渡来系氏族）と推定した。後者は群集墳の激変する時期の造墓であり，横穴式石室の省略化と理解した。このように河内と大和・山城の横穴墓の成因が異なるため，構造・造墓時期の差となり，王権の造墓規制・階層性を示すものと考えた。また河内横穴墓のバックデーターとして，60基の実測を行ない実態を検証した。合せて参照されたい（「河内の横穴墓」『考古学論集』第3集，歴文堂，平成2年10月，大阪）。

（花田勝広）

鶴間正昭
奈良時代赤色塗彩
土師器の様相とその意味
古代学研究　122号
p.51〜p.84

奈良時代の土器資料を瞥見すると，赤色塗彩の観察できる土師器の存在が目を惹く。土器の表面を赤色塗彩する技法は，古くは縄文時代に起源が辿れ，弥生土器や古墳時代の土師器には頻繁に用いられていた。本稿では奈良時代における赤色塗彩土師器の様相を把握し，分布や消長など特徴点の抽出・分析を試み，併せてその内包する意味についても考察を行なっている。

まず，奈良時代の赤色塗彩土師器を考える上で注目すべき視点は，分布圏と非分布圏の識別が可能で，卓越地域から同心円的に拡散する分布が特徴と言える。東日本では南関東地方，東海地方，北陸地方，西日本では山陰地方，山陽地方，四国地方，九州地方に分布地域が認められ，東北地方，北関東地方，中部地方，近畿地方は分布圏を外れる。

時期的な消長に関しては，東日本が7世紀末葉から8世紀初頭に顕在化し始め，8世紀前半に最盛期を迎える同様なプロセスを経る。西日本においても7世紀末葉から8世紀前半の赤色塗彩土師器が各地に存在するし，8世紀後半の出土例も目立つ。器種構成については概ね供膳形態に集約され，これは全国の分布地域で共通する。とくに坏・埦・皿・高坏・蓋が基本的な赤色塗彩土師器セットを構成し，それらは中央の影響を受けた新種の製品が主体となる。また官衙関連遺跡に出土例が多いことも留意しておきたい。

こうした全国各地の赤色塗彩土師器の趨勢は，律令体制の確立・展開との関連が想定でき，畿内地方に分布をみないことから地方的特色とも見做せる。奈良時代の赤色塗彩土師器は，当初国・郡衙など官衙主導の儀式や祭祀における必要から在地の伝統を再評価する形で顕在化し，それが一般化して盛行期を迎えると理解され，それは在地勢力と融和を図りながら，律令体制を消化していく地方政権の一端を示唆すると推論した。

（鶴間正昭）

●報告書・会誌新刊一覧●

編集部編

◆**納内6丁目付近遺跡Ⅱ**　北海道埋蔵文化財センター刊　1990年3月　Ａ4判　450頁

北海道西部の石狩川流域の深川市納内町に所在する遺跡である。4,784m²を調査し，縄文早期後半の竪穴住居跡18軒，土壙6基，Tピット7基などが検出された。遺物は土器のほか多様な石器である。土器の残存脂肪分析により調理の問題，植物・昆虫遺体により古環境の復元を試みている。

◆**摺萩遺跡**　宮城県教育委員会刊　1990年3月　Ｂ5判　1,162頁

宮城県の中央部，黒川郡大和町に所在する縄文時代中期から晩期の集落跡である。住居跡22軒，埋設土器遺構13基，敷石遺構などが検出され，岩版，線刻礫なども出土している。ほかに平安時代中頃の製鉄遺構・住居跡・窯跡も調査されている。

◆**佐原市吉原三王遺跡**　千葉県文化財センター刊　1990年3月　Ｂ5判　470頁

千葉県佐原市の下総台地の北縁に位置する遺跡で17,200 m²の調査である。検出された遺構は古墳時代後期の竪穴住居跡12軒，奈良・平安時代の竪穴住居跡92軒，平安～中世の土壙群などであり，遺物としては100点ほどの墨書土器が特徴的である。

◆**清洲城下町遺跡**　愛知県埋蔵文化財センター刊　1990年3月　Ｂ5判　168頁

濃尾平野の東部，西春日井郡清洲町に所在する清洲城下町の調査であり7,660 m²を発掘している。遺構は3期にわけられ，1期は古墳時代後期～平安時代初期で，竪穴住居70軒，柵2列，溝26条が確認でき，須恵器・土師器が出土している。2期は平安時代後期で，寺院跡と思われる掘立柱建物が1棟，溝4条などが確認でき，須恵器・緑釉陶器・灰釉陶器・土師器などが出土している。3期は鎌倉時代～江戸時代初期の一定の地割を持った集落で，常滑・美濃・瀬戸産の陶器，中国産磁器などが出土している。

◆**鳥居前遺跡**　大阪大学文学部考古学研究室刊　1990年3月　Ｂ5判　162頁

京都盆地の西端，京都府乙訓郡大山崎町所在の鳥居前古墳の調査報告である。全長54m，前方部長30m，後円部径39mの，竪穴式石室を有する前方後円墳であり，5世紀前葉の築造年代が想定される。蓋形埴輪，墳丘，古墳の主軸に斜交する主体部，周辺古墳との関連などがまとめられている。

◆**惣座遺跡**　佐賀県教育委員会刊　1990年3月　Ｂ5判　541頁

佐賀平野奥部の佐賀郡大和町久池井に所在する奈良時代肥前国府の関連の官衙遺跡である。倉庫群や多数の掘立柱建物跡などの国庁関連の遺構が検出されている。さらに弥生時代後期の環濠集落も重複して確認されている。

◆**北越考古学**　第3号　北越考古学研究会　1990年4月　Ｂ5判　84頁

六野瀬遺跡を訪ねて……乙益重隆
天王山式土器編年研究の問題点
　　　……………石川日出志
古代細型管状土錘考……関 雅之
新潟県関川村中束Ａ遺跡採集の旧石器………………小林 弘
新潟県新発田市周辺の旧石器(1)
　　　………………阿部朝衛

◆**新潟考古学談話会会報**　第5号　新潟考古学談話会　1990年5月　Ｂ5判　32頁

三十稲場式土器研究の現状と課題
　　　………………田中耕作
縄文時代の骨器について
　　　………………山川史子
木炭の生産工程と記録保存について………………土田孝雄
越後における後期弥生土器の変遷
　　　………………品田高志
長岡市岩野原遺跡の集落について

　　　………………佐藤雅一
佐渡二見半島送り崎製塩遺跡の土器と炉状遺構………坂井秀弥

◆**唐澤考古**　9　唐沢考古会　1990年5月　Ｂ5判　64頁

ナイフ形石器出現前夜における石器群の諸様相………戸田正勝
都賀町垣根山遺跡採集の縄文土器(1)………………川田 均
田沼町田端遺跡出土の縄文土器
　　　………………落合由美子
出流原遺跡出土壺形土器の文様について（中）………矢島俊雄
足利市明神山古墳群の築造年代について………………斎藤 弘
佐野市赤見町大門出土の大形甑について………………永瀬晃一
益子町谷津入窯跡群採集の須恵器
　　　……菊井和美・仲山英樹
栃木県域旧石器文化研究史
　　　………………上野川勝

◆**東国史論**　第5号　群馬考古学研究会　1990年5月　Ｂ5判　100頁

北関東・「独鈷石」概観
　　　………………山岸良二
火災住居址から見た家財道具の在り方………………桐生直彦
縄文時代の配石遺構調査雑感
　　　………………菊池 実
弥生時代終末～古墳時代前期の小形仿製鏡について……林原利明
竪穴住居埋没過程の一考察
　　　………………若林正人
鎌倉市由比ヶ浜中世集団墓地遺跡出土の「神主」銘古代墨書土器について………………大河内勉
近世近代牛伏砂岩の利用について
　　　………………秋池 武
ベトナムの少数民族ロロ族の銅鼓
　　　………………菊池誠一

◆**研究紀要**　第7号　埼玉県埋蔵文化財調査事業団　1990年3月　Ｂ5判　312頁

デボの意義………………栗島義明
立野式土器についての一考察
　　　………………中島 宏
東国における後期古墳…山本 禎

中田以前の土師器研究…大屋道則
瓦塔瞥見………………高崎光司
古代〜中近世の井戸跡について
　(1)………………鈴木孝之
北武蔵における古瓦の基礎的研究
　Ⅳ………………昼間孝志ほか
◆埼玉考古　第27号　埼玉考古学
会　1990年4月　B5判　159頁
縄文時代前期中葉の土器群の問題
　点………………田中म之
土偶の形式と系統について
　………………植木　弘
荒川流域における中期後半の弥生
　集落………………剣持和夫
弥生時代から古墳時代にかけてみ
　られる祭壇状遺構の研究
　………………小倉　均
南比企窯跡群の須恵器の年代
　………………渡辺　一
日高町高萩公民館所蔵の円筒埴輪
　………………大谷　徹
◆土曜考古　第15号　土曜考古学
研究会　1990年5月　B5判
109頁
縄紋式遺蹟系列に於ける階層的網
　状組織と高井東遺蹟の土偶
　………………鈴木正博
杉原荘介と"登呂"肇国の考古学
　………………柳澤清一
甕形土器から見た弥生社会の地域
　差………………中村倉司
律令時代の身分表象（Ⅰ）
　………………田中広明
郭沫若「出土文物二三事」の和銅
　論文紹介………………吉川照章
◆研究紀要　6　埼玉県富士見市
遺跡調査会　1990年3月　B5判
102頁
泉福寺洞穴の爪形文土器と押圧文
　土器………………高橋　敦
打越遺跡第Ⅳ〜Ⅴ層出土石器群に
　ついて………………荒井幹夫
木葉形尖頭器のデポ…田中英司
「ハケ上式土器」の再吟味
　………………鈴木正博
荒川流域における「炉穴」の様相
　………………上田　寛
柳瀬川上流域における縄文時代中
　期の集落遺跡　並木　隆
松山遺跡出土の蔵骨器…会田　明
◆婆良岐考古　第12号　婆良岐考
古同人会　1990年5月　B5判

137頁
もう一つの豪族居館……田中広明
石岡市宮平遺跡製鉄遺構
　………………佐々木義則
東茨城郡美野里町並木新田台遺跡
　調査報告………海老澤稔ほか
那珂郡瓜連町大塚遺跡採集の早・
　前期縄文土器と石器について
　………………横倉要次
三村山清冷院極楽寺跡採集の軒丸
　瓦について………………大関　武
古代の常陸国府………黒沢彰哉
◆立正史学　第67号　立正大学史
学会　1990年3月　A5判　90頁
山頂遺跡考………………時枝　務
◆白山史学　第26号　東洋大学白
山史学会　1990年4月　A5判
120頁
古代東国における墳墓の一様相
　………………仲山英樹
長屋王家木簡二題………鬼頭清明
◆先史考古学研究　第3号　阿佐
ヶ谷先史学研究会　1990年4月
B5判　107頁
後期旧石器時代前半期の石斧
　………………長崎潤一
石器は人（individuals）を語れる
　か………………安斎正人
大木9ー10式土器論（上）
　………………柳澤清一
安行3c式土器の3分について
　………………鷹野光行
『ミネルヴァ』論争と肇国の考古
　学………………柳澤清一
後藤守一著『祖先の生活』とその
　周辺………………柳澤清一
岩手県山形村早坂平遺跡発掘調査
　概報……早坂平遺跡発掘調査団
◆青山考古　第8号　青山考古学
会　1990年5月　B5判　83頁
鎌倉出土の蔵骨器………手塚直樹
いわゆる京焼風陶器の年代と出土
　分布について………大橋康二
安芸・備後における初期輸入陶磁
　器について………佐藤昭嗣
縄文時代後・晩期における局部磨
　製石鏃の展開と意義…大工原豊
春秋戦国期の北方遊牧民族墓葬
　………………中川　泰
ナトゥフ文化の半月形細石器
　………………足立拓朗
◆多摩考古　20　多摩考古学研究

会　1990年5月　A5判　60頁
縄文土器復原の技術とこころ
　………………浅川利一
八王子市宇津木向原遺跡の再考
　………………椚　國男
武蔵国分寺文字瓦と漆紙文書の発
　見について………宮崎　糺
稲城市大麻止乃豆乃天神社の祝部
　土器（須恵器）………松井新一
中国・河姆渡の籾………佐藤敏也
エジプトの中期旧石器文化
　………………高橋龍三郎
復原家屋の焼失実験……井上晃夫
◆牟邪志　第3号　武蔵考古学研
究会　1990年5月　B5判　123
頁
画文帯神獣鏡の研究（後編）
　………………時雨　彰
江戸遺跡研究の一視点…扇浦正義
近世墓出土の土人形……惟村忠志
新潟県南魚沼郡六日町余川地区採
　集の遺物………佐藤雅一
岩手県早池峰山山頂採集の古銭
　………………及川　登
奈良・平安時代の「環状鈕」を有
　する須恵器杯蓋について
　………………前田光雄
◆神奈川考古　第26号　神奈川考
古同人会　1990年5月　B5判
173頁
本ノ木遺跡の意味するもの
　………………白石浩之
縄文時代の領域に関する小考
　………………山崎雅浩
様式論と関東………伊丹　徹
「堂山式土器」の再検討
　………………谷口　肇
古墳出土の炊飯具形土器について
　………………近野正幸
横須賀市小矢部窯址生産の土器の
　流通について
　………三辻利一・長谷川厚
奈良時代寺院成立の一端について
　（Ⅱ）………………河野一也
「雷杖」名ある石棒一例
　………………恩田　勇
◆東国土器研究　第3号　東国土
器研究会　1990年5月　B5判
130頁
陸奥国における黒色土師器
　………………伊藤博幸
福島県内の黒色土器（平安時代）

…………木本元治
越後平安期土器編年素描
…………坂井秀弥
栃木県の黒色土器
………田熊清彦・梁木　誠
群馬県における8〜11世紀の黒色
　土器について………三浦京子
房総における黒色土器の展開と終
　焉…………笹生　衛
信濃における平安時代の黒色土器
…………原　明芳
黒色土器の出現と展開(2)
…………坂本美夫
平安時代以降の黒色土器生産
…………森　隆
1989年「黒色土器―展開とその終
　焉」の成果と課題
…………東国土器研究会

◆山梨県考古学協会誌　第3号
山梨県考古学協会　1990年5月
B5判　78頁
均整唐草文軒平瓦の変遷
…………櫛原功一
平安期における甲斐国巨麻郡の動
　向…………岡本範之
山梨県における縄文後・晩期石器
　研究の現状と課題……町田勝則
甲斐国分寺址瓦表面採集資料
…………高野玄明
「古代米」の栽培と教育・研究
…………古代米研究会

◆旧石器考古学　40　旧石器文化
談話会　1990年4月　B5判　90
頁
マンモスハンターの住居と土器の
　起源…………木村英明
剥片尖頭器の研究………小谷龍司
旧石器時代研究のサンプリングエ
　ラー…………桜井準也
石器石材の物理的性質（予察）…
　上本進二・御堂島正・松岡憲知
先史時代の交易・石材採掘につい
　ての覚書　I…………松藤和人
ヴェトナムにおける最近10年間の
　旧石器研究動向………菊池誠一
福島県会津若松市笹山原No.8遺
　跡の発掘調査について
…………柳田俊雄
埼玉県北地方のAT資料
…………増田一裕
埼玉県砂川遺跡発見の細石核
…………山田　巖・森野　譲

天理市布留遺跡出土のナイフ形石
　器…………島田政則・北村博義
シンポジウム『中部高地の尖頭器
　文化』を終えて………堤　隆
◆古代文化　第42巻第4号　古代
学協会　1990年4月　B5判　61
頁
戦国鏡の編年（上）……宮本一夫
九州須恵器研究の課題
…………高橋　徹・小林昭彦
長岡宮北辺官衙（推定大蔵省）の
　礎石建物…………國下多美樹
◆古代文化　第42巻第5号　1990
年5月　B5判　60頁
縄文土器の範囲…………岡本孝之
土器よりみた二里頭文化（下）
…………小川　誠
京都市深泥池東岸窯址の須恵質陶
　棺…………山田邦和
考古太平記(4)…………三森定男
◆古代文化　第42巻第6号　1990
年6月　B5判　63頁
戦国鏡の編年（下）……宮本一夫
神奈川県下末吉台地における宮ノ
　台式土器の細分（上）…安藤広道
シャンポリオンの墓をたずねて
…………山田邦和
考古太平記(5)…………三森定男
史跡作山古墳の発掘調査
…………佐藤晃一
◆古代学研究　122　古代学研究
会　1990年5月　B5判　84頁
弥生時代における二上山サヌカイ
　トの獲得と石器生産…塚田良道
百舌鳥・古市古墳群の被葬者の性
　格について…………田中晋作
奈良時代赤色塗彩土師器の様相と
　その意味…………鶴間正昭
大和信貴山の焼米
…………奥田　尚・芋谷裕之
三角縁神獣鏡をめぐって③
…………森　浩一
◆考古学研究　第37巻第1号　考
古学研究会　1990年6月　A5判
128頁
銅剣形石剣試論（下）…種定淳介
古代都城の交通…………山中　章
畿内の群集土壙墓…………西口陽一
◆古代吉備　第12集　古代吉備研
究会　1990年4月　B5判　86頁
岡山市関遺跡出土の縄文晩期土器
…………石坂俊郎

網浜茶臼山古墳・操山109号墳の
　測量調査…………宇垣匡雅
岡山市足守地域の地域史研究(1)
…………小郷利幸など
長船町西須恵西谷採集の円筒埴輪
…………岡嶋隆司
岡山県長船町亀ヶ原所在の前方後
　円墳………平井　勝・宇垣匡雅
古代土器生産についての一予察
　(2)…………武田恭彰
北房町上水田井尾出土の和鏡
…………高田恭一郎
◆古文化談叢　第22集　九州古文
化研究会　1990年6月　B5判
224頁
琵琶型短剣文化の美松里類型
…………黄　基徳
多鈕鏡の再検討…………甲元真之
墓の青銅器，マツリの青銅器
…………武末純一
慈江道楚山郡蓮舞里2号墳発掘中
　間報告…………リ・ジョンナム
雲坪里高句麗古墳群第4地区積石
　塚発掘報告……リ・ジョンナム
釜山市東萊洞甘洞古墳群の研究
…………木村光一
伽耶時代装身具様式考…李　仁淑
韓国陜川流域における土壙墓出土
　土器の編年的研究……朴　廣春
大分市下郡遺跡群出土の「陶質土
　器」について
…………坪根伸也・河野史郎
畿内横穴墓の特質………花田勝広
西九州における文化の変遷
…………ALBERT MOHR・吉崎昌一
弥生集落遺跡の調査と保存問題
…………小田富士雄
◆鹿児島考古　第23号　鹿児島県
考古学会　1990年6月　B5判
133頁
吉田式と前平式のその後について
…………河口貞徳
春日式土器の型式組列…東　和幸
東南部九州におけるある縄文土器
　の型式組列…………畑　光博
大隅地方の古墳調査(1)―曽於郡大
　崎町横瀬古墳…………中村耕治
今平古墳群の測量調査
…………松山友子・池畑耕一
成川遺跡の検討（II）…諏訪昭千代
弥生時代竪穴住居の復元
…………新東晃一

考古学界ニュース

編集部編

──────九州地方

カメ棺から多鈕細文鏡 佐賀県佐賀郡大和町教育委員会が発掘調査を行なった同町池上の本村籠（ほんそんごもり）遺跡で，弥生時代中期初頭のカメ棺の中から，多鈕細文鏡が出土した。鏡は直径10.6 cm，厚さ6mm で，6片に割れていたがほぼ完全な形に復元された。多鈕細文鏡は県内では唐津市の宇木汲田遺跡で1面だけ出土しているが，今回のものは大きさ，形ともにこれに似ている。同じカメ棺には青銅製の鉇と碧玉製の管玉18個が副葬されていた。管玉は長さ3〜7mm，直径2.8〜3mm。同遺跡は嘉瀬川右岸の標高約8mにあり，弥生時代前期末から中世までの複合遺跡。

弥生期のガラス工房跡 春日市教育委員会が発掘調査を進めていた市内須玖の五反田遺跡で弥生時代後期後半のガラス工房跡が発見された。現場は奴国王墓推定地のある春日丘陵から約300 m 北の低地で，マンションの建設に伴って発掘が行なわれた結果，竪穴住居跡4棟，掘立柱建物跡2棟，土壙3基，溝などが出土した。このうち住居跡と土壙の中から勾玉や丸玉の鋳型8点以上，ガラスを溶かするつぼとみられる破片10点，勾玉の半製品，玉を磨いたと思われる砥石などが弥生時代後期後半の土器とともにみつかった。勾玉の鋳型は幅3.5 cm，長さ6.8 cm の土製品で，出来あがる製品は長さ2.9cm ほどの大きさになるものとみられる。勾玉の製造に必要な器具が揃ってみつかったのは全国に例がなく，奴国のガラス工房跡だったとみられる。

──────中国地方

国府型ナイフ形石器 倉吉市教育委員会が発掘調査を進めている同市大谷の中尾遺跡で後期旧石器時代のナイフ形石器が発見された。現場は標高25 m の丘陵部で，石器は地下46 cm のソフトローム直上から出土した。長さ6.8cm，幅1.9cm の黒曜石製で，瀬戸内技法が用いられ，国府型に分類されるもの。そのほか安山岩製の削器（全長5cm）と黒曜石製剥片12点も伴出した。山陰地方での旧石器の発見は少例だけに貴重な発見。

箱式石棺から筒形銅器 岡山市浅川の浅川古墳群3号墳では岡山県古代吉備文化財センターによる発掘調査が進められているが，先ごろ古墳時代前半とみられる箱式石棺から筒形銅器，銅鏡，鉄剣と完全な人骨1体分が出土した。この古墳（3号墳）は直径約6mの小円墳で，石棺は長さ1.78 m，幅0.38 m。人骨の身長は160 cm 未満で，頭部を中心に朱と思われる赤色顔料が残っていた。人骨は岡山理科大学の池田次郎教授が鑑定を行なう。副葬品は頭上付近から筒形銅器（長さ15.2cm），左側頭部脇から内行花文鏡（直径8.3cm），足元から鉄剣（長さ37.5cm）がみつかった。筒形銅器の中からは長さ6.1 cm の鉄製の棒が出ている。

住居跡から鉄鋌 岡山県古代吉備文化財センターが発掘調査を進めている総社市窪木の窪木薬師遺跡で竪穴住居跡から鉄鋌1点が発見された。長さ21.5 cm で両端の幅は6.0 cmと5.0cm，重さ91g。4.6m×3.5m の隅丸長方形プランの竪穴住居跡の北辺ほぼ中央に造り付けられたカマドの内部から炉床に近い位置で出土した。鉄鋌はこれまで26遺跡から約1,140点出土しているが，住居跡から出土したのは今回で3例目。このほか同住居跡からは朝鮮系の軟質土器，陶質土器，手捏土器と鉄滓や砥石などもみつかった。鉄鋌と鉄滓は東京国立文化財研究所で分析と保存処理がなされる。

──────近畿地方

大規模な須恵器窯跡 豊中市永楽荘4丁目の桜井谷古窯跡群で豊中市教育委員会・大阪大学考古学研究室による発掘調査が行なわれ，6世紀前半ごろに築造された古墳時代後期のものとしては最大規模の須恵器窯跡が発見された。この窯跡は100 基近くあったと推定される同古窯跡群北端の2-23号窯で，全長約13m，最大幅2.5m。地面を約1.5 m 掘り下げた上で壁と床をつくり，粘土で天井をわたした半地下式登窯で，杯蓋，大甕など約300 点が整然と並んでいた。窯は2回以上使われたあと天井が崩れ，内部の土器を取り出さないまま放置されたらしい。

古墳期の弧文円板 東大阪市友井の弥刀（みと）遺跡で出土遺物を整理中に古墳時代初期に作られた弧文円板の一部が発見された。この円板は深さ1.5 m，直径80cm のピットから台付き鉢の土器などとともに出土したもので，長さ約30 cm，幅約16cm，厚さ2.6cm。推定復元径は46 cm ほどで，中央に円と三組の巴形・三角文をくり抜き，周りに文様をめぐらせている。材質は不明だが，一部に赤色顔料を塗っていた。弧文円板は奈良県纒向石塚古墳出土例に次ぐわが国2例目で，今回のものは纒向より一段階新しい。何らかの祭りに使われた後，他の土器とともにピットに捨てられたらしい。

中山大塚古墳に「外堤」 古墳時代前期初頭に築造されたとされる天理市中山町の前方後円墳・中山大塚古墳（全長約120 m）で奈良県立橿原考古学研究所と天理市教育委員会による発掘調査が行なわれ，後円部の西側を取り巻く空濠

と外堤状の高まりが検出された。古墳と外部との隔絶を図るための施設とみられる。空濠は幅11.5mで，その外側に地山を削り出し，一部を盛り土した高さ約30cmの外堤状の高まりが検出された。幅は約3m。空濠と外堤はさる1986年の後円部北側の調査でみつかった張り出し部分の幅とほぼ同じであることから，これらは後円部の西半分をめぐっていた可能性が強い。また外堤は南側で弧状を示しながら前方部西側の三角形の張り出し部分にとりつくとみられ，この張り出しは前方部側面への通路と推定されている。

長岡京跡から人面土器 200点　京都市埋蔵文化財研究所が発掘調査を進めている京都市伏見区淀水垂町の長岡京跡で当時の川跡から墨書の人面土器約200点がほぼ完形でみつかった。現場は長岡京の左京七条二坊跡とみられるところで，幅10mほどの川跡から発見された。いずれも素焼きの鉢型で，側面に1〜4個の人の顔が墨で描かれている。大半は直径12cm，14cm，16cmの大きさに分類できる。川の両岸と中央に橋桁が残っていたほか，護岸施設の跡もみつかり「延暦十年」（791）と記された荷札木簡や土馬，人形などの祭祀用具も多量に出土した。同地付近は長岡京の祭祀の場で，大勢の人が穢や病を払うため，橋や川岸から土器を一斉に流したものと推定される。

銅鐸の飾り耳　守山市教育委員会が発掘調査を進めている同市古高町の下長遺跡で銅鐸の飾り耳1点が単独で出土した。この耳は古墳時代層の溝跡から出土，双頭渦文飾り耳に分類されるもので，幅約6.4cm，高さ約3.5cm，厚さ約3.5mm。弥生時代後期に比定され，他の出土例では穴があけられたものもあることから，耳だけが切り取られて装飾品として使われていた可能性もあるとみられている。この飾り耳は県内で出土している銅鐸36点とはどれも合致しない。同遺跡ではこれまでに4世紀の大和琴のほか，弥生，古墳，平安時代の住居跡が出土している。

直列に合葬した木棺直葬墳　三重県多気郡多気町河田にある河田古墳群（6世紀後半）で多気町教育委員会によるE支群6号墳の発掘調査が行なわれたが，この古墳は未盗掘であり，1個の割竹型木棺内に2体の頭を同方向に向け，しかも同時期に直列に埋葬したことがわかった。木棺は長さ約4.5m，幅約0.7mで，墳丘中央部の深さ約2.1mの位置に主軸をほぼ真北に向けて埋葬されていた。出土遺物は棺内から須恵器多数と銀環2対，刀子5本，水晶の切子玉3点，瑪瑙の勾玉1点，金銅の空玉2点，人骨などが出土し，棺外から鉄鏃2点，土師器片などが出土した。人骨の内，歯や頭骨，銀環が棺の北寄りと中央部からそれぞれ対になって検出されたため，前述の2体同時期直列埋葬であることは確実で，この時期の古墳の埋葬では極めて珍しい例。

───────中部地方

弥生前期の方形周溝墓　愛知県一宮市大和町苅安賀の山中遺跡で愛知県埋蔵文化財センターによる発掘調査が行なわれ，全国でも例の少ない弥生時代前期の方形周溝墓7基がみつかった。弥生時代後期の山中式土器で知られる山中遺跡で発見された方形周溝墓は7基のうち4基が一辺6〜7mで，残り3基は一辺11mの大きさ。溝は幅0.3〜1mとさまざまだが，四隅は切れており，東日本に多いタイプ。溝から壺などの土器片約500点が出土したが，西日本とは異なる伊勢湾地方独自の特徴をも

つものが約半数を占めた。このほか後期の方形周溝墓も2基みつかった。一辺16mで埋葬部は6ヵ所確認された。また弥生時代前期の石器製作址4ヵ所もみつかった。

7世紀末の瓦窯跡　福井県丹生郡織田町教育委員会が発掘調査を進めていた小粕遺跡で，7世紀末頃の瓦窯跡1基が発見された。窯跡は長さ10mほどの小規模なもので半地下式。焚口付近から多数の瓦が出土した。それには蓮華文の軒丸瓦や指頭圧痕文が認められる重弧文軒平瓦約30点も含まれていた。朝鮮半島からの渡来人が独特の文様を作り上げたとされる近江湖東地方の系統を引く瓦も出土しており，越前の他の地域とは政治的にも毛色の異なる性格の豪族が存在したことを裏付ける資料として注目されている。

「黒米」などの木簡39点　金沢市教育委員会が昭和62年から6ヵ年計画で発掘調査を実施している市内上荒屋6丁目の上荒屋遺跡で8〜9世紀の初期荘園遺跡としてはまれな39点もの木簡が発見された。木簡には付札，文書様木簡，習字などがあり，今後点数はさらに増えるものとみられる。付札の中には玄米を意味する「黒」または「黒米」の表記がみつかり，「五斗二升」のように端数の数字が書かれたものもあった。上荒屋遺跡は松任市の国指定史跡・横江荘庄家跡の東1kmと近く，出土した200点を超える墨書土器のうち，「東庄」「庄」がほとんどを占めることから，同遺跡は東大寺領横江庄の一部にあたる可能性が高い。

土壙墓から琥珀玉46点　長野市篠ノ井塩崎の篠ノ井遺跡で長野県埋蔵文化財センターによる発掘が行なわれ，古墳時代前期の土壙墓から琥珀玉が少なくとも46点みつかった。墓は長さ2.3m，幅90cmの大きさで，人骨（性別不明）の

109

■考古学界ニュース■

左脇腹あたりにかたまって22点，右手首横に連なったように12点，左手首付近にも12点以上あった。平玉，臼玉など種類も豊富で大きさは4mm〜1cm。各々穴が開いていることから腕輪などとして使われたらしい。このほか墓の中からは直径約5cmの銅鏡やガラス玉6点もみつかった。鏡には腐った木が付着していることから木箱に収めて埋められた可能性も考えられる。原産地の限られる琥珀が多量にみつかったことから，当地域における古墳時代前期の琥珀の交易ルートを解明する一資料となりえるであろう。

奈良前期の寺院 韮崎市教育委員会が発掘を進めている同市藤井町駒井の宮ノ前第2遺跡で奈良時代前期とみられる鬼瓦，平瓦，丸瓦の破片百数十点が出土し，文献にないもののこの地に寺院が存在したことを裏づける資料として注目されている。瓦は遺跡の中央を東西に幅2mで横切る水路の中から出土した。平瓦は桶巻作りで，凹面は細かい布目，凸面には縄目の模様がついている。とくに鬼瓦は特異なもので，当時巨麻郡にいたとされる高句麗の渡来人が関与した寺である可能性もある。遺構はみつかっていないが，寺院とすると甲斐国分寺に先立つ寺本廃寺（東山梨郡春日居町）と並ぶ県内最古級の寺院といえる。

――――――――関東地方

平安期の山岳寺院 群馬県埋蔵文化財調査事業団が発掘調査を進めている群馬県多野郡吉井町黒熊の栗崎八幡遺跡で平安時代の山岳寺院の存在を示す建物跡や道路跡，関連する住居跡などが発見された。現場は標高200mの小丘陵の頂上部から北斜面にかけての一帯。基壇，礎石などがみつかった建物は6棟で，大きなものは13m

×12m，小さなもので5m×6mあり，すべて堂宇跡と推定される。道路跡は丘陵の下から寺院に登る参道や堂と堂を結ぶものなど4本以上確認され，道幅は約1mだった。竪穴住居跡は寺院より古いものを含めて約70軒発見された。また出土品には瓦や灰釉，銅製の花瓶，青銅製の経軸端など仏教関係の遺物がある。同寺院は9世紀ごろ建立され，10世紀に栄えたものの，その後火災などで廃絶したとみられる。

――――――――東北地方

4世紀前半の前方後円墳 会津若松市一箕町八幡の堂ヶ作山（どうがさくやま）古墳で，会津若松市教育委員会が新潟大，福島大を中心とする調査団（甘粕健代表）に測量調査を依頼し，また調査団による試掘調査が行なわれた結果，4世紀前半に造られた東北でも最古に位置づけられる古墳であることがわかった。同墳はこれまで東北最古とされてきた会津大塚山古墳の東南東約1.2kmの堂ヶ作山山頂（382m）にあり，全長約80m，高さ約18m。3段築成で，後円部最上段と前方部の墳丘には葺石が敷かれていた。また二重口縁の壺形土器の破片数十点がみつかった。

環状に並ぶ大型住居 村山市富並の西海淵遺跡で，山形県教育委員会による発掘調査が行なわれ，縄文時代中期中葉の大型住居が環状に並ぶ集落跡が見つかった。住居跡は長辺約15m，短辺約4m規模の長方形のものが大半で，25棟ほどが確認された。各住居跡は5から6対の主柱と付随する周溝，4ないし5基ずつで等間隔に並ぶ地床炉列などに特徴が求められ，時期的には例外なく大木8b式期の所産と考えられた。集落は中央広場を中心として半径65mほど

の環状を呈し，広場から順次4ないし5支群約150基の墓壙群，貯蔵施設としてのフラスコ状土壙ほか大小の土壙群多数，そして放射状に整然と配置される大型住居群の順で外環を形成していた。これは岩手県の西田遺跡例と共通する典型的な環状集落の形態を呈するものと考えられる。また，土器や石器などの遺物は多量で，整理用コンテナにして1,000箱を越える出土量がある。とくに石器では石皿，磨石，凹石などの礫石器が住居付近を中心として多数出土した。その他，土偶・石棒もまとまっており，富並川流域を中心とする一つの母村的性格を持った集落であったことが考えられる。

官衙の外に建物跡 飛鳥時代から奈良時代初頭にかけての官衙跡として知られる仙台市太白区郡山の郡山遺跡で，仙台市教育委員会による発掘調査が行なわれ，官衙造営区域の外側に3棟の大規模建物跡が発見された。この建物は約420m四方の外郭で囲まれるII期官衙（7世紀末造営）の約80m南側で検出されたもので，東西，南北に整然と並ぶ掘立柱建物跡がみつかり，10間×2間の大きさの建物が3棟確認された。II期官衙とほぼ同時期であることや，西側の1棟が対になっている東側の2棟の焼失後に建て直されたとみられることなどから，この区域にも公的性格の強い建物があったことが知られた。また同時に行なわれたII期官衙の区域内の調査でも刀・鏃など鉄製品を造っていたとみられる鍛冶工房跡や倉庫跡などがみつかった。

――――――――北海道地方

縄文後期の環濠 千歳市教育委員会が発掘調査を行なっていた千歳市中央の丸子山遺跡で縄文時代後期初頭の環濠とみられる溝の一

発掘調査・学界・その他

部が発見された。同遺跡は長さ400 m，幅150 mの楕円形の標高20mの独立丘陵上にあり，旧石器時代から縄文，擦文時代までの遺跡が残っている。発掘調査は全体の4分の1が終わったにすぎないが，丘陵の南側部分から幅約1.5m，深さ1.2mのV字形の溝が1カ所に渡り口を設け，延長約70mにわたって，頂上を取り囲むような形で発見された。残りの部分を発掘してみなければわからないが，溝の形や時期などからみて，1982年に苫小牧市の静川16遺跡でみつかった環濠と同じような遺跡ではないかとみられている。

縄文後期の獣骨400体　北海道亀田郡戸井町が西本豊弘氏ほかの協力を得て，平成元年と2年の2次にわたって発掘調査を行なった戸井町浜町312の戸井貝塚で，縄文時代後期のエゾシカやオットセイなど約400体もの獣骨が発見された。同貝塚はムラサキインコ，タマキビなどの岩礁性貝塚で，貝層は厚いところで約1 m。エゾシカ約200体，オットセイ約200体の獣骨，約70点の釣針，土器片多数が出土し，竪穴住居跡3軒などが発見された。とくに約20m²の狭い場所から約40体もの獣骨がまとまって見つかり注目された。獣骨の層からはこのほかトド，イルカ，サメ，ブリなどの獣骨や魚骨も大量に出土，頭蓋骨を割られたエゾシカの骨もあった。また東北地方北部の土器や北海道にないイタボガキ製貝輪やイモガイ製ペンダントも出土し，東北地方との交流が認められた。当時としてはかなり大規模な集落があったものと推定される。

――――――――学界・その他

佐藤敏也氏（古代米研究家）
10月29日，心不全のため東京都清瀬市の複十字病院で死去された。86歳。氏は明治38年生まれ。東北学院高等学部文科卒業。元農林省家畜衛生試験場総務部長。農林省在職中より一貫して古代米の粒型の比較研究に専念し，日本だけでなく朝鮮半島，中国にも足をのばした。主著に『日本の古代米』『古代稲作の系譜』『出土古代米』（共著）などがある。

国史跡の新指定　文化財保護審議会（斎藤正会長）は11月16日，新しく5件を国の史跡に指定するよう文部大臣に答申した。
○座散乱木遺跡（宮城県玉造郡岩出山町）日本における前期旧石器時代の存在を確定的にした遺跡。
○三十三間堂官衙遺跡（宮城県亘理郡亘理町）平安時代の陸奥国亘理郡衙跡。
○小山氏城跡（栃木県小山市）
○小幡北山埴輪製作遺跡（茨城県東茨城郡茨城町）
○金山古墳（大阪府南河内郡河南町）大小2つの円丘を連ねた双円墳。主軸長77.9mで葺石を有す。

日本考古学協会1990年度大会
11月10日～12日の3日間，九州大学記念講堂を会場に「東アジアと九州」のテーマで開催された。
○シンポジウム「鏡・墓・クニ―弥生時代後期の諸問題」
　司会：高倉洋彰・岡内三真
　岡村秀典：後期の銅鏡
　柳田康雄：墓から見た後期社会
　武末純一：集落の構造とクニ
　沈　奉謹：韓国の墓とクニ
　菅谷文則：中国からみた日本列島の国
○シンポジウム「5世紀における技術の革新」
　司会：柳沢一男・和田晴吾
　橋口達也：須恵器
　千賀　久：日本出土の初期馬具
　小林謙一：5世紀における甲冑製作技術
　申　敬澈：5世紀における日本と韓半島

○シンポジウム「大宰府・鴻臚館・官道」
　司会：石松好雄・田辺征夫
　狭川真一：大宰府の都市と道路
　折尾　学：大宰府鴻臚館（筑紫館）跡の調査概要
　七田忠昭：肥前国府と駅路
　佐藤興治：朝鮮の都城制
　黄　暁芳：中国古代都城制の特質
なお第57回総会は茨城県つくば市の筑波大学で開催される予定。

「大学と科学」公開シンポジウム
第5回の同シンポジウムは2月11日（月）と12日（火）の両日，東京・有楽町マリオン11 Fの有楽町朝日ホールにおいて，「都市文明イスラームの世界―シルクロードから民族紛争まで―」をテーマに開催される（参加費無料）。
＜特別講演＞
　板垣雄三：中東危機とイスラーム
　護　雅夫：シルクロードとイスラーム
このほか後藤明「イスラームは都市にはじまる」をはじめ15件の発表が行なわれる。参加申し込みは東京都千代田区富士見2―4―12―302 クバプロ内「都市文明イスラームの世界」事務局（Tel. 03-3238-1689）へ。

――――――――――――

🖋 **伝言板** 🖋

「古墳文化研究会」会員募集
　古墳文化研究会（茨城県牛久市田宮町146―3　岡野美紀夫方）では会員を募集しています。古墳に興味のある方はどなたでも参加して下さい。古墳を見学しながら勉強会なども開いています。このような催しを通して，古墳に対する認識を高め，古墳など埋蔵文化財の破壊を少しでも止めることができるようになればと思っております。ぜひ，私どもの研究会に一人でも多くの方が参加していだたき，古代のロマンを追いかけてみましょう。詳細は直接，研究会まで問い合わせて下さい。

■第35号予告■

特集　石器と人類の歴史

1991 年 4 月 25 日発売
総 112 頁　　　1,860 円

石器と人類文化………………………戸沢充則
石器と時代
　石器の起源…………………………鈴木忠司
　旧石器時代の石器…………………小野　昭
　先土器時代の石器…………………堤　　隆
　縄文時代の石器……………………前山精明
　弥生時代の石器……………………石川日出志
　石器の終わる時……………………小林正春
石器の技術
　旧石器的石器の技術………………鶴丸俊明
　新石器的石器の技術………………小林公明
　道具の復元…………………………山田昌久

石器の製作と流通
　黒耀石原産地の石器製作…………矢島國雄
　蛇紋岩磨製石斧の製作と流通……山本正敏
　専業集団による石器製作と供給…酒井龍一
石器と生業
　狩猟具としての石器群……………阿部芳郎
　漁撈と石器・骨角器…加藤道男・山田晃弘
　打製石斧の性格……………………齊藤基生
　木製品を作り出した石器…………平口哲夫
　まつりの石器………………………山本暉久
石器の知恵と現代の生活……………佐原　眞

編集室より

◆いま，仏教ブームといわれる。信仰にブームというい言い方はふさわしくないが科学万能の時代だからこそ信仰のもつ，絶対，あるいは完全への願いが，信仰へと赴かせるのであろう。なんといっても仏教は，日本最大の宗教であり，生を律する思想なのである。インドから中国へ，中国から日本へと，仏は歩いてきた。その仏教は A.D 538年の渡来と伝えられてから，7・8世紀と確実に日本人の中心たる天皇と貴族の間にひろまり，その故にこそ華麗・広大な文化遺産を残すことができたのである。本号はその確実な仏教の歩みの

新たなる追認であるといえよう。　　　　　　（芳賀）
◆仏教の日本文化への影響は今さら述べるまでもないが，596 年，日本最初の本格的な寺院である飛鳥寺が完成して約30年後には46ヵ寺，さらに約 70 年後には545ヵ寺にもなったという。仏教が伝わって間もないわずか 1 世紀ほどの間に 1 年当たり 5.5 ヵ寺の割合で寺院が造営されたことになる。他方，古墳は毎年平均250 基以上築かれた計算になるといわれているが，寺院の場合は寺籍に連なる僧尼，地域への影響力などを考えると大変な数といえよう。この特集によって，古代仏教の性格が多少なりともあきらかになれば幸いである。　　　　　　（宮島）

本号の編集協力者——坂詰秀一（立正大学教授）
1936年東京都生まれ，立正大学大学院修士課程修了。『歴史考古学研究ⅠⅡ』『歴史考古学入門事典』『歴史考古学の視角と実践』（以上単著），『板碑の総合研究』『歴史考古学の問題点』（以上編著），『日本歴史考古学を学ぶ』（共編著）などがある。
　森　郁夫（京都国立博物館考古室長）
1938 年愛知県生まれ，國學院大學文学部史学科卒業。『瓦と古代寺院』『日本歴史考古学を学ぶ』「わが国古代における造営技術僧」（学叢11）などの著者・共編著・論文がある。

■本号の表紙■
頭塔西面第 1 段の石仏

　頭塔は 7 段の壇築構造をとり，本来，各面の第 1・第 3・第 5・第 7 の奇数段には，それぞれ 5・3・2・1 体，総数44体の石仏が規則的に配されていた。第 1 段中央の石仏は他よりひとまわり大きく作られ，四方浄土を表わすと言われている。四面のそれは花天蓋の下中央に説法印を結ぶ釈迦如来像を，左右には半跏の 2 菩薩を，下位には箕坐合掌の供養者 2 体を配す。いずれも池に浮ぶ蓮花座に乗り，阿弥陀浄土を表わす。花崗岩製。高さ約 95 cm，幅約 110 cm。重要文化財。
（写真提供・奈良国立文化財研究所）

（巽淳一郎）

季刊 考古学　第34号　　　　1991年2月1日発行

ARCHAEOLOGY QUARTERLY

定価 1,860 円
（本体1,806 円）

編集人　芳賀章内
発行人　長坂一雄
印刷所　新日本印刷株式会社
発行所　雄山閣出版株式会社
　　〒102　東京都千代田区富士見 2-6-9
　　電話　03-3262-3231　　振替　東京 3-1685
◆本誌記事の無断転載は固くおことわりします
　ISBN 4-639-01009-5　printed in Japan

季刊 考古学 オンデマンド版 第 34 号　1991 年 2 月 1 日　初版発行
ARCHAEOROGY　QUARTERLY　　　　　　　　2018 年 6 月 10 日　オンデマンド版発行
　　　　　　　　　　　　　　　　　　　　　　　定価（**本体 2,400 円＋税**）

編集人	芳賀章内
発行人	宮田哲男
印刷所	石川特殊特急製本株式会社
発行所	株式会社　雄山閣　http://www.yuzankaku.co.jp
	〒 102-0071　東京都千代田区富士見 2-6-9
	電話 03-3262-3231　FAX 03-3262-6938　振替　00130-5-1685

◆本誌記事の無断転載は固くおことわりします　　ISBN 978-4-639-13034-5　Printed in Japan

初期バックナンバー、待望の復刻 !!

季刊 考古学 OD　創刊号〜第 50 号〈第一期〉

全 50 冊セット定価（本体 120,000 円＋税）　セット ISBN：978-4-639-10532-9

各巻分売可　各巻定価（本体 2,400 円＋税）

号　数	刊行年	特　集　名	編　者	ISBN（978-4-639-）
創刊号	1982 年 10 月	縄文人は何を食べたか	渡辺 誠	13001-7
第 2 号	1983 年 1 月	神々と仏を考古学する	坂詰 秀一	13002-4
第 3 号	1983 年 4 月	古墳の謎を解剖する	大塚 初重	13003-1
第 4 号	1983 年 7 月	日本旧石器人の生活と技術	加藤 晋平	13004-8
第 5 号	1983 年 10 月	装身の考古学	町田 章・春成秀爾	13005-5
第 6 号	1984 年 1 月	邪馬台国を考古学する	西谷 正	13006-2
第 7 号	1984 年 4 月	縄文人のムラとくらし	林 謙作	13007-9
第 8 号	1984 年 7 月	古代日本の鉄を科学する	佐々木 稔	13008-6
第 9 号	1984 年 10 月	墳墓の形態とその思想	坂詰 秀一	13009-3
第 10 号	1985 年 1 月	古墳の編年を総括する	石野 博信	13010-9
第 11 号	1985 年 4 月	動物の骨が語る世界	金子 浩昌	13011-6
第 12 号	1985 年 7 月	縄文時代のものと文化の交流	戸沢 充則	13012-3
第 13 号	1985 年 10 月	江戸時代を掘る	加藤 晋平・古泉 弘	13013-0
第 14 号	1986 年 1 月	弥生人は何を食べたか	甲元 真之	13014-7
第 15 号	1986 年 4 月	日本海をめぐる環境と考古学	安田 喜憲	13015-4
第 16 号	1986 年 7 月	古墳時代の社会と変革	岩崎 卓也	13016-1
第 17 号	1986 年 10 月	縄文土器の編年	小林 達雄	13017-8
第 18 号	1987 年 1 月	考古学と出土文字	坂詰 秀一	13018-5
第 19 号	1987 年 4 月	弥生土器は語る	工楽 善通	13019-2
第 20 号	1987 年 7 月	埴輪をめぐる古墳社会	水野 正好	13020-8
第 21 号	1987 年 10 月	縄文文化の地域性	林 謙作	13021-5
第 22 号	1988 年 1 月	古代の都城─飛鳥から平安京まで	町田 章	13022-2
第 23 号	1988 年 4 月	縄文と弥生を比較する	乙益 重隆	13023-9
第 24 号	1988 年 7 月	土器からよむ古墳社会	中村 浩・望月幹夫	13024-6
第 25 号	1988 年 10 月	縄文・弥生の漁撈文化	渡辺 誠	13025-3
第 26 号	1989 年 1 月	戦国考古学のイメージ	坂詰 秀一	13026-0
第 27 号	1989 年 4 月	青銅器と弥生社会	西谷 正	13027-7
第 28 号	1989 年 7 月	古墳には何が副葬されたか	泉森 皎	13028-4
第 29 号	1989 年 10 月	旧石器時代の東アジアと日本	加藤 晋平	13029-1
第 30 号	1990 年 1 月	縄文土偶の世界	小林 達雄	13030-7
第 31 号	1990 年 4 月	環濠集落とクニのおこり	原口 正三	13031-4
第 32 号	1990 年 7 月	古代の住居─縄文から古墳へ	宮本 長二郎・工楽 善通	13032-1
第 33 号	1990 年 10 月	古墳時代の日本と中国・朝鮮	岩崎 卓也・中山 清隆	13033-8
第 34 号	1991 年 1 月	古代仏教の考古学	坂詰 秀一・森 郁夫	13034-5
第 35 号	1991 年 4 月	石器と人類の歴史	戸沢 充則	13035-2
第 36 号	1991 年 7 月	古代の豪族居館	小笠原 好彦・阿部 義平	13036-9
第 37 号	1991 年 10 月	稲作農耕と弥生文化	工楽 善通	13037-6
第 38 号	1992 年 1 月	アジアのなかの縄文文化	西谷 正・木村 幾多郎	13038-3
第 39 号	1992 年 4 月	中世を考古学する	坂詰 秀一	13039-0
第 40 号	1992 年 7 月	古墳の形の謎を解く	石野 博信	13040-6
第 41 号	1992 年 10 月	貝塚が語る縄文文化	岡村 道雄	13041-3
第 42 号	1993 年 1 月	須恵器の編年とその時代	中村 浩	13042-0
第 43 号	1993 年 4 月	鏡の語る古代史	高倉 洋彰・車崎 正彦	13043-7
第 44 号	1993 年 7 月	縄文時代の家と集落	小林 達雄	13044-4
第 45 号	1993 年 10 月	横穴式石室の世界	河上 邦彦	13045-1
第 46 号	1994 年 1 月	古代の道と考古学	木下 良・坂詰 秀一	13046-8
第 47 号	1994 年 4 月	先史時代の木工文化	工楽 善通・黒崎 直	13047-5
第 48 号	1994 年 7 月	縄文社会と土器	小林 達雄	13048-2
第 49 号	1994 年 10 月	平安京跡発掘	江谷 寛・坂詰 秀一	13049-9
第 50 号	1995 年 1 月	縄文時代の新展開	渡辺 誠	13050-5

※「季刊 考古学 OD」は初版を底本とし、広告頁のみを除いてその他は原本そのままに復刻しております。初版との内容の差違はございません。

「季刊 考古学　OD」は全国の一般書店にて販売しております。なるべくお近くの書店でご注文なさることをおすすめしますが、とくに手に入りにくいときには当社へ直接お申込みください。